MENOTTI

El último romántico

GUSTAVO F. GARCÍA - CARLOS VIACAVA

Menotti. El último romántico / Carlos Viacava; Gustavo F. García. - 1a ed. LIBROFUTBOL.com, 2020.

262 páginas; 22,9 x 15,2 cm.

ISBN 978-987-3979-55-2

1. Fútbol. 2. Biografía. I. García, Gustavo F. II. Título
CDD 796.334092

MENOTTI - EL ÚLTIMO ROMÁNTICO
de **Gustavo F. García y Carlos Viacava**

Diseño de cubierta: Luciano Medvetkin
Dibujo página 158: © Nahuel Di Palma
Diagramación interior: Luciano Medvetkin

LIBROFUTBOL.com
Olga Cossettini 1112 - oficina 8F - Ciudad de Buenos Aires - Argentina
ediciones@librofutbol.com - whatsapp +54 9 11 2215 1982

1ª edición: agosto 2020

ISBN 978-987-3979-55-2

ÍNDICE

PALABRAS DEL AUTOR
REDESCUBRIENDO A MENOTTI

Aunque reiterada, aquella línea que George Orwell escribió en *Rebelión en la granja* bien puede aplicarse a la figura de César Luis Menotti, adaptaciones mediante. 'Todos los técnicos son iguales, pero algunos son más iguales que otros'. En definitiva, que hay vidas que merecen ser contadas, y la del Flaco es una de ellas.

Descubrí a Menotti en el Mundial '78. Por entonces tenía 6 años y el viejo televisor en blanco y negro de mi casa en Necochea me devolvía la imagen de un tipo adusto, serio, mesurado en la victoria. El cuello del piloto levantado y el cigarrillo colgando de su boca, la versión criolla de Humphrey Bogart en *Casablanca*.

Lo seguí a la distancia. Hasta que un día se convirtió en técnico de Boca, de mi Boca, y lo viví en carne propia. ¿Qué siente un hincha cuando Menotti se hace cargo de su equipo? Emoción, entusiasmo, alegría y esperanza en un primer momento; enojo, bronca, desconcierto y pena cuando se va, generalmente eyectado por malos resultados. Tenerlo es como batir todos los sentimientos futboleros en una coctelera.

Pero lo descubrí de verdad cuando decidimos escribir este libro, contar su vida como jugador y técnico. La primera resulta casi desconocida hoy en día; la segunda, familiar y cotidiana para los mayores de 40, comienza a desvanecerse para las nuevas generaciones, poco a poco, esmerilada por el paso del tiempo.

Fanático del buen trato de pelota, motivador único, polémico, caprichoso, infantilmente empecinado en esquemas tácticos suicidas, algo debe tener su personalidad para que deje huellas tan profundas en todos aquellos que lo tuvieron como técnico o lo escoltaron como ayudantes.

Marcó un estilo, inauguró una corriente de pensamiento. Buena parte de los hinchas militaron entonces en el menottismo. Dejó un

legado, discutido hasta el hartazgo. Como todos en el fútbol, perdió más de lo que ganó, pero lo que ganó fue realmente grande. Y cada vez que las circunstancias le fueron adversas, repitió la misma respuesta: “Yo no fracasé. Fracasar es no haberlo intentado nunca”.

Gustavo F. García

PALABRAS DEL AUTOR

LA VARICELA ME ENFERMÓ DE FÚTBOL

Junio de 1978. La varicela se instaló en mi casa de la localidad bonaerense de Mariano Acosta. Importada por mi hermana Ana, cubrió de un molesto sarpullido mi cuerpo y la picazón se transformó en una compañera insoportable. Mi padre la heredó de mí. Mi madre salió inmune de esa molesta intrusa que apareció sin pedir permiso. La televisión mostraba las imágenes de un acontecimiento impactante y casi desconocido para nosotros: se disputaba el Mundial.

Entre las sugerencias para no rascarme y la fiebre que tomó como rehén a mi viejo, Mario Alberto Kempes se erigía en héroe indestructible desparramando rivales con una formidable conjunción de potencia, coraje y habilidad para instalar la pelota en el arco holandés. ¡Argentina campeón del mundo! Increíble. ¡Qué fiesta! ¡Qué felices éramos al enterarnos de que existía algo llamado Campeonato Mundial de Fútbol y que además la Selección nacional lo había ganado!

A mis ingenuos siete años sólo sabía que me encantaba jugar a la pelota. No estaba al tanto del contexto en el que se desarrolló ese torneo, ni tenía idea de cómo jugaba ese equipo albiceleste. Las nociones de táctica, estrategia y estilo me eran absolutamente desconocidas. Debió pasar mucho tiempo para que abandonara mi idea de ser futbolista para emular al fantástico Matador cordobés y probara suerte con la química y, más tarde, con la bioquímica. Fueron intentos vanos por aplacar la pasión que se había apoderado de mí en los días de junio del '78.

El jugador frustrado mutó en periodista deportivo. Ya entendía de estilos, de modos de ver y entender el fútbol. En ese aprendizaje tomé conciencia de la estatura de César Luis Menotti, el hacedor de ese Seleccionado campeón del mundo. Entendí su filosofía futbolera, su cruzada por darle rienda suelta al talento individual, su apego a lo que se conocía como 'la nuestra', la identidad que definía a la época dorada en la que en las canchas brillaban figuras majestuosas en tardes de tribunas colmadas.

La figura de Menotti siempre me atrapó. Cuando Gustavo García, mi compañero en *La Prensa*, me invitó a sumarme a su proyecto de escribir un libro sobre el Flaco, surgió la posibilidad de ahondar en la trayectoria de este entrenador, de desgranar minuciosamente su propuesta y de recoger testimonios y datos para entender si el fútbol podía ser tan menottista como el propio Menotti postulaba. O si era el único fútbol que valía la pena ser jugado. El trabajo fue minucioso, exhaustivo, atrapante, enriquecedor. El resultado es este libro que nos enorgullece y que, en cierto modo, permite que jamás olvide esa varicela irremediablemente ligada al puntapié inicial de mi amor por la pelota.

Carlos Viacava

CAPÍTULO 1

FLACO, ALTO, ROSARINO Y FUTBOLISTA

En 1938 el mundo marchaba de manera inevitable hacia la Segunda Guerra Mundial y la Argentina comenzaba a trazar su parábola política que desembocaría en el peronismo. El 22 de octubre de ese año, en la ciudad de Rosario, nació César Luis Menotti.

Podría decirse que Menotti tiene dos fechas de cumpleaños ya que, en realidad, su padre lo anotó recién el 5 de noviembre debido a que un viaje de trabajo lo había obligado a trasladarse hasta la provincia de Tucumán.

Hijo único de Antonio Luis Menotti y Olga María Fasola, creció en una familia de clase media sin mayores sobresaltos económicos. De hecho, sus primeros días los pasó en la casa de sus abuelos, en la calle Marcos Paz, pero pronto el grupo familiar se mudó a Fisherton, un barrio habitado mayormente por un sector social pujante, de trabajadores en ascenso, a las afueras de Rosario.

Aunque César Menotti suele decir que nació en una cancha de fútbol, influencia que de temprano le vino por parte de su padre –que era, además, un gran aficionado al boxeo–, practicó de niño numerosos deportes, entre ellos natación y básquetbol. Tanto que a los 76 años, aunque le dolían las articulaciones, seguía tirando al aro junto a sus dos nietos y confesaba: "Algunos dicen que me tendría que haber dedicado a esto".

Sus primeros pasos en el deporte los dio en el Club Unión Americana de Fisherton. En aquellos años que comenzaban a ser turbulentos para el país, en un barrio con marcada actividad política, de la cual no era ajeno su padre, Menotti encontró en el club su segunda casa.

Alguna vez le contó a *El Gráfico* que allí aprendió a jugar a las bochas, al billar, a las cartas, a todo. "Hicimos cosas maravillosas ahí. Levantamos una pared de 20 metros para dar cine. Ahí vi una película de Hugo del Carril sobre la vida de Betinotti y me fui llorando a mi casa, un peliculón".

Y agregó: "También tuve problemas. Un día me calenté porque nos sacaban la cancha para hacer bailes, se había hecho muy comercial el club, entonces fuimos con el Chacho (Rena, su mejor amigo, ya fallecido) a la madrugada, agarré un carbón y escribí 'Chorros' en la pared de entrada. Me vino a buscar la policía. ¿Por qué a mí?, me hice el gil. 'Porque el único que pudo haber escrito tan alto, es usted. Y, además, es la misma letra que la de su solicitud de ingreso'. Me dieron 30 días. Ahí, en mi grupito, éramos una banda muuuy de izquierda".

Por esos días iba a la primaria en la escuela número 147, de donde egresó en sexto grado. Pero lo suyo era el fútbol y se pasaba las tardes jugando en el potrero con los amigos. Era un flaco dotado de talento para el manejo de la pelota, buena pegada, pero poco afecto al despliegue y el sacrificio.

Menotti tenía, como casi todos los chicos, una relación estrecha con su padre, un vínculo al que la muerte y el paso del tiempo han transformado en profunda admiración. De allí le vino su pasión por el fútbol y sus inclinaciones políticas vinculadas al comunismo, pero por sobre todo a los movimientos con raigambre social.

Como alguna vez explicó en una entrevista, "mi viejo era peronista, a mi casa la balearon dos veces. Teníamos una casa grande que hizo mi abuelo, en Boulevard Argentino y Donado. Arriba había dos habitaciones, y cuando mi viejo salía por trabajo, yo dormía con mi mamá. Una vuelta, el viejo llegó a la noche, prendió la luz y empezaron a sonar los tiros. Desde entonces, adoptó como precaución que al prender la luz, nos tiráramos al piso. Pensaba que era al pedo, pero volvió a pasar. Eran disputas internas del peronismo".

Según cuenta Menotti, su padre "era un tano que los tenía cagando a todos. A la hermana, a la cuñada, y mi vieja lo adoraba". Fue él quien le transmitió su gusto por el tango. "Un fracaso es no haberle hecho caso cuando me dijo que estudiara música. No poder tocar una milonga con la guitarra me vuelve loco".

El barrio también influyó en sus gustos musicales. En Fisherton, cuando despuntaba la adolescencia, tenía un amigo que trabajaba en una orquesta típica rosarina y solía llevarlo a un boliche frente a la estación, adonde tocaban Agri, Murtagh y Ríos, entre otros.

Había decidido que el día era para jugar a la pelota, para los amigos del barrio, por eso hizo el secundario en el turno noche en el Colegio Industrial número 4 de Rosario, con orientación en técnico químico.

Poco a poco habían quedado atrás los años de la infancia, el fútbol vistiendo la camiseta roja y blanca a bastones de Unión Americana, cuando lo apodaban Sito, porque sus padres en casa lo llamaban Cesarcito, y por un cierto parecido, más fonético que físico, con Vicente Zito, aquel jugador de Racing al que las tribunas bautizaron como La Bordadora.

La adolescencia era otra cosa y la vida entonces pasaba por el fútbol, la música, los boliches, el afán de conquista, el tango, la milonga. Fue entonces cuando recibió su primer golpe duro: en septiembre de 1955 murió su padre, víctima de cáncer. Paradójicamente, el mismo año y mes en que caería Perón

"Me quedé solo, soy hijo único. Antonio, mi viejo, era un gran deportista, había boxeado con los grandes campeones de Rosario, jugaba al fútbol, bailaba como los dioses, un personaje muy especial. Murió a los 51 años de cáncer. Fumaba mucho, fue dramático", le contó a *El Gráfico*.

"Recuerdo un mediodía, estábamos en casa, mi vieja trajo la comida y empezamos a hablar. Le dije: Papá, te veo mejor. Y se puso a llorar. ¡Mi viejo llorando, loco! 'Este médico se cree que soy boludo, se pasó diciéndome 4 años que no fume más y ahora me dice: 'bue, si te gusta tanto fumar, fumá'. Si me dijo eso es porque me estoy por morir. ¡Eso dijo el viejo! Uhhh, un drama..."

César Luis Menotti tenía entonces 16 años y sintió el impacto de la muerte de su padre. "Me quitaron los sueños de pibe. Tuve que hacerme hombre muy rápido. Y nació la rebeldía, pero muy peligrosa", le confió a la Revista Clarín el 12 de diciembre de 1995.

Dejó de ir al colegio secundario y pronto quedó libre. Pero lo rescataron los amigos. Chacho Rena y su hermano Agustín, delegado de La Fraternidad y miembro del Partido Comunista, lo obligaron a rendir las materias libre y obtener el título, y lo cobijaron en su casa durante todo el tiempo que fue necesario.

"Yo estaba mal. Era una edad confusa, empecé a juntarme con gente grande, a ponerme trajes, me peinaba a lo Gardel para que me dejaran entrar a los lugares. A mí me salvaron dos cosas en ese momento: aquella casa de los Rena y ser un enamorado del boxeo. Tirar guantes me permitió escuchar comentarios como: 'Este era un crack pero el chupi lo perdió'. Y yo empecé a decir: Puta, si quiero ser algo en la vida, tengo que cuidarme".

En ese momento de crisis fue cuando empezó a fumar. Poco en el comienzo, apenas como para aparentar. Muy lejos aún de los dos o tres paquetes diarios que fumaría estando al frente del Seleccionado nacional. "Fumaba cuando salíamos, a escondidas de mi vieja y

también de los entrenadores. Pero fumaba poquito, uno después de comer, y a partir del jueves ya no fumaba. Sí le daba un poco más los domingos. Si ganaba porque ganaba, si perdía porque perdía (risas), o para festejar o para ahogar angustias. Pero no fumaba mucho…".

Muerto el padre, César Luis Menotti tuvo que transformarse en sostén de familia. La tarea fue ardua. "Cuando se murió mi viejo, la situación económica de casa se complicó. Mi viejo ponía la plata debajo de la sábana y mi mamá sacaba, sacaba y cuando se terminaba, decía: 'Nito, no hay más plata' y mi viejo traía más".

Eso había llegado a su fin. Menotti tuvo que salir a trabajar. Vacunó chanchos contra la brucelosis y cuenta que cuando volvía a su hogar, con la camisa manchada de sangre, se sentía algo así como un héroe. También hombreó bolsas durante las obras de hormigonado en el puente de la avenida Circunvalación de Rosario, pero lo que más le daba dinero era el fútbol chacarero.

Menotti jugaba en un equipo de la Liga Carcarañense, y según él mismo confiesa, 'cobraba muy buena plata'. Su amigo Chacho Rena trabajaba en el ferrocarril, de 8 a 12 y de 2 a 6, todos los días, y ganaba 800 pesos por mes. Menotti cobraba 1 000 pesos por jugar sólo los domingos, es decir 250 pesos por partido.

Con eso le alcanzaba para arrimar dinero a la casa y vivir la vida como él pensaba que debía ser vivida. Tanto que rechazó el trabajo que le ofreció su tío en un banco rosarino, adonde podría haber hecho carrera, con el argumento de que tenía toda la semana libre para leer y escuchar música.

Sin embargo, la situación no era sencilla. Por aquellos años también la política era un eje que regía su vida. Junto con sus amigos de Fisherton integraba un grupo que seguía a Florindo Moretti, el secretario General del Partido Comunista en Rosario, que tenía un comité a una cuadra de su casa. El los llevaba a los terrenos baldíos para sembrar tomates, lechugas y zanahorias.

Sin embargo, Menotti se consideraba peronista, como lo había sido su padre, quien había refugiado a muchos compañeros perseguidos durante la Revolución Libertadora. Con Aramburu en el poder, Menotti y sus amigos salían por las noches a pintar paredones con la leyenda 'Perón Vuelve'. Hasta que un día su amigo Chacho Rena le dijo: Mirá dónde se fue Perón, a Panamá con un dictador, y después a Paraguay con Stroessner, otro dictador, y a España con Franco, ¿no te dice nada eso?. "La puñalada fue artera, no podía seguir apoyando a ese Perón. Y me afilié al comunismo".

Muchos años después, mirando a la distancia el joven que fue, Menotti se autodefiniría como un atorrante. "Los conocí a todos, desde el mejor hasta el peor, y aprendí a descubrir los dados chivos. Yo era un atorrante con inquietudes –leía a José Ingenieros, principalmente *El hombre mediocre* y *La simulación en la lucha por la vida*. "Fueron los tiempos de los planteos, porque si Dios existe hay un enfoque de la sociedad y si no, hay otro. Yo traté de encontrar la verdad a partir de las lecturas. No creo en Dios, creo en el hombre y en la ciencia, pero respeto mucho a los que tienen fe".

En el hecho de que César Luis Menotti se haya convertido en un futbolista profesional hay mucho de buena fortuna. De eso que tiene la vida y que usualmente llamamos estar en el lugar indicado en el momento correcto. De esa manera, casi de casualidad, fue que llegó a Rosario Central.

Una mañana cualquiera, de regreso de un baile, Menotti descansaba con sus amigos en el balneario, a orillas del río, cuando apareció de manera inesperada el profesor Castiglione, un viejo conocido de la escuela secundaria. ¿Cuándo va a venir a probarse en Central?, le dijo y acto seguido lo invitó esa misma tarde a sumarse al partido que la escuela de fútbol canalla disputaría en la localidad de Totoras.

Menotti no quería ir, argumentó que ganaba muy bien en el fútbol chacarero y que en Central tendría que pagar para jugar. Pero sus amigos insistieron. "Dale, vamos a Totoras, que hay una joda impresionante, no sabés el baile que hacen ahí, ¿qué vamos a hacer acá?", recordó en una entrevista con *El Gráfico*.

"Estaba muerto, no había dormido nada. Y fuimos. Me pusieron para la escuelita de Central, metí los dos goles y ganamos. Me llamaron para que fuera el miércoles a jugar para la Reserva contra la Primera, ya en la cancha. Y volví a meter dos goles, uno de la puta madre: un saque de outball (lateral), no me lo olvido más, amagué pararla, la dejé pasar y le di un voleo..."

Menotti, que en la prueba había jugado protegido bajo el falso apellido Fernández, supuestamente oriundo de Córdoba, para que Newell's no lo tentara con una mejor oferta –maniobra que era usual en aquel entonces– tenía el visto bueno del cuerpo técnico. Pero así y todo, no firmaba.

Su situación económica no le permitía resignar dinero. De hecho, había tenido que alquilar por dos años la casa familiar y se había mudado al altillo de unos parientes. La resistencia duró hasta que recibió el llamado del presidente de Rosario Central, Federico Flynn, apodado el Viejo. Allí comenzaron las negociaciones.

Menotti, una vez más, volvió a mostrar su astucia. Dicen que el *Viejo* Flynn lo fusiló con una pregunta: ¿Usted quiere o no quiere jugar en Central? Y que él le respondió: "¡Cómo no voy a querer jugar si yo

soy hincha de Central desde chiquito!". Y ahí nomás le repitió la delantera de la que tanto le había hablado su padre: Cagnotti, Gómez, Guzmán, Potro y García.

Estaban de acuerdo, sólo faltaba acordar el contrato. Menotti mintió y le dijo que ganaba 2 000 pesos en la Liga. Flynn replicó: "Le voy a dar 40 000 pesos por su pase y 2 500 pesos por mes". El trato estaba cerrado. César Luis Menotti jugaría en Rosario Central.

Rosario Central

Cuando César Luis Menotti le dijo a su madre que había arreglado condiciones con Rosario Central, ella se puso a llorar. Jugar en Primera División era 'llegar', tocar el cielo con las manos, alcanzar un presente económico más distendido y tal vez, asegurarse un futuro. Por lo pronto, para ellos dos podía significar un mojón que marcara un antes y un después en su vida.

Además, la pasión también jugaba. Menotti era un confeso hincha canalla. "Entre la familia de mi mamá y la de mi papá éramos 4 hinchas de Central y todos los otros de Newell's. Los domingos a la noche por ahí comíamos todos juntos y se armaban unos quilombos tremendos. Yo era muy hincha, no lloraba, pero me enojaba mucho cuando perdía Central y me cargaban. Mis viejos me llevaban a la cancha y me ponía al lado del alambrado para seguir al Tato Mur, mi ídolo. Incluso daba la vuelta en el entretiempo y me cambiaba para verlo de cerca. De más grande empecé a ir a la popular con mis amigos".

Pero aunque los colores siempre tiran, lo cierto es que antes de llegar a Rosario Central se había probado en dos clubes de Buenos Aires: Vélez y Huracán. Cuenta Menotti que pasó la prueba en el club de Liniers, y que el técnico Angel Perucca había dado luz verde para que se quedara, pero que él no podía resignar dinero, y se volvió a Rosario.

Lo mismo le ocurrió en Huracán. "Jugué un partido de la puta madre, me salieron todas, y recuerdo que en las duchas me agarró Coco Rossi y me dijo: 'Pibe, ni se te ocurra quedarte acá, que no hay un mango'. No tenía alternativa, ¿dónde iba a ganar esa plata que ganaba en los campeonatos del campo? Tenía que mantener a mi mamá, mi casa, pero igual venía a probarme".

Corría el año 1960 cuando Menotti vistió por primera vez la camiseta de Rosario Central. Medía 1,88 metro y calzaba 43 y medio. Aunque por su estatura parecía no estar entre aquellos dotados para

el manejo de la pelota, su figura quijotesca no tardó en seducir a propios y extraños. Dejó de jugar como delantero, pero no perdió gol, y en cambio explotó con mayor éxito su precioso remate de media distancia.

Su paso por la Reserva de Central duró apenas 7 partidos. Los convenció pronto. Debutó en Primera el 31 de julio de 1960 contra Boca, con una victoria por 3-1, y un gol suyo. "Tuve una gran suerte, la suerte de tener al lado a tipos como el Gitano (Miguel Angel Juárez). Me llevaba 10 años, nos gustaban las mismas cosas y nos hicimos muy amigos. Me cuidaba como si fuera su hermano menor".

La amistad con el Gitano Juárez es una de las claves de su vida. "Con sus observaciones, sus críticas, sus comentarios, me fue puliendo a medida que se concretaba nuestra amistad".

Es curiosa la anécdota de cómo fue que el técnico, Enrique Lúpiz, le notificó que debutaría el domingo contra Boca. El plantel estaba concentrado en un hotel de San Nicolás cuando llegó el Viejo Flynn, a quien Menotti suele comparar con Perón, por lo emblemático de su investidura.

En ese momento Menotti jugaba al billar con algunos compañeros en el salón. Lúpiz detuvo el juego y le dijo: "Agarre la bola y muéstrele al presidente lo que estaba haciendo recién". Menotti la puso en el piso y comenzó a hacer jueguito, a dominarla. El mismo recuerda que eso era algo que hacían todos los futbolistas, pero al Viejo Flynn la maniobra lo impresionó.

Otro detalle de su debut es que Rosario Central tuvo que utilizar una camiseta alternativa y eligió jugar con la roja de Independiente, porque Lúpiz decía que lo tenía de hijo a Boca. El resultado final vino a confirmar su estrategia supersticiosa.

Pese a que Central había pujado hasta el final para fichar a Menotti, y a que el debut contra Boca había sido con un gol bajo el brazo, los medios locales apenas si registraron su aparición, y claro está, mucho menos lo hicieron los diarios de Buenos Aires. Luego de aquel cotejo una lesión lo marginó por tres fechas –partidos en lo que igualmente el equipo ganó– y retornó a la titularidad en la fecha 17, con una victoria de 2-1 frente a Estudiantes. Pero tuvo que pasar poco más de un mes para que volviera a convertir, y eso fue en la fecha 18, el 11 de septiembre contra Lanús.

Al parecer, Menotti había logrado engarzarse como jugador en aquella alineación de Central compuesta por Edgardo Andrada; Carlos Alvarez, José Casares y Miguel Urrestarzu; Alberto José Ducca y Oscar Ramos; Antonio Rodrígues, Menotti, Marcelo Pagani, Juan Alberto Castro y Francisco Rodrígues (capitán).

Había empezado también a ganar sus primeros pesos fuertes, y con ese dinero se compró una moto Vespa. Cuando el Viejo Flynn lo vio llegar montado en dos ruedas le dijo: "¿Cómo anda en moto, usted? ¡No lo quiero ver más en moto! Le voy a comprar un auto". Fue así que Menotti tuvo su primer automóvil, un Auto Unión que fue pagando poco a poco, con los premios.

De aquel campeonato de 1960 quedan algunos datos para recordar. Independiente fue el campeón luego de obtener 41 puntos –22 en la primera ronda y 19 en la segunda–, contra 31 que ganó Central. Los canallas tuvieron el arco más vencido, con 71 goles en contra, y César Luis Menotti logró enhebrar 5 conquistas.

Su aparición parecía darle al equipo una herramienta más a la hora del ataque: el disparo preciso de media distancia. Por lo pronto, los dirigentes lo tenían como un niño mimado. Menotti recuerda que "Lúpiz tenía una locura conmigo, cuando veníamos a Buenos Aires me hacía quedar después de los partidos y me llevaba a los baños turcos de Avenida de Mayo para que me hicieran masajes".

El torneo había culminado y tiempo después comenzaron los entrenamientos para encarar el campeonato de 1961. Menotti ya no era, a esa altura, una incógnita para el cuerpo técnico sino la certeza de contar con un jugador que podía ser titular y aportar gol.

Aquel certamen estuvo signado por la campaña periodística lanzada por la revista *El Gráfico*, que insistía con la prolijidad en el atuendo de los jugadores –pelo corto, camiseta dentro del pantalón, medias altas–. Pero por sobre todo, hacía hincapié en la técnica y la clase del futbolista argentino, las raíces de nuestro fútbol, contra un estilo de juego físico más europeo que parecía ir ganando las canchas locales palmo a palmo.

Rosario Central era un equipo modesto desde su juego y lo que podían ofrecer sus jugadores, y los resultados no eran más que una consecuencia de esto. Alternaba victorias, empates y derrotas casi en la misma proporción. Con Menotti entre los once los canallas lograron resonantes triunfos contra San Lorenzo (4-0) y Racing (3-1), y caídas frente a River (4-2), Independiente (3-2), Boca (5-1) y Huracán (3-0).

Hacia la fecha 19 del campeonato –que tuvo que ser suspendido debido a una gira de la Selección nacional por Europa, preparatoria para el Mundial de Chile '62- Menotti llevaba convertidos 11 goles, mientras que el máximo artillero era Luis Artime, de Atlanta, con 18 tantos. Buena parte de sus conquistas habían sido por remates de media distancia, tiros libres o penales.

El campeonato de 1961 tuvo como campeón a Racing, con 47 unidades. El subcampeón fue San Lorenzo, con 40, y Rosario Central terminó en el puesto 13, con 23 puntos. El goleador fue José Sanfilippo, con 26 tantos, y Menotti no figuró entre los cinco primeros artilleros.

El certamen de 1962 estaría atravesado por el Mundial de Chile, y sería el momento de la confirmación de César Luis Menotti como futbolista profesional, con cierta proyección de futuro. En la primera fecha Rosario Central debutó en Avellaneda contra el campeón Racing, a quien derrotó por 1-0 con gol de Menotti.

Las crónicas de la época dan cuenta de un partido trabado, violento, pese a lo cual Menotti fue una de las figuras. Esa tarde hubo 5 expulsados: Norberto Anido, Eduardo Curia y Raúl Belén en el local, y Ricardo Giménez y Casares en la visita.

La nota de *El Gráfico* de aquel partido muestra dos fotos de Menotti en sus páginas. En la primera se lo ve marcado por Federico Sacchi –luego uno de sus grandes compinches–, y en la segunda escapando con la pelota dominada y la vista clavada hacia adelante. Se lo describe 'flaco y alto, como si fuera a perder la vertical ante el primer embate del adversario. Sin embargo, se sabe que es fuerte'.

Ese año el campeón fue Boca, con 43 puntos, escoltado por River, que logró 41. Rosario Central había quedado 6°, de un total de 15 equipos participantes. Luis Artime resultó goleador con 25 tantos. Como en los años anteriores los canallas habían exhibido su clásica volatilidad. Era un típico equipo de mitad de tabla, que no sufría por el descenso pero tampoco ilusionaba con la posibilidad de ganar un campeonato.

César Luis Menotti comenzaba a sentir que el club le quedaba chico. Es más, sentía que la ciudad de Rosario no podía contener sus ambiciones. Cada vez que viajaba a jugar en Buenos Aires pedía permiso a los dirigentes para no retornar con el equipo y se quedaba, en cambio, viviendo la noche porteña.

Así, poco a poco, fue ganando amigos, haciéndose del ambiente. Su debilidad era el tango. Como le confesó a *El Gráfico*, "escuchaba a todos, pero Osvaldo (Pugliese) fue el más grande. Y eso que tuve amistad con el Gordo Troilo, eh. Hoy me pongo a escuchar su orquesta y mirá (muestra la piel de gallina). Lo mismo me pasa cuando escucho a la Negra (Sosa) o a unos bluseros ingleses viejos. Tuve muchas amistades en la música". Las puertas estaban ya entreabiertas para que Menotti se fuera de Rosario Central.

Selección, El Gran Debut

Ese año de 1962 fue citado por primera vez a la Selección Argentina e integró el plantel que disputó la Copa Lipton. El partido se jugó el 15 de agosto en la cancha de River y fue presentado por la prensa escrita como el encuentro de dos humillados en el Mundial de Chile.

Lo cierto es que en aquella competencia el conjunto argentino culminó tercero en el Grupo D, por debajo Hungría e Inglaterra y sólo encima de Bulgaria, con lo cual no pudo avanzar a cuartos de final. Mientras que Uruguay ocupó la misma posición en el Grupo A, detrás de la Unión Soviética y Yugoslavia.

Argentina ganó la Copa Lipton luego de imponerse por 3-1 sobre Uruguay con goles de Pagani, Daniel Willington y Alberto Mario González. Aquella vez formó con Rogelio Domínguez; José Ramos Delgado y Miguel Vidal; Alberto Sainz, Antonio Rattín, José Varacka; Ernesto Juárez; Menotti, Pagani (luego ingresó Willington), Ernesto Grillo y González.

La crónica de la época destaca la voluntad de juego de ambos equipos, su carácter ofensivo, desdeñando la marca, en una franca oposición a lo que se había visto durante el Mundial de Chile. Y en ese marco se destacó la figura de César Luis Menotti. Claramente estaba en su mejor momento.

Según *El Gráfico*, la intención de jugar bien al fútbol tuvo entonces un solo ejecutor: Menotti. Y agrega: "River Plate fue este año de compras a Rosario, y compró a Pagani. Así se compra, así se malogran jugadores muchas veces. A Menotti nadie lo vio. Los rosarinos le hicieron el cartel a Pagani, los compradores de ruido compraron a Pagani, ahora tendrán que comprar a Menotti. Menotti puede ser crack".

"Desde ya es jugador de excepción entre nosotros, desde ya nos preguntamos: ¿Estarán las quebradas finanzas del fútbol argentino para resistirse a la tentación de los millones en moneda extranjera que ofrecerán por él?"

Todos los elogios eran para él. "Lo positivo del once ganador se redujo a Menotti desde la primera jugada del partido. Su estampa ya es ganadora, su manejo de la pelota mucho más. Su sentido para estar siempre destapado y libre para recibir y jugar la pelota, todavía más. Hábil con las dos piernas, finísimo para manejar el balón, simple y muy sobrio para ponerlo lejos del alcance del adversario".

Queda claro que Menotti había dado una buena impresión, que había terminado de realizar su presentación estelar ante los medios porteños, que eran de alguna manera los que tenían proyección na-

cional. El 22 de agosto de 1962, una semana después de aquel partido, Dante Panzeri escribió en *El Gráfico* una nota dedicada por completo a César Luis Menotti bajo el título "Que se encienda esta luz".

El autor de *Dinámica de lo impensado* se explayó en consideraciones que vale la pena repasar sin interrupciones:

> "No podemos predecir si acertaremos o no. Sí podemos precisar que César Luis Menotti, rosarino, de Rosario Central, debutó como internacional argentino en el estadio de River Plate el miércoles 15 de agosto, y en un mal partido entre Argentina y Uruguay, expuso individualmente todos los recursos que suele poseer el crack".
>
> "También se mostró carente de otros, por caso velocidad física y por lo tanto ventaja para ser anulado individualmente por quien sabiendo de su lentitud lo marque de cerca. Es buen jugador, factible de ser 'desaparecido' donde se le achique el terreno (que los uruguayos le dejaron amplio) o donde no tenga acompañantes para el fútbol que Menotti intenta jugar. Tampoco es fuerte en el juego alto, pese a su estatura. Pero tiene más virtudes que defectos. Tiene dominio de pelota en las dos piernas, shot desde cualquier distancia, movilidad alternada en la madriguera y la conclusión de las jugadas".
>
> "Fuerza y dirección y/o cálculo y exactitud en el shot con pelota muerta (sus tiros libres fueron una variedad de chanfles y golpes francos). Mide sus movimientos con el cálculo de un veterano y lo ejecuta con la fluidez de sus 23 años. No se cae, no encuentra rodeos. Camina permanentemente buscando el sitio más favorable para hacerse de la pelota. Casi siempre se arma de más de una posibilidad para salir jugando".
>
> "Si será crack o no, lo dirá él. De lo que estamos seguros es de que jugadores de este corte pueden salvar el fútbol argentino. Es el otrora frecuente fruto de los llamados semilleros, fruto que por abundante incluso se pierde en esa abundancia".
>
> "Es el hoy raro fruto de ese mismo semillero capaz de producir asombro y euforia no siendo más que muchos jugadores que se perdieron en aquella pasada abundancia. Pero siendo sí mucho más que los muchos que conforman nuestro presente cielo de valores e ideas".

"Es también el buen jugador expuesto a perderse entre la mediocridad general si el destino se le reserva la suerte de no encontrarse con compañeros que entienden el fútbol como Menotti lo entiende. Pero es el buen jugador que desplazándose a ritmo lento le imprime al juego la velocidad que no logran darle los que corren mucho más pero juegan mucho menos. Es el jugador al que nadie le enseña a jugar. ¡El que aprende sólo!"

"Y ha llegado porque alguien ha tenido la feliz inspiración de concederle libertad creadora a su talento. Tan importante como esa oportunidad a la candidez juvenil, a la rebeldía del jovencito que se siente capaz, es que ahora el jovencito no se caiga del pedestal alcanzado. Ojalá El Gráfico pudiera presentar un jugador de este corte por cada mes del año. En muy poco tiempo el fútbol argentino sería la fiesta de genialidades que una vez fue. Anoto este nombre: César Luis Menotti. Y no caigo en la común tontería de pensar que insertar aquí su foto puede equivaler a "quemarlo". No pienso en el incendio, piense y ruegue que esta expresión de deseo de El Gráfico –que no es predicción- sea pronto el encendido de las luces de Menotti. Lo necesita el fútbol, lo tiene que desear usted, hincha, tanto como Menotti jugador, tanto como nosotros. Anhele usted lo mismo".

Al año siguiente, en 1963, fue citado nuevamente a la Selección, esta vez para jugar el Campeonato Sudamericano que se disputó en Bolivia, un torneo al que no fue invitado Chile por discrepancias políticas, y al cual Uruguay no asistió por estar en contra de que La Paz fuera una de las dos sedes –la otra era Cochabamba–.

En este certamen Menotti jugó solamente dos partidos como titular, ante Colombia (4-2) y Perú (1-2). El campeón fue el local, escoltado por Paraguay. Argentina, que había concurrido sin sus mejores valores, culminó tercera y Menotti no anotó gol alguno.

Durante ese mismo año jugó la Copa Roca frente a Brasil (3-2 en San Pablo y 2-5 en Buenos Aires) y la Copa Rosa Chevallier Boutell contra Paraguay, donde marcó su primer tanto con la camiseta argentina. Tendrían que pasar cinco años para que Menotti volviera a jugar en la Selección nacional. Lo hizo en 1968, cuando disputó cuatro cotejos, anotando un gol contra Chile.

Racing, el desafío

Por lo hecho en Rosario Central en el campeonato de 1963, pero sobre todo por lo que demostró en su breve paso por la Selección nacional, donde fue iluminado por las potentes luces del periodismo porteño es que César Luis Menotti logra dar otro paso importante en su carrera: en diciembre de ese año firma para Racing Club, que pagó por él la suma de 16 millones de pesos, convirtiéndose así en el pase más importante de la temporada.

Menotti tenía por entonces 26 años y antes de mudarse a Buenos Aires, en la Nochebuena, se había casado con Graciela Salvatierra, hija de un próspero empresario rosarino. Boda que incluyó, además, una breve luna de miel en Punta del Este.

Su llegada a Racing estuvo precedida por negociaciones con River y Nacional de Montevideo, con quienes finalmente no hubo acuerdo. Pero ante todo, Menotti había logrado salir de Rosario Central o, mejor aún, había dejado atrás a su ciudad natal, en la que se sentía encorsetado. Buenos Aires se le abría como una promesa, un abanico repleto de posibilidades. El mundo estaba al alcance de su mano.

En marzo de 1964, en un reportaje de la revista *El Gráfico* titulado 'Racing cree en Menotti', se confiesa: "Quiero salir, tener mayor posibilidad, cambiar de horizonte, de panorama, escaparse de una rutina que lleva ya cinco años".

Y agrega: "Es posible que la gente de Rosario no me comprenda. Pero es distinto jugar en un equipo grande. Se juega por otra cosa. Se pelea la punta. La cancha se llena de gente. Allá en Central peleamos siempre con angustia. Todos los años 24, 25, 26 puntos… Sin variantes, sin alternativas… conociendo de antemano el final. Sólo se siente el partido contra Boca, River, Independiente, Racing. ¿Y después? Partidos sin importancia para el que está en la cancha, que muchas veces necesita otro tipo de estimulantes para moverse con ganas".

Para los que no lo conocían o apenas tenían una vaga idea de Menotti como futbolista, se presenta en sociedad: "Yo soy número 8 (en el antiguo esquema). Necesito venir de atrás. Tener lugar, espacio para maniobrar, para poder sacar la pierna. Me hace falta la media distancia para utilizar el shot y ubicar la pelota".

Cuenta también, como credencial, que fue el goleador de Rosario Central durante los últimos cinco años, con un promedio de 14 a 15 goles por campeonato, la mayoría de ellos convertidos con remates de media y larga distancia.

Lo cierto es que su desembarco en la Academia, adonde estaría tan sólo un año, fue algo precipitado. Durante las semanas previas había viajado a Uruguay para tratar con Nacional, y mantenido conversaciones con River, hasta que puso la rúbrica en el contrato con Racing. Los dirigentes, que vivían con el club un momento aciago –como tantas otras veces– se apuraron a presentarlo ante la hinchada como el mejor refuerzo del equipo.

Fue por eso que una noche lo hicieron debutar de apuro en un partido amistoso contra Atlanta, en la cancha del Bohemio. Ni siquiera se había entrenado, casi no conocía a sus compañeros, pero entró un rato y jugó. Los hinchas pudieron verlo en acción, pero él terminó ofuscado. Fue el primer cruce con los dirigentes.

Lo cierto es que Menotti había llegado a un equipo en plena etapa de recambio generacional. Racing venía de ser campeón en los torneos de 1958 y 1961, y había hecho muy buenas campañas en 1959 y1960. Se habían ido Orestes Corbatta, Juan José Pizzutti (a Boca), Pedro Mansilla y Raúl Belén. De ese grupo sólo quedó en el club el Marqués Rubén Sosa.

Para 1964, además de Menotti, llegan el *Nene* Luis Maidana, delantero de Banfield, y el puntero derecho brasileño Dorval, que había sido acompañante de Pelé en el Santos. También se sumó al plantel, con el pase en su poder, el veterano Luis Pentrelli, y desde Colón traen a José Omar Pastoriza.

Fue en Racing donde comienza a forjar su amistad con Federico Sacchi, de quien Menotti solía decir que era un defensor tan fino que se ponía colorado si la mandaba afuera. Ambos eran rosarinos, pero no habían tenido mayor relación en aquella ciudad porque Menotti jugaba en Central, y Sacchi en Newell's.

"Menotti siempre fue un jugador muy inteligente para jugar –cuenta Sacchi–. Tenía un perfil bajo dentro del grupo, no se lo escuchaba demasiado. No era un líder, pero era un buen amigo, un tipo que tenía códigos. Era de barrio, sabía lo que era la amistad".

Pero la revelación de la temporada anterior, el hombre que venía a renovar los aires de Racing, tuvo un paso sin pena ni gloria por la entidad de Avellaneda. Si el equipo no había logrado encontrar cierta dinámica dentro del campo de juego, afuera los dirigentes tampoco tenían mayor éxito. Como explica Sacchi, "Menotti llegó a un club con muchos problemas económicos, con deudas, que no le pagaba los salarios a los futbolistas. Como siempre, con problemas de cobro".

Uno de los mejores perfiles que se escribieron sobre Menotti jugador lleva la firma de Osvaldo Ardizzone. En aquella nota de *El Gráfi-*

co de marzo de 1964, cuando todo era esperanza en torno a lo que el Flaco podía darle a Racing en términos de fútbol bien jugado, la pluma del periodista destaca virtudes, pero también alerta sobre los defectos.

"Una personalidad singular. Una muestra de personaje moderno, desprejuiciado por la opinión corriente, algo frívolo en sus gustos e inclinaciones personales, en la vestimenta deportiva, en la velocidad descontrolada de su automóvil", escribe Ardizzone.

> "Puede ser el tipo "raro" para el medio común, extemporáneo en las respuestas, algo burlón, crítico agudo e irónico. Uno de esos tipos que no se queda con nada adentro. Que sostiene lo que piensa al margen de la jerarquía del interlocutor".
>
> "Juego así porque así debe ser. No voy a renunciar a lo que pienso porque los otros jueguen de distinta manera. Fútbol hay uno solo". Y es el de Menotti. '¿Cómo quiere que me encuentre con ese tipo? ¿Cómo quiere que juegue con él? ¡Si no la sabe tocar! ¡Si le pega mal!".
>
> "Por eso cuando entiende que no encuentra el eco que prefiere adopta esas actitudes fuera de lugar, intempestivas, hasta antideportivas, como bajar los brazos o llevar las manos a la cintura, o encapricharse con el túnel imposible aunque el adversario sea un hombre que le conoce esa debilidad".
>
> "Tiene concepto de la amistad y de la camaradería. Tiene calle y potrero. Para el Flaco no hay nada más que una sola manera lógica. 'Hacer la lógica' es una frase muy común en su repertorio. Por eso cuando no la encuentra, cuando se enfrenta con la imperfección, con el disparate, con un toque sucio, con una pelota mal ubicada, cuando lo usan y 'se manda' en un pique falso, se desata en todo tipo de adjetivos contra todo el mundo, contra él mismo. Baja los brazos o lleva las manos a la cintura como una exteriorización de contrariedad. Pero como protesta. Tiene el mismo simbolismo que la huelga de hambre de los orientales".
>
> "Intenta un par de veces la reconciliación con el partido, pero si no prospera 'se para' definitivamente. Y entonces aparece en escena el Menotti de las críticas, el de la silbatina de las tribunas adictas y adversarias que ve a

> un personaje que se permite 'olvidarse del partido y del público', que 'no le importa ganar ni perder'".
>
> "Entonces empieza a jugar su propio partido. A enredarse en el dribbling, a desesperarse con el túnel, a intentar el gran gol de su vida. Como rebelión o como desidia".

Ardizzone resalta que "Menotti tiene un problema 'artístico' en su vida... Es el crítico agudo de todo lo que siente y ve burdo, inarmónico, torpe. Experimenta una repulsa natural hacia 'el mal gusto', que va desde una corbata a un par de zapatos. Ese es el gran trauma que se refleja en su fútbol. Así como critica un par de zapatos colorados con un traje azul, o un par de calcetines amarillos con zapatos negros, opina en fútbol. Ese 'buen gusto' lo hace intransigente, lo transforma en sectario. Sin darse cuenta desprecia la carrera, no le gusta la jugada fuerte, elude la fricción, el forcejeo. Así como se viste, así como elige la línea de su automóvil, así como selecciona sus corbatas o el moblaje de su casa, actúa en fútbol Menotti, sin proponérselo, no juega para todo el mundo. En su intimidad está la pequeña vanidad de jugar para un núcleo 'que sabe'".

> "Todos sus movimientos, todos sus túneles, sus chanfles, su toque, están dirigidos para 'la minoritaria secta de los eruditos'. La raya de su pantalón Oxford, el nudo de su corbata, el gusto italiano de sus mocasines están INTIMAMENTE hermanados a lo que realiza en el campo".
>
> "Tiene pudor por mostrar una punta de torpeza, un mínimo de imperfección. Se siente siempre en la escena, se coloca en primer actor. Su equipo pierde, pero Menotti se conforma con 'no haber defraudado a los que saben'. No repara en el esfuerzo físico. Es agudo observador del toque, del hombre que le pega bien a la pelota, del chanfle, del manejo".

Dice Ardizzone que Menotti es un jugador "que admite que su equipo pierda antes que ganar jugando mal. Que admite la silbatina antes que renegar de sus convicciones. Que aún perdiendo por goleada está contento porque los que ganaron 'se comieron un toque de novela'. Y aunque la tribuna partidaria esté con el puño cerrado, protestando la derrota, Menotti sale tranquilo porque 'se jugó bien',

porque se jugó como él quiere, en la única forma que se puede o se debe jugar al fútbol".

La estadística ayuda a entender su efímero paso por Racing. En aquel campeonato de 1964 el equipo debutó perdiendo 1-0 contra Ferro. Se repondría en la segunda fecha, venciendo por 1-0 a Newell's, partido en el que César Luis Menotti anota su primer gol con la camiseta de la Academia.

En la tercera fecha Independiente los aplasta en el clásico por 3-1 (Menotti vuelve a convertir), y tras perder nuevamente, esta vez con San Lorenzo, queda claro que el equipo no tiene rumbo y le cuesta levantar cabeza.

El técnico, Néstor Rossi, lo borró del plantel hasta la fecha 17, cuando Menotti retorna al primer equipo y, nuevamente contra Newell's, anota el tanto del empate 1-1.

El campeonato de 1964 fue para Boca, que se consagró campeón con 44 puntos, mientras que Racing quedó sexto, con 32 unidades. Menotti convirtió 12 goles, terminó 7° en la tabla de goleadores y jugó alrededor del 70 por ciento de los partidos.

No eran buenos tiempos para el fútbol vistoso. Como lo explica el sociólogo Roberto Di Giano, fundador del área Interdisciplinaria de Estudios del Deporte de la Facultad de Filosofía y Letras de la UBA, "en los '60 se juega un fútbol malo, los partidos terminaban 0-0. Surge la barra brava, el fútbol espectáculo, el fútbol empresa. Aprovechan la ola de desprecio por lo propio y traen muchos extranjeros. A Menotti le toca jugar en esa época. *El Gráfico* critica a Menotti por su lentitud. El tenía un estigma grande con eso. Le pegaba bien a la pelota, pero era lento".

Boca, una desilusión

En la conformación de los planteles para el campeonato de 1965 se produce la contratación por parte de Boca Juniors del técnico de Racing, Néstor Pipo Rossi. Y con él viajaron rumbo a la Ribera algunos de los hombres que disputaron el torneo anterior con la camiseta de la Academia. Entre ellos César Luis Menotti y Federico Sacchi.

Esa es, seguramente, la principal razón por la cual un club como Boca, que dominaba el fútbol argentino en ese tramo de la década, pudo haberse fijado en un futbolista como Menotti, que no había tenido un alto rendimiento en Racing y que, además, por sus características de juego no se ajustaba a la garra y la entrega que eran un emblema de los xeneizes.

Lo cierto es que más allá de las razones del caso, Menotti se puso la camiseta de Boca de cara al torneo de 1965. Boca se había reforzado también con otros jugadores como Alfredo Rojas, que venía de jugar en Gimnasia, tras su breve paso por River y una experiencia de tres años en España; Roque Ditro, Oscar López y Rubén González.

Boca era por ese entonces un equipo armado, que con la corona conquistada en 1965 terminó por obtener tres de los últimos cuatro torneos disputados. Y, para mayor regocijo *xeneize*, dejando a River siempre como escolta.

Que Menotti, con su juego preciso pero algo displicente, pudiera engarzarse en ese equipo, en una época en la que además no había cambios, resultaba bastante difícil. De hecho, jugó mayormente en la reserva y sólo logró disputar 6 partidos entre los 11 que dieron la vuelta olímpica, anotando un gol.

Dice Federico Sacchi que "Menotti no encajaba en el estilo del Boca del '65. Era un equipo difícil adonde se privilegiaba el esfuerzo. El tenía otro juego. Igual había jugadores de renombre, como el peruano (Julio) Meléndez y Rojitas (Angel Clemente Rojas)".

De hecho, el mismo Sacchi, que era un defensor fino, apenas tuvo oportunidades de ensamblarse en la última línea y jugó 16 de los 34 partidos del campeonato.

Cuenta Sacchi que en el vestuario de Boca había, pintada en una de sus paredes, una leyenda que decía: Ganar, golear y gustar. "Gustar estaba en el último lugar. Boca exige, ante todo, ganar, y en ese ambiente no había manera de que un jugador como Menotti, que se preocupaba primero del buen juego, pudiera encajar".

El hecho es que el estilo de Menotti, signado por la lentitud y la falta de garra, le puso en contra a la hinchada de Boca, que no le hizo lugar entre sus afectos. Muchos años después él mismo se describiría como jugador: "Era muy caprichoso, y cuando me salían mal las cosas, me ponía fastidioso y me tiraba contra la raya izquierda. Me enojaba cuando se jugaba mal y se empezaban a tirar pelotazos. Ahí me paraba".

Y recordó una anécdota que lo cruzó nada menos que con Antonio Rattín. "Una vez, jugando en Boca, contra Banfield, nos quedamos con diez y Rattín se me acercó: '¡Flaco, bajá a ayudar, corré!'. Y le contesté: 'Lo único que falta, que yo tenga que bajar a correr, corré vos'. ¡Para qué! En el vestuario el Rata me recagó a pedos".

Según Menotti, traído a tiempos más actuales, él jugaba "como Riquelme, un tipo con buen disparo de larga distancia, con mucho pase-gol, era hábil, tiraba túneles, le pegaba fuerte a la pelota".

El campeonato de 1966, que terminaría ganando Racing con 39 partidos invicto, no fue diferente para la vida de César Luis Menotti en Boca. Ese año tampoco tuvo mayores chances de ser titular, pese a que los xeneizes vieron diezmado su equipo ya que varias de sus figuras, entre ellas Antonio Rattín, Antonio Roma, Silvio Marzolini, Alfredo Rojas y Carmelo Simeone, entre otros, fueron convocadas a la Selección nacional para disputar el Mundial de Inglaterra.

De hecho, Menotti disputó 12 partidos –el doble que en el torneo del '65 – y convirtió 5 goles, pero no terminaba de afirmarse en la Primera de Boca. La relación se había desgastado de manera acelerada y la gota que rebalsó el vaso ocurrió el 29 de agosto de 1966, cuando Boca enfrentó al Real Madrid por la Copa Mohamed V de Marruecos.

Alberto J. Armando había decidido darle una proyección internacional a Boca desde muy temprano y ese año el equipo aprovechó la ventana que dejaba libre el Mundial de Inglaterra para disputar una serie de partidos amistosos en el país, y luego en agosto se trasladó a España para jugar el Trofeo Ciudad de San Sebastián, contra la Real Sociedad, a quien venció por 3-0, y Athletic de Bilbao, a quienes los xeneizes baten por 3-1.

La escala siguiente fue en Marruecos, para competir en la Copa Mohamed V. En el Stade D'honneur logró vencer por 1-0 al FAR Rabbat marroquí, victoria que lo dejó cara a cara con el Real Madrid, aquella mentada noche del 29 de agosto de 1966.

Ese día el partido terminó igualado 1-1. Alberto González anotó para Boca, y Pirri para el Real Madrid. Se disputó entonces un tiempo suplementario de 30 minutos, pero el marcador permaneció inalterado. Eso dio paso a una definición singular: se ejecutarían tres penales por equipo, pateados por el mismo jugador.

Francisco Gento anotó los tres penales del Real Madrid, pero César Luis Menotti logró convertir dos, y el tercero quedó en las manos del arquero Antonio Betancort. La derrota a escala internacional fue algo que Alberto J. Armando, presidente de Boca, nunca pudo perdonarle a Menotti.

Esa caída no hacía más que postergar el sueño de proyección internacional que Armando pretendía darle al club de la Ribera, política que lo había llevado también a impulsar la participación xeneize en la Copa Libertadores y otros certámenes o amistosos allende las fronteras.

La relación entre Menotti y Boca estaba definitivamente quebrada. Ese sería su último año en el club de la Ribera. Lo esperaban los Estados Unidos, las luces de Nueva York, el jazz... En definitiva, una vida mucho más distendida.

New York, New York...

El año 1967 encontró a César Luis Menotti como parte del plantel del por aquí ignoto New York Generals de los Estados Unidos, país que intentaba ponerle los primeros ladrillos a la construcción de una Liga profesional de fútbol.

¿Pero cómo fue que Menotti, considerado apenas un par de años antes por los especialistas como una promesa para el fútbol argentino, terminó fichando para un equipo menor de una Liga por completo desconocida y casi en estado embrionario?

Cuenta la historia que un año antes había desembarcado en Buenos Aires el entrenador de los Generals, el inglés Freddie Goodwin, que había sido mediocampista en Manchester United, Leeds y Scunthorpe de Gran Bretaña, y que había culminado su carrera jugando apenas un partido en aquel flamante club de Nueva York.

La misión era una sola: reclutar jugadores para conformar un plantel competitivo en los Estados Unidos. Fue así que Goodwin se hizo presente en la Bombonera para ver uno de los por entonces clásicos partidos a beneficio que se disputaban, televisados, los miércoles por la noche.

Eran cotejos sin mayor vuelo ni rigor futbolístico, a los que asistían también estrellas del espectáculo y el deporte, como Zulma Faiad u Oscar Ringo Bonavena. Culminado el encuentro, Goodwin tenía anotado en su libreta los nombres de Federico Sacchi, César Luis Menotti, el Muñeco Norberto Madurga y Elvio El Carpincho Oviedo.

La dirigencia de Boca, con Alberto J. Armando a la cabeza, estaba interesada en exportar jugadores a ese mercado y negoció arduamente, hasta que quedó aceptada y conformada la nómina definitiva de los futbolistas que emigrarían a los Estados Unidos. Los elegidos eran Julio Alas, Luis María Mas, José Antonio Pla y César Luis Menotti. También fue Oviedo, pero se fracturó en la primera práctica y regresó al país.

Firmado el contrato con NY Generals, Menotti se instaló en Nueva York con toda su familia, que incluía a su esposa Graciela Salvatierra, el hijo de ambos, César Mario –nacido el 22 de febrero de 1965– y su madre, Olga. El club le alquiló un departamento en Manhattan, el barrio que años más tarde haría célebre Woody Allen, y allí residieron durante el tiempo que duró la aventura en Norteamérica.

A Luis María Mas se le agolpan los recuerdos cuando se lo consulta por aquellos años. Dice que en su caso emigrar fue un error. El técnico de Boca le había pedido que no se fuera, pero él era suplente y no había cambios en aquel entonces. Buscó, sin mayor éxito, nuevos

horizontes. "Me equivoqué, podría haber jugado muchos años en Boca", afirma nostálgico.

Pero lo cierto es que fue uno de los elegidos y viajó a Nueva York con Menotti. "El Flaco era un fenómeno. Todos los que fuimos convivíamos, él nos invitaba a comer siempre a la casa. Hacíamos un asadito de vez en cuando, y la madre también nos cocinaba". La dieta incluía mucho pollo al spiedo: "Nunca lo comí como lo hacen allá". Pero si los días eran entretenidos, las noches podían ser demasiado largas. "Se extrañaba mucho, era jodido estar en un lugar adonde no se sabía el idioma", revela Mas.

En el primer entrenamiento se dieron cuenta de lo heterogéneo del plantel en materia de nacionalidades. Había un paisano de cada pueblo, eran algo así como la Legión extranjera. "Había jugadores de todas las nacionalidades, sobre todo ingleses –repasa Mas–. El equipo era bueno, pero no hubo tiempo para trabajar. Al principio nos costaba entender el idioma del técnico", razón por la cual utilizaban como traductor al haitiano Philippe Vorbe.

En aquella Legión extranjera estaba también el argentino Néstor Manfredi, llegado de Colón de Santa Fe por sugerencia de Menotti para reemplazar a Oviedo; los ingleses Barry Mahy, George Kirby, Michael Ash, Roy Hartle, Barrie Wright y Geoff Sidebottom; el alemán Herb Finken; los austríacos Alex Bandl y Paul Freitag; los triniteños Warren Archibald, Leroy DeLeon y Jan Steadman; los jamaiquinos Sydney Barrett, Paul Thomas y Neville Oxford; los brasileños Iris De-Brito y Adilson Silveira; el yugoslavo Dragutin Mehandzic; los húngaros Andrew Mate y Tibor Reznecki; el italiano Bruno Siciliano; el danés Henrik Vestergaard, y Vorbe, de Haití.

Recuerda Mas que los entrenamientos eran en doble turno, "en la nieve y el barro. Era un fútbol mucho más exigente en el aspecto físico que en la Argentina. Trabajaban menos con pelota y jugaban tres veces por semana". Y si bien aclara que "es más difícil jugar en un fútbol de menor nivel", también remarca que "Menotti se acomodó bien al fútbol de Estados Unidos, tenía una muy buena pegada, ideal para los tiros libres, y una zancada que parecía que iba lento, pero cuando se largaba a correr no lo parabas. Tenía mucha calidad y personalidad".

La inversión del club era importante, su apuesta por desarrollar el fútbol en el país del béisbol, el básquetbol y el fútbol americano no era menor. Por eso los futbolistas extranjeros contratados tenían un trato diferencial. "El pago era muy bueno, te atendían como reyes. Había un trato especial", dice Mas, y cuenta a manera de ejemplo que el club le arregló todos los papeles para que la novia viajara a

New York y pudieran casarse allí, ya que habían suspendido la boda por el apuro del pase. Y hasta le pagaron la fiesta.

La pregunta surge necesaria: ¿A qué tipo de club había llegado César Luis Menotti? Según el informe anual que solía publicar National Professional Soccer League, en 1967 New York Generals era una institución propiedad de R.K.O. General y Elser Enterprises. El presidente era Peter F.D. Elser.

Sobre el presidente, el anuario dice que era un empresario agente de seguros, asociado con la firma Hallgarten and Company. Juntos conformaron un grupo financiero que compró Mark Cross Company Limited a sus dueños ingleses, en 1962.

El gerente o CEO de los Generals era John Pinto, presidente de RKO General Phonevision. Era un empresario entusiasta que apoyaba al deporte, con experiencia en televisión y publicidad. La compañía poseía seis canales de televisión y una docena de estaciones de radio.

La tercera pata dirigencial era el manager Bill Bergesch, nativo de San Luis y graduado en la Universidad de Washington. Era el único que tenía experiencia en el campo deportivo ya que había trabajado en la administración de los St. Louis Cardinals y otros equipos de la Major League Baseball antes de desembarcar en el fútbol con los Generals. El club cambiaría de manos para 1968, cuando según el registro de la National Professional Soccer League, estaba representado por una empresa conformada legalmente como New York Generals Soccer Club.

Recuerda Mas que "jugábamos en canchas de césped artificial y se hacía muy difícil controlar la pelota. Nosotros habíamos llevado botines con tapones de goma altos, y tuvimos que cortarlos para poder jugar. En general eran canchas de béisbol. Ellos recién empezaban, fuimos nosotros los que creamos el fútbol de allá, fuimos pioneros".

Federico Sacchi, que recaló allí en 1968, tras su paso por Perú, resalta que "era un equipo 6 puntos, regular. Iban 3 000 personas a verlos. Jugábamos en una cancha de béisbol que era acomodada para los días de partido. Le pintaban las líneas encima de las otras".

Lo cierto es que los Generals jugaban como locales en el estadio de los famosos Yankees de Nueva York. Es decir que no tenían cancha propia y, como otros tantos conjuntos, alquilaban las instalaciones de los equipos de béisbol.

Según explica el estadounidense Colin Jose, experto en historia del fútbol de ese país y autor de la Enciclopedia de la Liga Norteamericana de Fútbol, "en 1967 disputaron la National Professional Soccer League (NPSL). En 1968, luego de que la NPSL mutara su nombre por el de North American Soccer League (NASL), continuaron siendo locales en el Yankee Stadium".

"El equipo de los Generals sólo existió en esos dos años. El nivel de juego del campeonato podría asimilarse al de la Tercera División de Inglaterra", resalta Jose. El público tampoco se hizo eco de la propuesta. El promedio de asistencia a los estadios fue de 4.234 personas en el campeonato del '67, y de 5 605 en el torneo del '68.

Los cuatro argentinos eran titulares en el equipo que dirigía Freddie Goodwin. Según recuerda Luis María Mas, "jugábamos con líbero y stopper, cuatro en el medio y tres adelante. Menotti era el conductor". Aunque recibían buena paga, el nivel y la organización estaban lejos de ser profesional. "Nos juntábamos a comer antes de los partidos, los cuatro argentinos, y luego nos íbamos todos juntos en auto a la cancha. No había concentración, ni nada por el estilo".

César Luis Menotti se había transformado en el dueño, en la manija de un equipo al que no le sobraba nada. La anécdota de Mas lo pinta de cuerpo entero. "Una vez durante un partido se produjo una falta en la mitad de la cancha a favor de NYG. Un inglés lo quiso patear a manera de centro, pero vino Menotti y le dijo: 'Me, me, yo...' El inglés le respondió: *You are crazy*. Pero Menotti le pegó desde esa distancia, la pelota dio en el travesaño, en la espalda del arquero y entró. Luego al arquero se lo llevaron en camilla".

La performance de los Generals de Nueva York no fue digna de mayor elogio. El equipo de camiseta amarilla y pantalones verdes –los colores se invertían en condición de visitante–, cosechó 11 triunfos, 8 empates y 13 derrotas. Quedó tercero en la División Este en 1967 y no logró clasificarse para los playoffs. Al año siguiente, en la rebautizada División Atlántico, ganó 12, empató 12 y perdió 8 cotejos. Y tampoco se clasificó para disputar los playoffs.

Los números de Menotti tampoco son para destacar. En el campeonato del '67 jugó 14 partidos, convirtió 4 goles y dio 3 asistencias. En tanto, en el torneo del '68 disputó 15 encuentros, anotó 5 goles y logró concretar 1 asistencia.

El partido más importante, el momento cumbre en la corta vida de los Generals ocurrió el 12 de julio de 1968, cuando el equipo de Nueva York recibió en un cotejo amistoso al Santos de Pelé. Aquella noche asistieron 15 645 personas al estadio y el duelo se cerró con un triunfo de los locales por 5-3 sobre el poderoso rival brasileño.

Lo que terminaría siendo una anécdota o un simple registro histórico para NY Generals fue, en cambio, decisivo para el futuro de Menotti. El volante rosarino fue una de las figuras del partido, anotó un gol y produjo cierta admiración en los futbolistas brasileños, tanto que el mismísimo Pelé le dijo dentro de la cancha: "Pero, César, ¿qué estás haciendo en este fútbol?"

La respuesta de Menotti no se hizo esperar: "Ganando dinero". Sin embargo, le hizo saber al Rey sus deseos de jugar en el fútbol brasileño. Ese fue, sin lugar a dudas, el pasaporte para que fuera contratado por el Santos, poco tiempo después.

A finales de 1968 el fútbol de los Estados Unidos recibió un duro golpe cuando la cadena televisiva CBS dio por concluido su contrato con el NASL y la cantidad de clubes que integraban la Liga cayó de 17 a tan sólo 5. Eran los estertores de una nueva y fallida etapa del fútbol en Norteamérica. Pero para ese entonces César Luis Menotti y su familia volaban ya para Brasil.

Santos, Jogo Bonito

Podría pensarse, tal vez de manera arbitraria, que un futbolista de las características técnicas de César Luis Menotti, más dotado para el juego vistoso que para el sacrificio, hallaría el mejor ambiente para desplegar su talento en un fútbol como el brasileño de aquellos años, la cuna del *Jogo Bonito*.

Sin embargo, en aquel Santos de Pelé su rol fue apenas el de un actor de reparto. La experiencia, sin embargo, lo dejó marcado a fuego. Tanto que pese a haber dirigido y conocido de manera íntima a Diego Armando Maradona, Menotti remarca siempre que el mejor jugador que vio en su vida fue Pelé, y que el mejor equipo fue el Santos.

Su paso por el *Peixe* no lo ubicó en los anales de la historia del club. Fue parte del plantel que ganó el campeonato paulista de 1968, pero no jugó ningún partido, a diferencia de su compatriota José Ramos Delgado, que era titular indiscutido en la defensa. Ese equipo se consagró luego de cosechar 45 puntos, contra los 34 que obtuvo el escolta Corinthians. Fue el 11° título del Santos, en un certamen que contó con 14 participantes.

Los dos años en Santos no hicieron más que afirmar su opción por el fútbol jugado no sólo desde la eficiencia que busca el resultado, sino también desde la estética como principio fundamental. El buen trato de pelota, algo que llevaba como consigna desde sus comienzos como futbolista, se transformó en un estandarte. Aquel Santos de Pelé demostró que se podía jugar lindo y ser exitoso. Si ellos podían, entonces la ecuación no era imposible.

En 1969 Menotti daría su último paso como futbolista al firmar para el Club Juventus de San Pablo. En la Mooca debutó el 16 de abril en

el torneo Paulista, en una aplastante derrota contra el Palmeiras en el estadio Palestra Italia por 6-1.

Luego actuó contra Portuguesa, San Pablo, Botafogo, Paulista, Sao Bento, XV de Piracicaba y Portuguesa Santista. En total disputó 8 encuentros, con dos victorias, dos empates y cuatro derrotas. Su partido más recordado fue en el triunfo contra Sao Bento, donde marcó los únicos dos goles de su paso por el Moleque Travesso.

En aquel cruce contra el equipo de la ciudad de Sorocaba la Juventus paulista se impuso por 4-1. El segundo gol de Menotti, según narran los relatos de la época, estuvo precedido por una bicicleta a la entrada del área grande y una definición exquisita.

Ese año, en el campeonato estadual que consagró a Santos como tricampeón, Juventus quedó ubicado en el puesto 11 tras sumar 20 puntos, en un torneo que reunía a 14 equipos. Sería el punto final a su carrera como futbolista. A los 32 años, César Luis Menotti colgó los botines.

De regreso en Rosario, en 1970, mientras planificaba cómo haría para continuar vinculado al fútbol desde otro lugar, Menotti abrió una agencia de autos, otra de sus pasiones. Y casi de un día para el otro terminó convertido en ayudante de campo de su gran amigo, el Gitano Juárez, en… Newell's.

En un reportaje a *El Gráfico*, el propio Menotti explicó su paradójico viraje, siendo él tan hincha de Rosario Central. "Yo tenía un amigo arquitecto, Valenti, que había ganado las elecciones en Newell's y me vino a hablar para que fuera el entrenador. En esa época, yo tenía una agencia de autos en Rosario por donde pasaban a tomar café los jugadores de Central y Newell's. Los conocía a todos. No quería ser el entrenador pero Valenti me insistió".

"¿Por qué, entonces, no me ayudás a armar el equipo?. Eso me gustó. '¿Y el entrenador quién es?', me preguntó. No lo dudé: El Gitano. Dirigía en Platense y enseguida aceptó. 'Pero mirá que en Newell's nos van a matar', le dije. '¡Qué mierda nos van a matar, vamos a armar un equipo de la puta madre!', me respondió. Era un optimista el Gitano… Y armamos un equipo que fue una locura, me traje al Mono (Alfredo) Obberti y a (Rodolfo) Chazarreta de Huracán, a Marito Zanabria de Unión, a Ramón Cabrero, fue la base del equipo que unos años después saldría campeón…"

¿Fue esto una traición al Canalla? "Yo soy demasiado rosarino. Para mí, Rosario es una ciudad diferente, es como un barrio gigante de Buenos Aires, como un barrio gigante del norte argentino. Y si juegan Central-Newell's, obvio que quiero que gane Central, pero si juegan

Newell's y Boca, viste, ya me pongo medio rosarino. Aparte, en esa época estaba enojado con Central, y el Gitano tenía que laburar".

Su debut como estratega o armador de equipos le salió bastante bien. En aquel torneo Metropolitano de 1970, donde 12 equipos se clasificaban para disputar el Campeonato Nacional, Newell's, por primera vez logró sellar su pasaporte para esa competencia.

Pero Menotti miraba más allá de la avenida Circunvalación. Como en su época de jugador, sabía que el futuro y el progreso estaban en Buenos Aires. La oportunidad la tuvo al año siguiente, en 1971. Los malos resultados obtenidos por Osvaldo Zubeldía en Huracán le abrieron la puerta del club de Parque de los Patricios, adonde comenzó a trabajar oficialmente en la fecha 13 del campeonato.

Menotti empezaba a gestar el tan mentado Huracán del '73.

CAPÍTULO 2

EL GLOBO QUE GANA, GUSTA Y GOLEA

> "En el siempre inquietante plano del sexo y el erotismo, por ejemplo, aparecieron carteles indicadores señalando el rumbo más directo y eficaz para llegar al misterioso e inaccesible Punto G. El fútbol argentino, siempre dispuesto a echarse encima nuevos compromisos, elaboró, en un momento, el mandato de las tres G, como si una sola, la que marca el punto del tesoro en la peregrinación erótica, fuese insuficiente. Ganar/gustar/golear, dictaminó alguien como si fuese tan simple. Tal vez me equivoque, pero se me antoja que ese mandato formidable arranca con el Huracán del ´73".

Con irreverente precisión, Roberto Fontanarrosa alumbró en su libro *No te vayas, campeón* una ingeniosa comparación para explicar el legado del equipo que ganó el título en el Metropolitano de 1973. Ese conjunto deleitó no sólo a la gente de Parque de los Patricios, que pudo festejar su primer campeonato profesional, sino que quedó instalado en la memoria colectiva como un ejemplo de lo que comúnmente se denomina 'el fútbol que le gusta a la gente'.

Ese Globo que voló tan alto fue construido por César Menotti, un técnico al que pocos conocían cuando arribó a Huracán dos años antes, pero que le entregó al fútbol argentino una suerte de homenaje a las viejas glorias de los años dorados, tiempos en los que los abuelos solían recitar de memoria las formaciones de equipos de ensueño que siempre goleaban y jugaban un partido en el que los matices artísticos se antojaban una cuestión casi indispensable para que el fútbol fuera fútbol.

En los pasillos del estadio Tomás Adolfo Ducó aún habitan los recuerdos de aquellos días felices en los que Huracán desplegaba un concierto de fantasía pura que expuso a las claras que la belleza también puede conducir a la victoria.

Los hinchas veteranos pronuncian con emoción y con cierto sentido de la rítmica la alineación que conformaban Héctor Roganti; Nelson Chabay, Daniel Buglione, Alfio Basile y Jorge Carrascosa; Miguel Angel Brindisi, Francisco Russo y Carlos Babington; René Houseman, Roque Avallay y Omar Larrosa. Hasta los pibes que en el presente habitan las tribunas del estadio de Amancio Alcorta y Luna transformaron esos nombres y apellidos en una suerte de semidioses en los que se resumen los días más felices de Huracán.

"Era un equipo de posesión de pelota. Tenía siempre la pelota. Yo veo que ahora se habla de la posesión de la pelota y nosotros la teníamos el doble que el equipo contrario", explica Carlos Babington, el Inglés, uno de esos próceres quemeros. "Y después teníamos definidores. El fútbol nuestro era muy sencillo: se generaba por izquierda y se definía por derecha. Yo tenía una facilidad para pegarle. Lo veía a Miguel (Brindisi) y le pegaba. Y sino a Houseman. ¡Este Houseman era una cosa de locos!", acota el otrora volante creativo de un conjunto en el que la creación era sinónimo de poder.

"El equipo después se agrandó. Ibamos a todas las canchas y nos aplaudían. Me acuerdo de que un día en Rosario pasó una de esas cosas que a uno lo sorprenden. Después del tercer gol todo el mundo empezó a aplaudir. Y yo dije qué carajo pasó. Y era para nosotros. No fue cuando terminó el partido. Fue en el tercer gol. Hicimos una jugada de esas, que bueno… les gustan a todos. Y el Loco (Houseman) la definió e hizo algo… y salió corriendo por atrás del arco y nosotros empezamos a correrlo para abrazarlo y empezamos a escuchar los aplausos. Creo que fue uno de los picos máximos de ese equipo del '73. El equipo era un violín", narra el Inglés con indisimulable orgullo.

La anécdota de Babington refiere a una de las más lucidas funciones de gala brindadas por Huracán en la campaña que lo llevó al título. El 6 de mayo de 1973, por la 11ª fecha del Metropolitano, el Globo apabulló 5-0 a Central en Rosario, provocando la insólitamente repentina admiración de los simpatizantes canallas, quienes no tuvieron empacho en colmar de aplausos al rival que en ese momento estaba goleando al dueño de casa.

En esa gesta no fueron pocos los partidos en los que Huracán desplegaba ese fútbol exquisito y efectivo en idénticas proporciones. La consigna de ganar/gustar/golear parecía irremediablemente unida al ADN del equipo. Pero no se daba por la caprichosa naturaleza del más popular de los deportes, sino que respondía a un concepto que para Menotti representaba una filosofía de vida, una forma de entender el juego.

"Ese equipo respondía a una forma de jugar. El Flaco se enojaba mucho cuando hacíamos esas cagadas de no intentar jugar. Es lo único que lo ponía loco. Por eso con Buglione, que era el más rudimentario de todos, cuando la tiraba sin ton ni son se ponía loco. Siempre te decía lo mismo: hay que respetar este estilo", confirma Babington.

La mano del técnico tuvo una influencia decisiva en la conformación del Huracán campeón. "Te digo la verdad; lo mejor que tenía el Flaco era que te hacía sentir el mejor del mundo. Tenía un léxico fácil, futbolero, y te hacía creer el mejor. Vos entrabas a la cancha y eras mejor que Pelé, mejor que todos", explica el ex 10 quemero.

La noción de pelota siempre al pie y de respeto por determinados parámetros estéticos estaba íntimamente ligado al discurso que el DT intentaba que sus dirigidos incorporaran. Y Babington, una vez más, lo ratifica: "La idea futbolística era siempre la misma. Me acuerdo de que un día perdimos 4-0 con Colón en la cancha de Huracán. ¡4-0! Viste esos partidos en los que creás 14 situaciones y no pasa nada. Te llegan cuatro veces y te hacen cuatro goles. Y vos lo tenés claro, pero perdiste 4-0. Entramos al vestuario y dijo: 'momentito muchachos, no se cambie nadie. Jugando así perdemos este partido solo. Se los quiero decir por si no se dieron cuenta. Jugamos un fenómeno. Tuvimos fallas y no tuvimos mucha suerte'. Son esas cosas que tenía el Flaco. Yo sabía que habíamos jugado bien. Pero en un 4-0 vos no tenés chances de nada. Pero el tipo te hacía creer eso".

Este concepto impartido por Menotti posee un objetivo que excede el aspecto meramente estético. Roberto Di Giano, licenciado en Sociología, tiene su propia lectura del fenómeno: "Recupera la tradición del fútbol argentino con las figuras de Brindisi, Houseman, Babington... Quería que primara el talento individual como una manera de enaltecer la cosa propia. La improvisación creadora, la picardía".

Haciendo camino al jugar

Ese Huracán no nació de un día para el otro. Fue consecuencia de un proceso meticulosamente diagramado. Todo comenzó el 2 de mayo de 1971, cuando el presidente del club, Luis Seijo, viajó a Rosario para contratar a César Luis Menotti como entrenador.

Babington recuerda vivamente su encuentro inicial con el flamante técnico. "El Flaco fue muy influyente en mi carrera. Yo me estaba por

ir a Guatemala cuando él llegó a Huracán. Cuando llegó me dijo que me conocía. Y yo me dije éste es un mentiroso. ¿De dónde carajo me puede conocer este tipo? No lo conocía nadie al Flaco. Yo sabía que había sido jugador de fútbol porque yo era futbolero. Sabía que había jugado en Central, en Racing en Boca y después fue al Santos. No lo conocía como persona", comienza relatando.

Y sigue con depurada precisión: "Yo estaba en Huracán y me iba a ir a Guatemala. Larrosa, que venía de ese país, me había hecho el contacto. Si yo no jugaba con nadie. (Adolfo) Pedernera decía que era un crack y no me ponía. Néstor Rossi me decía que era un crack y no me ponía. (Carmelo) Faraone me decía que era un crack y no me ponía, (Osvaldo) Zubeldía me decía que era un crack y no me ponía. Yo quería jugar. Entonces llega el Flaco y me dice 'cómo anda, usted se anima a jugar en este equipo'. Yo le dije enseguida que sí. Y me dijo 'póngase bien, en forma. Y usted va a ser el conductor del equipo que yo quiero formar'. Eso te demuestra que el Flaco la tenía clara de verdad. Pero me acuerdo de que salí del vestuario y ahí estaba mi papá. Le dije papi, otro chanta más. Otro que me dice que yo juego bien, que voy a ser el conductor del equipo… y voy a volver al banco".

Resulta que Menotti no se equivocó y Babington terminó siendo el conductor de un equipo inolvidable. Claro que el inicio de la relación se vio envuelto en la desconfianza que le provocaba al entonces joven de 22 años los elogios de un DT que apenas tenía una década más que él y que era un auténtico desconocido para el mundo del fútbol. Tampoco ayudó una absurda expulsión que sufrió el mediocampista en ese partido contra Newell's en Rosario que marcó la primera vez del Inglés a las órdenes del Flaco.

La tarjeta roja le valió una suspensión de diez fechas que luego fue reducida a apenas cuatro. "El Flaco me dice: '¿se acuerda de lo que le dije?' Sí, claro, contesté. 'Bueno, le voy a dar otra oportunidad. Pero no haga más cagadas porque usted va a ser el 10 de mi equipo. Va a volver a jugar'. La verdad, un fenómeno el tipo. Me puso y no me sacó nunca más", evoca Babington, convencido de que supo responder a esa confianza.

Las piezas se fueron juntando de a poco. No bien se instaló en Parque de los Patricios, el entrenador propició la llegada de Omar Larrosa, con pasado en Boca y procedente del Deportivo Municipal, de Guatemala. Con él, Huracán conseguía un jugador generoso en el despliegue y con buena capacidad de definición. También llegó Alfio Basile. El Coco, de triunfal paso por Racing, era la voz de mando que todo equipo requería.

"Yo creo que el Flaco tuvo mucha injerencia. Tengo una foto que siempre la guardo porque habla mucho de eso. En el primer partido que el Flaco dirige en cancha de Huracán el banco de suplentes era Roganti, Buglione, Russo, Avallay y yo. Todos titulares del equipo campeón. Lo del Flaco fue cronológico. Vino a mediados del '71 y le sacamos el título a Vélez. Le ganamos y salió campeón Independiente. Ya el equipo insinuaba. Jugaba el Loco (Narciso) Doval, (Héctor) Veira. En el '72 hizo un poco de limpieza. El equipo salió tercero en el Metropolitano y llegó a semifinales del Nacional. Y en el '73, campeón del Metropolitano. Fue creciendo. Y después ni hablar. Yo creo que el Flaco tuvo mucho que ver. Si podría haber salido campeón con otro técnico, nunca lo sabremos", explica el Inglés.

En 1972 se sumó Francisco Russo para darle equilibrio a la mitad de la cancha. Un año más tarde se acoplaron Alberto Fanesi y Jorge Carrascosa, quienes habían dejado su huella ganando un título con Rosario Central, y Nelson Chabay, integrante del inolvidable Equipo de José, el Racing de Juan José Pizzuti que había llegado a la cima del mundo.

La frutilla del postre fue un wing derecho que venía de Defensores de Belgrano: René Orlando Houseman. "Yo creo que Houseman fue el mejor jugador que vi en mi vida. Vos decís, jugó tres años, se caía a pedazos a los 25 años… No importa eso, tenés razón, pero los tres años que jugó fue un crack total. No tenía defectos, era guapo. La gente deliraba con el Loco. Cuando vos tenés esos compañeros, lo ves en la práctica... En esa época era la Primera contra la Reserva. El 3 de la Reserva era Pancho (Francisco) Lavoratto y todo el año en los partidos de entrenamiento el Loco lo bailaba. Tenía ese pique corto... Era un monstruo. El Flaco no sabía quién era Houseman. Una mosquita, decía. El era de Excursionistas, pero venía de Defensores de Belgrano. Nadie sabía quién era. Y vos estabas en la práctica y te dicen mañana viene Houseman. No sabíamos si era alto o bajo. Me llama la atención que jugaba en Defensores de Belgrano, que estaba en la B… no sé por qué no lo conocíamos. La cuestión fue que vino, y lo vi: primer partido de práctica en la Base Naval de Mar del Plata… Y me acuerdo de que volvimos y el Flaco dijo 'yo no lo puedo creer. Es un crack este muchacho'. Me acuerdo de que al otro partido debutamos con San Lorenzo de Mar del Plata en el Torneo de Mar del Plata, el 3 era (Elvio) Capdevila, que había jugado en San Lorenzo. ¡El baile que le dio a ese pibe! Y sí, todos vimos que era un crack. Con esos jugadores no le podés errar", cuenta Babington.

Los refuerzos rápidamente conjugaron el verbo que se repetía una y otra vez en ese tiempo en Parque de los Patricios: jugar, jugar y jugar. No era extraño si se considera que en el equipo los esperaban excelentes futbolistas como Babington y Miguel Angel Brindisi, dos talentos sin límites, y Roque Avallay, un delantero algo tosco que podría decirse que se contagió del resto.

"Menotti potenciaba a los jugadores. Vos decís, ¿se puede jugar por arriba de las posibilidades? Yo creo que sí. No sé cuánto durás, pero vos fíjate: Roque Avallay, cuando vino acá se burlaban de él, pero en Huracán la rompió y después jugó once años más y nunca jugó en ese nivel. Por supuesto tiene que ver los compañeros que tenés, pero no puede ser tan abismal la diferencia. No sé cuál es la explicación. En Huracán la rompió: hacía goles de chilena, hacía goles de sombrero, tiraba paredes, gambeteaba. Ahora, si un tipo hace eso es porque sabe. Después que en otro equipo no le salga, depende de los compañeros que tiene al lado, pero eso tampoco es tan influyente. A Roque le pasó así. No sé si hay muchos jugadores a los que les pase eso. Porque Roque jugó muy bien en Huracán y después fue decadencia total. Desde que se fue de Huracán fue un desastre total", acota Babington sobre la metamorfosis del centro delantero del conjunto campeón.

De las palabras del hombre que fue todo en Huracán, jugador, ídolo, técnico y presidente, se desprende que la mano de Menotti fue determinante para moldear a ese gran campeón. Quizás en el caso de ese inolvidable Globo se haya dado perfectamente la mancomunión entre el ideario futbolístico del entrenador y las capacidades individuales de sus dirigidos. "El equipo con Houseman fue la frutilla del postre. Venía este monstruo y te definía todo lo que vos hacías. Un supercrack. ¡Y sabés lo que era Miguel! Miguel para mí fue una cosa… Un volante defensivo entre comillas, porque metía 10 goles por año. Yo no conozco en la historia del fútbol argentino un volante defensivo que te haga 10 goles. Un crack. Dentro del área era un goleador. Yo a Miguel lo conocía de inferiores. Ya veníamos jugando. Eso fue el gran mérito del Flaco. Cuando él llegó, yo no jugaba. Avallay no jugaba. A Larrosa lo trajo él que lo conocía de Boca. Lo trajo a Basile y lo sacó a (Edgardo) Cantú que era la figura del equipo. El gran mérito del Flaco fue ver el equipo. Nosotros les respondimos. No sé qué hizo. Porque nosotros teníamos al arquero (Roganti) que era del montón. Después el 2, Buglione, jugó porque se lesionó (Alberto) Fanesi el primer partido. Si no jugaba siempre Fanesi. Carrascosa que la rompió", reseña Babington confirmando esa idea.

La belleza al poder

La memorable campaña que llevó a Huracán a apoderarse del Metropolitano de 1973 debe ser dividida en dos partes: una primera rueda deliciosa y una segunda bastante más mediocre que de todos modos le bastó para quedarse con el título.

El puntapié inicial se dio con una impresionante goleada por 6-1 sobre Argentinos Juniors y luego siguieron otros cinco triunfos consecutivos, que incluyeron estruendosos 5-2 a Atlanta y 5-0 a Racing. En las primeras seis jornadas, Huracán se despachó con 22 tantos, a un promedio de 3,66 por partido, un valor muy significativo en una época en la que el fútbol argentino se había amparado en una marcada mezquindad que privilegiaba las tácticas defensivas en desmedro de la voracidad que exhibía el equipo de Menotti.

El invicto se interrumpió en la 9° fecha en el Monumental, donde River lo derrotó 1-0 y se apropió del liderazgo. Fue la única vez en las 32 jornadas de ese certamen que el primer puesto no estuvo en manos de Huracán.

El secreto del exitoso vuelo de ese Globo por las canchas argentinas no constituía misterio alguno. Era la consecuencia de un trabajo armónico en el que el virtuosismo de la fuerza ofensiva integrada por Houseman, Brindisi, Avallay, Babington y Larrosa no encontraba obstáculos para introducir la pelota en los arcos contrarios. Desde atrás apuntalaba una defensa firme y que no concedía demasiados resquicios para los ataques de los adversarios.

"Era un equipo muy práctico y éramos muy buenos. Y a los buenos ¿cómo los parás? ¿A Miguel le ibas a poner una marca? Era un crack. Lo vendieron en 250 000 dólares a Las Palmas. Hoy valdría… no sé… una fortuna. Miguel era una cosa seria. Mirá que yo vi muchos 8 en la Selección… pero Miguel… Miguel era un goleador de la puta madre. Un jugador total. No sé si tuvo el reconocimiento que merecía. Y eso que tuvo esa última época en Boca que la gente de Boca te dice que jugó mejor que (Diego) Maradona, que no sé si fue así, pero Miguel era un jugador bárbaro. Un súper jugador. Aparte nos entendíamos… Era una cosa de locos… Yo levantaba la pelota y el hijo de puta sabía dónde se la iba a poner. Aparte era elegantón. Un dominio de la pelota. Cuando vos tenés buenos jugadores y tenés toda la ambición… Y así las sociedades nacen solas. Te complementás porque tenés condiciones. Vos podés ser disciplinado, pero si no tenés condiciones", ilustra Babington para descifrar el código futbolero que definía a ese equipo en el que su ensamble con Brindisi adquiría una importancia fundamental.

Huracán no se detenía y barría con todo lo que se cruzaba a su paso. Llegó el 5-0 a Rosario Central que el propio Fontanarrosa evocaba en *No te vayas, campeón*:

> "Vinieron una noche a Rosario, amagaba lluvia. Empezó el partido y se largó a llover torrencialmente. El partido se suspendió a los pocos minutos. Se jugó al día siguiente, y nos metieron 5. Así de simple. Pocas veces he visto una superioridad tal de un conjunto sobre otro, aun considerando que el Central de ese campeonato era muy buen equipo. Solamente muchos años después, cuando vino River con (Enzo) Francescoli, Orteguita (Ariel Ortega), el Diablo (Roberto) Monserrat, la Bruja (Sergio) Berti y también nos hizo 5, viví algo semejante. Fue una de esas ocasiones en que uno se ve venir la maroma ya desde el principio y la gente, la hinchada canalla, en estos casos que menciono, acepta con resignación la derrota, casi noblemente, hidalgamente, entendiendo que no sólo está ante un gran equipo, sino que está un gran equipo en una tarde en que le salen todas. La hinchada de Central -que no es complaciente, que exige, que suele ser intolerante, que ha visto jugar al Gitano (Miguel) Juárez, a Humberto Rosa y a (Oscar) Massei- aquella tarde, tras el último gol de Houseman, se puso de pie y, simplemente, aplaudió".

Pocas semanas después, un 5-2 sobre Ferro sumaba otro capítulo estelar para el líder del torneo. El 26 de junio, exactamente dos meses y cuatro días después de su caída a manos de River, Huracán sufría su segundo traspié: 4-1 contra Boca en La Bombonera. Cerraba así una primera rueda impecable con 25 puntos sobre 32 posibles y 46 goles a favor (a razón de casi tres por partido). Lo escoltaban Independiente y River, con 23, y más atrás venía Boca, con 21.

Estaba claro que la fuerza ofensiva del puntero era la carta triunfal. Y Babington aporta una sabrosa anécdota al respecto que tiene a Alfio Basile como protagonista: "Este equipo tenía una potencia ofensiva que era impresionante. Coco, que ya estaba jodido de una rodilla, pero se la rebuscaba, siempre cuenta una verdad irrefutable de cómo jugaba este equipo. El cuenta que viene a Carrascosa a Huracán, que viene de Rosario Central. Viste que con (Carlos) Griguol los marcadores de punta iba y venían... Estaban el Negro (Jorge) González y Carrascosa en Central. Y el Coco decía: 'Carrascosa se iba

a la mitad de la cancha y yo me quedaba solo. Entonces un día le dijo: Vos agarrás la pelota y se la das a Carlos, se la das a Miguel, se la das a Larrosa y te quedás acá. ¿No ves que son unos monstruos estos? ¿Para qué te vas a ir al ataque?' Entonces, cuenta que un partido, que ganamos 4-0 creo, viene Carrascosa y le dice: 'qué verdad que decías. Yo no me había dado cuenta de eso'. Eso te define lo que era el equipo. Era un equipo que futbolísticamente generaba juego por izquierda y definía por derecha. Contrario a lo que era la época. Porque Miguel jugaba delante de mí. Antes se jugaba al revés: el 8, que era de contención, jugaba atrás del 10. Nosotros no jugábamos así. Vos tirabas la pelota cruzada y él (Brindisi) te hacía un desastre".

Basile, un veterano de mil batallas, le aportaba firmeza en la marca y voz de mando a ese equipo. "Coco tuvo una importancia enorme, de líder, no de jugador. Nos defendía a todos. Era como esas madres que te defienden siempre. Nos pegaban a nosotros y hacía unos quilombos... Tampoco era un tronco. Era el más experimentado en un equipo bastante joven. Nos hacía jugar a todos. Tenía una virtud que nunca pude imitar: Coco tenía la palabra justa para cada jugador. Y eso es muy difícil cuando tenés las pulsaciones a más de cien. Coco, por ejemplo, a Avallay nunca lo puteaba, porque a Avallay vos le metías una puteada y se caía a pedazos. Y yo era al revés. Coco sabía qué decirle a cada uno en el medio del partido. Eso es un mérito imposible. Pero no es fácil. Lo hacen los verdaderos líderes, creo que (José Omar) Pastoriza era otro. Hoy no sé... (Daniel) Passarella por ahí era otro. Pero no por lo que juegan, por lo que transmiten. Yo le decía con Avallay, por qué no lo puteas a este, que se erró un gol abajo del arco. Y él decía '¡vamos Roquito, la próxima!' y a veces con las pulsaciones arriba no todos reaccionamos así. Coco era un crack para eso. Tuvo mucho que ver", relata el Inglés.

El goleador de esa notable campaña fue Larrosa, puntero izquierdo en sus comienzos, devenido en laborioso mediocampista al que no le temblaban las piernas cuando se internaba en el área para definir. "Larrosa era un jugador raro, pero utilísimo para el equipo. Era la rueda de auxilio de todos. Al único que los hinchas puteaban era a él. Era tan ganador que se volvía caprichoso. El Flaco le decía *'los tiros libres son de Brindisi y Babington'.* Había un tiro libre y Larrosa iba y agarraba la pelota... La gente lo cagaba a puteadas. Menotti le decía '¿Omar no me entendés?' El iba y la agarraba igual. La metía. Aparte jugaba bien Omar…", recuerda entre risas Babington, autor de 8 goles en una ofensiva de aporte parejo, pues a los 15 de Larrosa, Brindisi sumó 12, Avallay 11 y Houseman 10.

En Parque de los Patricios, los hinchas gozaban un momento sublime. Se restregaban los ojos, incrédulos de lo que veían en la cancha. El pasado se hacía presente y les ofrecía instantes sublimes como los que aparecían en diarios amarillentos y cubiertos de polvo que ponderaban las conquistas del equipo de los años '20 con Adán Loizo, Juan Spósito, Guillermo Stábile y Cesáreo Onzari; o los goles de Angel Chiessa; las veladas paquetas de aquel quinteto ofensivo del subcampeón de 1939 con Rubén Perdomo, Ramón Guerra, Herminio Masantonio, Emilio Baldonedo y Plácido Rodríguez... De las gambetas de Norberto Tucho Méndez y Oscar Coco Rossi... de los desbordes de Juan Carlos Salvini, de la inexpugnable retaguardia de Bruno Barrionevo, Carlos Marinelli y Jorge Alberti, de Alfredo Di Stéfano, los goles de Atilio Mellone, de ese símbolo que fue Enrique Cerioni, de la personalidad del Colorado Manuel Giúdice...

"La gente se volvía loca porque Huracán tiene ese paladar que tienen River, Independiente, y que yo creo que tiene el espectador argentino. Yo lo experimenté cuando jugaba en Alemania. Yo tiraba muchos caños... Yo allá tiraba un caño y no pasaba nada. Yo lo hacía acá y la gente se volvía loca. Y eso te dice algo. No sólo el caño intrascendente. Para nosotros, un desborde de un wing, una pared... Eso es lo que le gusta al público argentino. Es la idiosincrasia nuestra: un desborde, un caño, una gambeta. Los alemanes deliran cuando vos corrés 50 metros y le pegás un fierrazo al arco. Ahí explota la tribuna. Vos te gambeteas a un tipo y no pasa nada. Pero nosotros no. Son gustos. Los alemanes son efectivos. Ni chiche ni nada. De esa expresión futbolística el abanderado es Huracán", rememora Babington.

Los preparativos de la Selección argentina para afrontar las eliminatorias para el Mundial de Alemania en 1974 se transformaron en un impensado escollo para Huracán. La AFA decidió que los equipos debían ceder a sus jugadores al representativo nacional, justamente en el tramo final del Metropolitano. Hoy sería un escándalo, pero en aquellos tiempos se tomó como algo natural, máxime si se tiene en cuenta que los albicelestes pugnaban por clasificarse a la Copa del Mundo luego de la debacle que significó haberse quedado al margen de la cita en México 1970 por la eliminación sufrida contra Perú un año antes en la cancha de Boca.

"Nos sacaron a cinco: Avallay, Houseman, Miguel, Russo y a mí. De golear, pasó a ganar 1-0 cagando porque la defensa no se había desarmado, nada más. Todos suplentes. Ganamos cagando. Porque si no, habríamos sido un equipo récord. Le ganamos 6-0 a Argentinos Juniors, le hicimos cinco a Central, a Atlanta, Racing, a Ferro. Era una

cosa tremenda", dice este hombre de 68 años que en sus días de juventud lucía con elegancia el número 10 en la espalda.

El impacto fue abrumador. Los magos del ataque se perdieron gran parte de la instancia decisiva y la producción de goles a raudales comenzó a extrañarse. De los cómodos y apabullantes triunfos de la rueda inicial se pasó a escuálidos 1-0 contra Atlanta, Colón, Vélez y Estudiantes. En la caída contra River por idéntico marcador en el Tomás Adolfo Ducó, por la 26° fecha, la delantera estuvo conformada por Ricardo Tello, Carlos Leone (reemplazado luego por José Scalise), Leónidas Del Valle, Eduardo Quiroga y Larrosa.

Las ausencias repercutieron tan significativamente que del magnífico promedio de gol de casi tres tantos por partido se pasó a una famélica marca de apenas uno por encuentro. Huracán cerró la primera rueda con 46 conquistas y en la segunda sólo alcanzó 16.

"Huracán tendría que haber ganado más de lo que ganó. Ganó un capeonatito nada más. Y jugando casi medio campeonato con cuatro jugadores menos. Ahora se quejan porque les llevan los jugadores a la Selección... Si Huracán perdía ese campeonato... Huracán ganó ese campeonato porque perdió Boca, porque ese día perdimos. La gente de Huracán la tenía que matar a la AFA", se queja Babington con tanta firmeza como razón.

El 16 de septiembre de 1973 el Globo se abrazó al título que lo había gambeteado durante toda la era profesional. Perdió 2-1 con Gimnasia en Parque de los Patricios, pero se vio favorecido por la derrota de Boca –su más cercano perseguidor– contra Vélez en Liniers. La esperada consagración se dio dos fechas antes del cierre del certamen, pero sin el brillo que ese fantástico merecía. Es que ya no era el mismo que había dado lecciones de buen juego. La AFA le había metido un gol en contra privándolo de sus mejores joyas justamente cuando era el momento más adecuado para lucirlas y sacar rédito de ellas.

"La verdad Huracán merecía ser campeón de otra forma. No con la soga al cuello, casi de pedo. El equipo tuvo reconocimiento igual. Yo me acuerdo de que el diario *Olé* hizo una votación en el 2000 con los mejores equipos del siglo y Huracán salió tercero. ¡No se puede creer! Salió Racing del '66, La Máquina de River y nosotros... Vos decís River y Boca, es fácil, pero Huracán... un reconocimiento... Aparte los votos eran de gente como nosotros, gente a la que el gusta el fútbol. Los viejos votaron a La Máquina... y nosotros duramos un minuto y medio... Duramos un campeonato. ¡Mirá que reconocimiento!", añade el Inglés.

Más allá de las circunstancias en las que arribó al tanto tiempo postergado sueño de campeón, Huracán se entregó a un festejo sin límites. En las calles del barrio, porque Parque de los Patricios siempre conservó esa identidad pese al paso de los años y a la proliferación incontenible de edificios que se yerguen como torres impiadosas que surgen para barrer con las viejas casas bajas de vecinos que se conocen de toda la vida y se saludan diariamente, el título se disfrutó en grande.

Era el triunfo no sólo de un equipo formidable, lujoso, sino de una forma de entender el fútbol. "Lo que era clave para ese equipo es que respetaba la pelota. La pelota siempre en el piso. Típico del Flaco. El Flaco siempre te decía eso: que nunca pudo formar otro equipo así. No debe ser fácil. El que juega mal, juega regular; el que juega regular juega bien, el que juega bien juega excelente. Te vas potenciando. Era una máquina el equipo", define Babington tal vez añorando esas tardes felices.

El Legado

Desde que el fútbol es fútbol, se fue corriendo la voz de generación en generación de que en el pasado se jugaba mejor que en el presente. Jorge Gibson Brown, legendaria figura del mítico equipo de Alumni que acaparaba insaciablemente títulos en las primeras décadas del siglo pasado, alguna vez respondió con una frase tajante cuando en su madurez se le preguntó si seguía yendo a la cancha: "No, fútbol era el de antes".

Esa respuesta, brindada por quien fue back central o centro delantero de Alumni y la Selección argentina, fue lanzada en 1929. El dato permite comprobar que el idealizado y permanente homenaje que se le tributa al pasado está vivo desde siempre.

Por esa razón, el desfile incesante de almanaques fue aportando equipos y jugadores que, en la memoria popular, quedaron establecidos como insuperables. Se los pronuncia como ideales inalcanzables para los conjuntos y los futbolistas de hoy, que en realidad pertenecen a un hoy indefinido y que siempre pierde por goleada con el ayer que se yergue prepotente y desafiante para establecer su señorío imperecedero.

Se evoca al Alumni de la década 1901-1911, al Racing que se recibió de Academia entre 1913 y 1925, al Boca que deslumbró a Europa en 1925, a los Diablos Rojos del Independiente del 26, a Los Profeso-

res de Estudiantes en 1931 y 1932, al Expreso de Gimnasia del 1933, al Boca bicampeón de 1934-35...

Los ejemplos saltan como una catarata infernal de goles y hazañas que adquieren instancia de verdad insoslayable cuando el repaso se detiene en La Máquina, aquella magnífica expresión de armonía futbolera que legó River entre 1941 y 1946. Juan Carlos Muñoz, José Manuel Moreno, Adolfo Pedernera (sí, el mismo que no ponía a Babington), Angel Labruna y Félix Loustau emergen como la más irrefutable prueba de que el pasado siempre fue mejor.

En el recuerdo barren con todos, con el fantástico Independiente modelo 1938-1939 que deleitaba con Juan José Maril, Vicente de la Mata, Arsenio Erico, Antonio Sastre y José Zorrilla; con el sublime San Lorenzo de 1946 con Armando Farro, René Pontoni y Rinaldo Martino como puntales de una delantera que completaban Mario Imbelloni y Oscar Silva; con el Racing tricampeón de 1949-50-51; con el Boca de 1943-44 (el de Mario Boyé, Pío Corcuera, Jaime Sarlanga, Severino Varela y Mariano Sánchez); con el glorioso River que dominó la década del '50...

Apenas el Racing diseñado por Juan José Pizzuti que se mantuvo 40 partidos sin perder y que le dio a la porción albiceleste de Avellaneda la Copa Libertadores y la Intercontinental es postulado como un cierto rival de cuidado para la ensoñada evocación de La Máquina.

A la hora de dar con equipos que subyugaron con su juego de fantasía no aparecerán muchos más ejemplos porque llegaron las épocas en las que el fútbol cedió terreno en su condición de juego-arte para transformarse en rigurosa batalla de estrategias. Quizás por eso algunos diferencien al River tricampeón dirigido por Ramón Díaz en 1996-97 como prueba de que siempre se puede apostar por algo más que la táctica y la granítica solidez para llegar al éxito. Eso tal vez lleve a que al Boca de Carlos Bianchi se le respete su personalidad ganadora y no por poseer un repertorio de lujos, pese a haber tenido en sus filas a un talentoso sin tiempo como Juan Román Riquelme.

Entonces en el difícil ejercicio de hallar a un equipo en el pasado reciente que sea digno de las colosales formaciones de ese pasado irrepetible sólo brota el Huracán de 1973, casi como un héroe valiente perdido en medio de un terreno regado de cuerpos de rústicos luchadores que pelean en vez de jugar.

El Globo que infló Menotti se abre paso como uno de esos paradigmas que abrevan con respeto de las sagradas aguas que saciaron la sed de los más refinados degustadores del buen juego.

Alguna vez el propio Menotti, el hacedor de ese equipo, sostuvo que "ese título fue cumplir un sueño. Por cómo se formó el equipo, por cómo jugaba, por todo lo que generó y porque se dio en un club impulsado por toda gente de barrio. Huracán del '73 fue un pedazo de historia del fútbol argentino, una bandera ideológica para muchos".

O como opinaron dos integrantes de ese campeón, Carrascosa y Larrosa, consultados por las bondades de aquel equipo. "Huracán le cambió la cara al fútbol argentino", puntualizó el Lobo. "Nosotros lo que hicimos fue desdramatizar jugando el fútbol que identifica a los argentinos y que desde hace unos años practica el Barcelona", resaltó no hace mucho Larrosa.

Babington no tiene dudas en el momento de explicar cuál fue la herencia de ese Huracán campeón. "Yo jugué 16 años y nunca más disfruté como con ese equipo. Yo con el Flaco iba a disfrutar. Iba a jugar como jugaba en el potrero. El Flaco me enseñó a jugar así. Y a todos... que el fútbol es un juego, que hay que jugarlo de esa manera y que no es lo mismo ganar 5-0 dando baile que 1-0 de penal y sobre la hora. Nosotros ganamos mucho 4-0, 5-0 y aplausos de acá y aplausos de allá. Eso no se ve muy seguido. El legado del Flaco es el respeto por desarrollar un fútbol que nos identifica y que es del gusto popular".

Hasta el inefable Fontanarrosa lo explicó en las páginas de su libro, con tanta sabiduría como exactitud.

> "A ese Huracán no le costaba mucho ganar, golear y gustar. La broma es que dejó esa pesada máxima sobre la conciencia de los demás equipos venideros del fútbol argentino, como si a todos les resultara tan pero tan fácil".

CAPÍTULO 3

LA OBRA CUMBRE DE MENOTTI

"¿En qué pensé cuando terminó la final y ya éramos campeones del mundo? En que se había hecho justicia con el viejo y querido fútbol argentino. Aquel al que hicieron grande Adolfo Pedernera, el Charro (José Manuel) Moreno, Antonio Sastre y tantos otros. Habíamos sido fieles a ese pasado glorioso y debíamos estar orgullosos".

César Luis Menotti pronunció esas palabras el 25 de junio de 1978, minutos después de que la Selección argentina consumara su mayor éxito hasta entonces al consagrarse campeona del mundo. El ansiado título había llegado merced a la victoria por 3-1 sobre Holanda en un estadio Monumental teñido de celeste y blanco que latía al compás de un equipo nacional que, desde la concepción de su entrenador, había sido construido para reconciliar al Seleccionado con el pasado glorioso de un fútbol que se jactaba de ser –o haber sido– el mejor del mundo sin haberlo confirmado con éxitos que avalaran tamaña afirmación.

Se trataba del gran día en la vida de Menotti, de la confirmación de que su idea de que la creatividad tenía las de ganar en un deporte en el que la táctica había prevalecido en la partida en nombre de planteos defensivos con futbolistas devenidos en meras piezas de ajedrez que se distribuían en un tablero color verde para cumplir un plan prefijado sin margen para la imprevisibilidad de la inspiración individual.

La historia había tenido final feliz, pero nadie habría sido capaz de imaginar tamaño desenlace apenas una década antes. El siempre problemático y febril fútbol argentino estaba sumido en una de sus tantas crisis aparentemente insolubles.

Buenos Aires, 31 de agosto de 1969. Tratando de hallar respuestas en el espejo del vestuario local de la cancha de Boca, Adolfo Pedernera -el mismo que Menotti destacó en 1978 como uno de los símbolos del balompié nacional- miraba su imagen reflejada en esa super-

ficie pulida y vidriosa. Su rostro aparecía borroso por el humo de los cigarrillos que se consumían uno tras otro. Pedernera había aceptado conducir la Selección argentina en las eliminatorias previas a México 1970 y su gestión no había llegado a buen puerto. Por primera y única vez hasta ahora, el equipo albiceleste había quedado al margen de una Copa del Mundo en la etapa clasificatoria. Su verdugo había sido un Perú de juego alegre y exquisito en el que Teófilo Cubillas aportaba la magia y Oswaldo Cachito Ramírez los goles que hicieron posible ese 2-2 que más que empate era una infamante derrota para el Seleccionado argentino.

Pedernera había tomado las riendas de la Selección apenas 20 días antes del comienzo de las eliminatorias contra Bolivia y Perú. Su antecesor había sido Humberto Dionisio Maschio, un DT novato que poco antes había colgado los botines tras una exitosa carrera que tuvo su broche de oro como pieza clave del Racing de José ganador de la Copa Intercontinental en 1967. Los malos resultados empujaron al portazo del Bocha y Don Adolfo asumió cuando nadie se atrevía a tomar ese fierro caliente que, aunque era celeste y blanco, estaba al rojo vivo.

Pese a sus profundos conocimientos y a sus buenas intenciones, Pedernera no pudo evitar ese esperable fracaso. Encarrilar a una Selección que por esos días cambiaba entrenadores con llamativa facilidad no constituía una misión sencilla. El empate 2-2 con los peruanos se erigió en un símbolo de la derrota de un fútbol argentino que hacía rato había dejado de confiar en sí mismo, en su estilo, en su historia, en sus jugadores... Un fútbol argentino que se había entregado a la desidia y que intentaba infructuosamente refundarse una y otra vez.

Juan José Pizzutti, el técnico de Racing que marcó una revolución ofensiva en la segunda mitad de la década del '60 a contramano de los planteos rigurosamente conservadores que se habían hecho moneda corriente, sucedió a Pedernera. Estuvo al frente del representativo nacional en un período vacío de compromisos de relieve y en el que sólo se pensaba en esperar el arranque de las eliminatorias para Alemania 1974. En realidad, salvo por la participación en 1972 en un torneo organizado para celebrar el 150° aniversario de la independencia de Brasil, Argentina prácticamente dejó de existir como selección.

A mediados del '72 la AFA decide contratar a Enrique Omar Sívori, otra fantástica figura en su período como jugador tanto en nuestro país como en Italia, donde se lució en Juventus y Nápoli. El Cabezón, hombre de fuerte personalidad y de ideas claras, inmediatamente

se dio cuenta de que su obligación era nada más y nada menos que reconstruir el Seleccionado argentino.

La primera muestra de que su trabajo iba en serio se dio pocos meses después, cuando Argentina sorprendió a una Alemania Federal plena de estrellas ganándole 3-2 en Munich con goles de Jorge Ghiso, Norberto Alonso y Miguel Angel Brindisi.

Esa victoria despertó de su modorra a los hinchas y a los dirigentes. Entonces, se amagó con dotar de mayor seriedad a todo cuanto rodeaba a la Selección y para afrontar las eliminatorias contra Bolivia y Paraguay se formó un equipo que iba a prepararse exclusivamente para actuar en la altura de La Paz. Se lo conoció como Selección Fantasma y estuvo al frente Miguel Ignomiriello. El experimento fue exitoso, ya que de esa ciudad enclavada a 3.600 metros sobre el nivel del mar se trajo un triunfo por 1-0 con gol del delantero de Vélez Oscar Fornari.

El resultado allanó considerablemente el camino hacia Alemania Federal 1974, pero también estuvo ligado con la polémica, una costumbre argentina difícil de erradicar. Un día antes del partido, apareció Sívori en el hotel en el que se alojaba la Selección y junto con él llegaron el arquero Daniel Carnevali, el defensor Angel Hugo Bargas, el mediocampista Roberto Telch y el delantero Rubén Ayala, quienes no habían sido sometidos a las arduas prácticas en la montaña para apaciguar los efectos del apunamiento. En medio de discusiones y reproches, Sívori desplazó a Ignomiriello de su puesto e incluyó en el equipo titular al cuarteto que lo había acompañado a La Paz, en desmedro de los que se habían entrenado especialmente para ese partido.

Como la Argentina se hizo del pasaporte mundialista, esa cuestión terminó siendo un detalle menor y la próxima Copa del Mundo asomaba como una posibilidad de reivindicación para los albicelestes.

Imprevistamente, a la conducción de la AFA dejó de caerle bien la fuerte personalidad del DT y decidió hacerlo a un lado en los primeros meses del '74. Por sugerencia de José Epelboim, dirigente de Independiente, el interventor de la AFA, Baldomero Gigán, designó a Vladislao Cap al frente del conjunto nacional.

El Polaco Cap, mediocampista central de Racing y River en los años '50 y '60, intentó formar su cuerpo técnico con Osvaldo Zubeldía (exitoso DT de Estudiantes a fines de los '60), Jorge Daguerre y Jorge Kistenmacher como preparador físico. A ellos se uniría Ignomiriello. Los planes del entrenador naufragaron no bien Gigán fue removido de la AFA y reemplazado por Fernando Mitjans, directivo de Boca

y con cercanía al ministro de Bienestar Social del gobierno de Juan Domingo Perón, José López Rega.

Gigán era, además, director del Banco Provincia, cargo del que fue desplazado justamente por Mitjans en tiempos en los que esa entidad crediticia había elevado al Congreso un pedido de interpelación de López Rega. La política, como siempre, jugaba su partido...

Lo cierto es que el nuevo interventor le bajó el pulgar a la mayoría de los integrantes del equipo de trabajo de Cap. Atado de pies y manos, el DT apeló a sus amigos Víctor Rodríguez y José Varacka. Se formó así un triunvirato, ya que los tres eran entrenadores, pero al frente estaba el Polaco.

Para encarar la preparación mundialista se tomó una decisión inédita hasta entonces: fueron convocados masivamente varios jugadores que se desempeñaban en equipos del exterior. Así, Ayala y Ramón Heredia (Atlético Madrid), Bargas (Nantes), Roberto Perfumo (Cruzeiro), Carnevali (Las Palmas) y Héctor Yazalde (Sporting de Lisboa) se integrarían a los trabajos junto con los otros citados de elencos locales. Esta determinación contrastaba abiertamente con una de las que pudo haber sido una de las causales del fracaso argentino en Suecia 1958. En ese entonces, se desestimó la posibilidad de contar con Maschio, Antonio Angelillo y Sívori porque jugaban con gran éxito en el fútbol italiano. Ese trío había brillado un año antes en la Selección que consiguió el Sudamericano de 1957 en Lima.

Los argentinos que militaban en el exterior volvían a ser argentinos. Una medida casi revolucionaria que parecía confirmar que la Selección estaba encarrilada. Pero no. Cap, Rodríguez y Varacka tenían puntos de vista muy diferentes a la hora de darle forma al equipo y eso quedaba reflejado en la cancha. El 26 de mayo de 1974 Argentina fue masacrada 4-1 por una Holanda incontenible en la que Johan Cruyff parecía un superhombre al que los defensores albicelestes no lograban alcanzar jamás.

Rodríguez intentó llevar calma afirmando que jamás podría repetirse un traspié tan contundente a manos de La Naranja Mecánica. El destino, caprichoso, estaba empecinado en probarle lo contrario más temprano de lo que el entrenador imaginaba.

"La desorganización táctica argentina era tan grande que a veces tenía un efecto sorpresa sobre los adversarios", explicaba el periodista alemán Günter Furrer en su balance de lo que fue el Mundial ´74. Una insólita demostración de esta inaudita situación quedó evidenciada en los amistosos de preparación. Frente a la Fiorentina, Rodríguez estuvo al mando del equipo porque Cap había viajado para ver en acción a Polonia en un ensayo contra Yugoslavia, y plantó la forma-

ción con un líbero y stopper, un esquema que no era del agrado del DT principal. Días después, contra Munich 1860, se jugó un tiempo como deseaba Cap y otro como le gustaba a Rodríguez.

Era tal la desorganización que varios jugadores actuaron en posiciones que les resultaban ajenas a sus características y a sus hábitos. Heredia siempre jugó como marcador central, pero en la Selección del '74 lo ubicaban como volante defensivo. Hasta un puntero como Agustín Balbuena fue incluido como mediocampista por el sector derecho.

Argentina estaba tan lejos de disponer de una línea definida de juego que en la derrota inicial contra Polonia por 3-2 el trío de técnicos apeló al 4-3-3 como esquema táctico y en los restantes juegos (empate 1-1 con Italia y victoria por 4-0 sobre Haití) se jugó con un 4-2-4. El propio Carlos Babington se asombró porque antes del debut contra los polacos a su lado apareció Bargas, cuando en las prácticas había tenido a Heredia como volante central. A propósito, el Inglés, el mejor jugador albiceleste en la Copa del Mundo, fue incluido en el plantel a último momento por la lesión de su compañero en Huracán Roque Avallay. El, un típico número 10, reemplazó a un centrodelantero, ganándole la pulseada al otro candidato a ocupar esa plaza: Carlos Aimar, un volante de marca. Para sumar más confusión al contexto general, Babington fue anunciado por Cap como titular el mismo día que se lo confirmó en la lista de 22 mundialistas...

La Argentina superó la primera fase gracias a su goleada sobre los modestos haitianos y con la oportuna colaboración de Polonia, que, ya clasificada, puso en la cancha a todos sus titulares y le ganó a Italia. Los propios integrantes del plantel argentino admitieron haber hecho una colecta para que el equipo en el que se destacaban Grzegorz Lato y Kazimierz Deyna tuviera un 'mayor interés' de imponerse a los *azzurri*.

En la instancia siguiente quedó confirmado que la idea de Rodríguez respecto de Holanda constituía apenas una cuestión de deseos. La Naranja Mecánica dejó en ridículo a los albicelestes con un 4-0 piadoso, ya que el marcador pudo haber sido más abultado. Ese día, el triunvirato excluyó a Babington y puso en su lugar a Carlos Squeo, movió algunas piezas e intentó con un inservible 4-4-2 contrarrestar el poderío de su rival.

Para enfrentar a Brasil, los técnicos dejaron al margen a Perfumo, de pobres actuaciones contra italianos y holandeses, pero con la excusa de que no era conveniente que fuera titular porque profesionalmente actuaba en Cruzeiro, un equipo brasileño... No se atrevieron a remover a Carnevali, pero lo tenían en la mira, supuestamente por

no haber opuesto demasiada resistencia en los goles de Cruyff y compañía. En un decepcionante partido, los verdiamarillos ganaron 2-1 y sepultaron cualquier esperanza que los argentinos tuvieran de seguir en carrera.

La despedida se dio contra Alemania Democrática. El partido estaba previsto para el 3 de julio, sólo dos días después de la muerte de Juan Domingo Perón, presidente argentino. La desazón imperaba en el campamento albiceleste y pese a que se intentó postergar el encuentro, no hubo caso. La Selección debía salir a jugar. Los entrenadores por fin se atrevieron a relegar a Carnevali. El suplente natural, Miguel Angel Santoro, se negó a actuar, alegando que era injusto que recurrieran a él cuando ya estaba todo perdido. Incluso hasta intentó persuadir a Ubaldo Fillol, el joven tercer guardavalla del plantel, de que lo imitara, pero siguiendo el consejo de otros referentes del grupo, el Pato hizo su presentación en los Mundiales en un cotejo que concluyó empatado en un tanto.

"El balance final no es bueno, ni regular, ni malo", explicó Cap no bien depositó sus pies en suelo argentino. Sus conclusiones eran llamativas, pero en cierta medida se antojaban acertadas, pues a lo largo de su derrotero por la Copa del Mundo Argentina había sido un equipo carente de identidad y resultaba muy difícil determinar a qué jugaba o cómo lo había hecho.

La Reconstrucción

La participación argentina en Alemania '74 había dejado al descubierto situaciones tan desopilantes como preocupantes. Se dieron hechos que rozaron lo grotesco como el registrado el día que Carnevali llegó a la concentración y Rodríguez y Varacka se sorprendieron de verlo allí. Cap no les había comunicado que lo había incluido en la lista de buena fe.

El Polaco no había sido la primera opción de Gigán, el interventor de la AFA, ante la partida de Sívori. Es más, el dirigente intentó convencer a Menotti de que reemplazara al Cabezón cuando éste todavía estaba en funciones, pero con una imagen muy debilitada por sus constantes divergencias con la dirigencia. En ese entonces, el Flaco, técnico aclamado por la asombrosa consagración de Huracán en el Metropolitano de 1973, se negó enfáticamente. Sívori permaneció un tiempo más en su puesto hasta que la convivencia con la AFA se hizo insostenible y llegó Cap.

David Bracuto, vicepresidente de Huracán, se impuso en las elecciones realizadas para determinar la conducción de la AFA en 1974. Enamorado del juego pleno de belleza y efectividad que había caracterizado al Globo dirigido técnicamente por Menotti, no tuvo dudas: por más que su equipo se quedara sin el DT que le dio el primer título de su historia, la Selección necesitaba a ese rosarino que por entonces tenía apenas 35 años.

"La idea es jerarquizar a la Selección", anunció el flamante técnico albiceleste. En él se corporizaba la figura del hombre que debía rescatar a la Selección de su pasado reciente plagado de malos resultados y desconcierto organizativo. La misión era todavía más complicada porque nuestro país había sido designado sede del Mundial de 1978 en el 35° Congreso de la FIFA, celebrado en Londres el 6 de julio de 1966.

"Terminaré con un vicio: el jugador argentino cuando corre no piensa y cuando piensa no corre. A mí no me interesa ganar 1-0 con un gol de tiro libre. Quiero que ganemos porque somos capaces de superar futbolísticamente a nuestro rival", advirtió Menotti en una declaración de principios. Abrazado a esa meta, anticipó: "Elegiré jugadores hábiles, con inteligencia y buen gusto como único argumento en la búsqueda del gol. Eso en el aspecto deportivo. Y con sentido de solidaridad respecto a los compañeros y noción clara de la responsabilidad en el aspecto humano".

El 12 de octubre, apenas un mes después de haber sido designado, Menotti debutó como responsable del elenco nacional. Como era previsible después de su consagración al frente de Huracán, el DT recurrió a varios jugadores del conjunto de Parque de los Patricios para ese primer compromiso. Jorge Carrascosa, Brindisi, Houseman, Babington (los cuatro habían estado presentes en Alemania) y Francisco Russo integraron esa formación inicial en la que también aparecían jóvenes que se caracterizaban por el buen trato de la pelota como Marcelo Trobbiani (Boca) o la habilidad como el puntero izquierdo Enzo Ferrero (también del equipo *xeneize*).

Rubén Sánchez; Vicente Pernía, Jorge Paolino, Roberto Rogel y Carrascosa; Brindisi (fue el capitán), Russo y Babington; Houseman, Edgardo Di Meola y Ferrero fueron los titulares en el comienzo de la nueva era. Trobbiani reemplazó en el complemento a Brindisi y Osvaldo Potente a Babington. La nueva Selección, con una profunda reestructuración considerando los nombres de otros tiempos, igualó 1-1 con España en la cancha de River ante 33 mil espectadores. Rogel, zaguero de Boca, marcó con un cabezazo el primer gol.

Menotti estaba decidido a no dejar pasar el tiempo en vano y antes del final de 1974 el Seleccionado derrotó 2-0 con Chile en Santiago con tantos del mediocampista riverplatense Juan José López y de Ferrero, y en la revancha empató 1-1 con los trasandinos en el estadio de Vélez.

Ricardo Bertoni, Gerónimo Saccardi, Horacio Cordero, Rubén Galletti, Roberto Mouzo, Eduardo Solari, Juan Domingo Rocchia, Jorge Valdano, Ricardo Lavolpe, Julio Asad, José Luis Pavoni, Andrés Rebottaro, Daniel Killer, Américo Gallego, Leopoldo Jacinto Luque, Mario Zanabria, Héctor Baley, Enzo Trossero, Aldo Espinoza, Armando Quinteros, Daniel Marangoni, Hugo Coscia y Oscar Ortiz vivían sus primeras horas en la Selección en una confirmación de que se había iniciado una etapa en la que se pretendía edificar un equipo con pocos puntos de contacto con el de las anteriores gestiones.

El flamante director técnico proponía un ambicioso plan en el que todos los futbolistas tenían abiertas las puertas del Seleccionado. Tanto fue así que, en una determinación inédita hasta entonces, se conformó lo que pasaría a la historia como la selección del interior, una iniciativa con la que el DT intentaba detectar talentos más allá de los equipos que tradicionalmente le aportaban jugadores al conjunto albiceleste.

"Esa fue una gran oportunidad para todos nosotros. Nadie nos había dado el mismo lugar antes y supimos aprovecharlo", cuenta Luis Adolfo Galván, defensor de Talleres de Córdoba. El santiagueño venía destacándose en ese equipo durante los antiguos torneos Nacionales y fue de la partida en un ensayo que concluyó igualado 1-1 con Bolivia el 27 de junio de 1975. Esa fecha puede considerarse fundacional, puesto que se produjo el debut nada menos que de 14 jugadores de los cuales 13 militaban en elencos del interior del país y sólo uno -Rubén Giordano- lo hacía en Racing de Avellaneda.

Oscar Quiroga (Talleres), Victorio Ocaño (Talleres), Galván (Talleres), Pablo de las Mercedes Cárdenas (Juventud Antoniana de Salta), Rafael Pavón (Belgrano de Córdoba); Osvaldo Ardiles (Instituto de Córdoba), Miguel Angel Oviedo (Racing de Córdoba), José Daniel Valencia (Talleres); René Alderete (Atlético Tucumán), Daniel Astegiano (Atlético Ledesma de Jujuy) y Antonio Alderete (Talleres) fueron los protagonistas de ese encuentro. También actuaron Giordano (Racing de Avellaneda), Ricardo Julio Villa (Atlético Tucumán) y Luis Antonio Ludueña (Talleres).

"Con Menotti teníamos un trato extraordinario. Nosotros éramos del interior, y aunque en Talleres tuvimos a un técnico de jerarquía como Angel Labruna, eso era distinto. En la Capital estaban acos-

tumbrados a eso, pero nosotros no. Además, al periodismo de Buenos Aires le parecían más importantes los jugadores que estaban en Boca o River. Tenían más nombre, más chapa y experiencia que nosotros", explica Galván, un futbolista que formó parte del ciclo encabezado por Menotti prácticamente en toda su extensión.

Varios de ese equipo de provincianos tendrían por delante un rol fundamental en el seleccionado de Menotti. Lo cierto es que por esos días la Selección salía a la cancha con una frecuencia poco menos que frenética (en 1975 afrontó nueve cotejos) y en cada alineación se percibía la intención del técnico de probar futbolistas para, con el paso del tiempo, ir depurando la lista definitiva que estaría en el Mundial de 1978.

El desfile incluía, por supuesto, a muchos hombres pertenecientes a los equipos porteños y del Gran Buenos Aires, pero desde el interior el caudal de convocatorias se hacía constante y sostenido. Entre ellos se encontraba Mario Alberto Kempes, quien ya había disputado la Copa del Mundo del '74 y que se desempeñaba en Rosario Central. Su inclusión fue una sugerencia de Rodolfo Kralj, una suerte de secretario técnico del DT y con un lejano pasado como goleador de Ferro Carril Oeste a mediados de la década del '30. El cordobés jugó por primera vez a las órdenes de Menotti el 3 de agosto de 1975 y aportó uno de los goles con los que la Argentina aplastó 5-1 a Venezuela en Caracas por la Copa América.

Pese al dinamismo que caracterizaba a la gestión del técnico, la Selección estuvo a punto de quedarse acéfala menos de un año después de la contratación de Menotti.

Argentina se preparaba para un partido contra Uruguay por la Copa Lipton previsto para el 18 de julio. El 15, los jugadores de Boca y River no asistieron al entrenamiento ante la negativa de sus clubes de cederlos. Furioso, el Flaco presentó la renuncia. La sangre no llegó al río porque el rosarino consiguió que la AFA creara el Estatuto de Selecciones Nacionales, que establecía que el equipo que no aceptara entregar a sus jugadores al representativo nacional sería sancionado y no podría utilizarlos en sus compromisos oficiales.

Quedaba establecido que "la Selección es prioridad número uno". Esa frase, acuñada en tiempos de Menotti como técnico, constituía una suerte de declaración de principios que hasta ese momento jamás se había aplicado, al punto que apenas reparando en lo que fue el suplicio *albiceleste* en las eliminatorias previas a México '70 y en la participación en Alemania '74 se hacía evidente el contraste con la exhaustiva preparación rumbo a 1978.

La República Argentina empezaría a padecer en 1976 los peores años de su historia. El 24 de marzo se produjo la caída del gobierno encabezado por María Estela Martínez de Perón, en el poder desde 1974 por el fallecimiento de su esposo, y la asunción de la Junta Militar liderada por Jorge Rafael Videla, Orlando Agosti y Emilio Massera. El Proceso de Reorganización Nacional estaba en marcha...

Y la Selección fue, de alguna manera, un instrumento propicio para que la interrupción del régimen democrático compartiera las tapas de los diarios con un partido de fútbol. El mismo día del golpe militar el elenco nacional se impuso a Polonia por 2-1 en Chorzow. Las huestes de Menotti se encontraban de gira por Europa y venían de consumar una resonante victoria sobre la Unión Soviética en Kiev por 1-0 con gol de Kempes en un encuentro disputado sobre un campo de juego completamente nevado y que dejó para el recuerdo la formidable actuación de Hugo Orlando Gatti, el arquero argentino. Ese día se puso la camiseta celeste y blanca por primera vez Daniel Passarella, un aguerrido defensor que recién se estaba afianzando en la Primera de River.

El año había arrancado con una serie de entrenamientos para los que Menotti formó un plantel que le iba confiriendo cierta identidad al conjunto nacional. Las pruebas incesantes de futbolistas parecían detenerse y ya se hacían recurrentes las presencias de Fillol, Lavolpe, Alberto Tarantini, Daniel Killer, Mouzo, Passarella, Carrascosa, Paolino, Juan José López, Rubén Galván, Norberto Alonso, Trobbiani, Héctor Scotta, Luque, Kempes, Houseman y Ortiz. Al grupo le faltaban Valencia, Galván, Ludueña y varios más de Talleres que estaban de gira por Africa, pero que también gozaban de las preferencias del entrenador, empecinado en que el público argentino se fuera acostumbrando a ver a la Selección con los mismos nombres y con un juego que tuviera puntos de contacto con aquel Huracán del '73 que tantos elogios había recibido.

Pero en poco tiempo el técnico sufrió dos golpes duros. Primero, River optó por desconocer el Estatuto de Selecciones Nacionales y siguiendo las instrucciones del presidente Rafael Aragón Cabrera, Fillol, Alonso, Passarella y Luque renunciaron a su participación en el proceso comandado por Menotti. Y en abril fueron transferidos al fútbol europeo Kempes (Valencia, de España), Alonso (Olympique Marsella, de Francia), Scotta (Sevilla, de España) y Trobbiani (Elche, de España). Para evitar que la sangría tirara por la borda la puesta a punto del Seleccionado, el DT recibió otro guiño de la AFA conducida desde poco después del golpe militar por Alfredo Cantilo:

fueron declarados intransferibles todos los jugadores citados por el entrenador.

Para el técnico significaba una complicación importante no disponer de los jugadores de River, en especial porque Fillol estaba en un gran nivel y porque Juan José López era uno de los preferidos de los hinchas, en desmedro de Ardiles, quien por el contrario contaba con el aval del entrenador. Apelando a sus dotes de buen negociante, Menotti pudo tener a Passarella y Luque, mientras que las puertas de la Selección se cerraban para el arquero y el mediocampista.

El '76 tuvo una apretada agenda que, además del periplo europeo, incluyó partidos contra conjuntos sudamericanos que se saldaron con triunfos sobre Uruguay, Perú, Paraguay y Chile, empate con los peruanos y derrota con Brasil.

El Mundial se acercaba a pasos agigantados y la situación económica del país incrementaba las dudas en torno de las posibilidades argentinas de organizar el certamen. "Ya ni los más ingenuos creen que la Argentina estará en condiciones de organizar el Mundial '78. Es hora de que Brasil emprenda lo que los otros abandonan", aseguraban los diarios brasileños.

Los gastos faraónicos que demandaba ser escenario de la Copa del Mundo constituían un esfuerzo casi imposible para las desfallecientes arcas nacionales. La desconfianza brasileña se despejó con un explícito respaldo de la FIFA a las autoridades argentinas...

Para ello fue necesario que la Junta Militar creara el EAM '78 (Ente Autártico Mundial '78), un organismo que tomaría el toro por las astas y que se comprometía a cumplir con las exigencias de la entidad que comandaba el fútbol mundial. El general Omar Actis, amigo personal del presidente Videla, fue puesto al frente. Su idea era celebrar un campeonato austero, pero bien organizado. Massera tenía una visión diferente del asunto. Impuso como segundo de Actis al almirante Carlos Lacoste, un hombre de su confianza.

Los cortocircuitos entre las cabezas del EAM '78 eran indisimulables. Actis removió de su cargo a Lacoste. El militar, sin embargo, fue asesinado poco después y reapareció Lacoste con plenos poderes. El Gobierno le otorgó 520 millones de dólares para hacer realidad el Mundial, un presupuesto mucho mayor del que contó España para la Copa de 1982.

Si el país quedaba confirmado como sede del torneo, era necesario que también la Selección demostrara que estaba en condiciones de ser algo más que un mero participante.

El año previo al Mundial era visto como decisivo para determinar las posibilidades del equipo de Menotti. Por eso se instrumentó lo que se denominó serie internacional, una cadena de cotejos amistoso contra algunas de las principales selecciones europeas. El objetivo era dotar de roce al equipo y de medir fuerzas con rivales de nivel para tener un parámetro más claro de qué se podía esperar de ese elenco albiceleste que ganaba más de lo que perdía, pero todavía no había alcanzado la dimensión de conjunto respetable.

Antes del inicio de la serie internacional se produjo un hecho significativo para la historia del fútbol argentino. El 27 de febrero de 1977 debutó Diego Armando Maradona en un 5-1 sobre Hungría en la cancha de Boca. Desde su irrupción con la camiseta de Argentinos Juniors en un traspié por 1-0 contra Talleres el 20 de octubre de 1976, apenas diez días antes de cumplir 16 años, Maradona era aplaudido en todos los estadios. Menotti lo hizo ingresar a los 65 minutos de juego en reemplazo de Luque, autor de dos de las conquistas del Seleccionado. Bertoni les había puesto la firma a los tres restantes.

Días antes de la primera vez de Diego en celeste y blanco, la Selección, en una muestra de cuánto valor se le otorgaba en aquel tiempo, intervino en el torneo de verano. Las tribunas del estadio San Martín de Mar del Plata estaban repletas, con sus ocupantes ávidos por ver en acción al equipo que representaría a la Argentina en el Mundial.

La Copa de Oro terminó en manos del Seleccionado, pero sus actuaciones no satisficieron a nadie. Todo comenzó con un opaco 2-2 con Newell´s y siguió con un escuálido triunfo por 1-0 sobre el modesto Aldosivi con gol del atacante de Boca Darío Felman. Otra igualdad por 2-2, esta vez con River, incrementó las reservas sobre el desempeño albiceleste, que dejaba muchas dudas. Finalmente, una deslucida victoria por 1-0 contra Boca merced a un tanto de Bertoni consumó el éxito de las huestes de Menotti, que más allá del resultado no pasaron la prueba.

El DT estaba tratando de definir la alineación titular. Ensayaba con algunos jugadores que parecían afirmados en sus puestos y otros que pugnaban por convencerlo de sus posibilidades de ser tenidos en cuenta.

Por eso la serie internacional se observaba como un exigente banco de pruebas. Fueron 45 días en los que la Selección se robó el protagonismo de los domingos, al punto que los encuentros correspondientes al Metropolitano 1977 se jugaban entre semana.

Con el estadio de River en obra para albergar los principales partidos del Mundial, la cancha de Boca fue elegida sede de las siete presentaciones que la Argentina tenía por delante. El puntapié inicial fue el 29 de mayo contra Polonia, tercero en Alemania '74, que arribó a Buenos Aires con todas sus estrellas: los goleadores Lato y

Andrzej Szarmach, Deyna, el sólido arquero Jan Tomaszewski y el joven mediocampista Zbigniew Boniek. Los albicelestes ganaron 3-1 en un marco de fervoroso apoyo en las tribunas. El rendimiento fue mediocre y la victoria fue producto del aprovechamiento de errores defensivos polacos.

El 5 de junio, el rival fue Alemania Federal. El reinante campeón del mundo fue demasiado para la Selección de Menotti y con un planteo simple pero efectivo desnudó la fragilidad de la propuesta argentina, a la que desdibujó con un claro 3-1. Una semana más tarde, el aburrido 1-1 con Inglaterra confirmó que no se estaba por el buen camino. El 18 se dio otro 1-1, esta vez contra Escocia, que en siglo XXI permanece únicamente en la memoria por una brutal patada de Pernía al puntero izquierdo Willie Johnstone que cortó las aspiraciones mundialistas del defensor de Boca.

Ocho días después, la igualdad sin tantos con Francia despertó la desazón del público. Las actuaciones ponían en tela de juicio el trabajo del DT, que parecía no haber logrado consolidar un equipo en tres años y que sólo ofrecía la peligrosidad de Bertoni y Luque, la habilidad de Houseman y el sacrificio de Gallego en la mitad de la cancha.

El 3 y el 12 de julio, por fin, la Argentina pudo festejar nuevamente. Dio cuenta de Yugoslavia por 1-0 (gol de Passarella, de penal) y de Alemania Democrática por 2-0 (tantos de Houseman y Carrascosa). El balance ofrecía como últimos datos dos triunfos que fueron tomados como la insinuación de una recuperación después de haber sucumbido ante rivales de primer nivel.

Menotti y varios de sus jugadores eran objetos de duras críticas. Pese a que se pensaba en Juan Carlos Lorenzo –exitoso técnico de Boca– como una potencial alternativa, se antojaba un paso atrás remover al DT cuando restaba tan poco para la Copa del Mundo. En cambio, sí se discutían a varios futbolistas que gozaban del apoyo del DT: Valencia, Ardiles, Carrascosa, Olguín…

"Gatti es el arquero titular", decía con firmeza el entrenador pese a que las actuaciones del guardavalla de Boca no resultaban convincentes. Además, el *Loco* arrastraba una lesión en una rodilla. Lo cierto es que Baley (titular en los amistosos finales del '77) y Lavolpe no parecían tener la dimensión que se esperaba del arquero titular de la Selección.

Contra todos los pronósticos, Gatti renunció a ser parte del Seleccionado echándole la culpa a sus problemas físicos. Menotti volvió sobre sus pasos y llamó a Fillol, como si la polémica que se había dado con River y el propio arquero tiempo atrás pudiera esfumarse

en un abrir y cerrar de ojos. El Pato era el dueño del arco, que defendió otra vez en los éxitos por 2-1 y 3-1 en Perú a comienzos de 1978.

También Carrascosa se automarginó. Era el capitán del elenco nacional, pero no le tembló el pulso para decir adiós. Durante mucho tiempo se sostuvo que su determinación era una consecuencia de su oposición al gobierno de facto que tenía la Argentina. Sin embargo, alguna vez el propio Lobo reconoció en declaraciones a la revista *Mística* que en realidad estaba hastiado del fútbol. Ya le había caído mal la colecta que el plantel argentino hizo en 1974 para tentar a Polonia para que se mostrara más determinado a ganarle a Italia y, de paso, favorecer a los albicelestes.

"No es necesaria una dictadura militar para dejar el fútbol. Hay muchas cosas que pasan en este sistema de vida que te hacen dejar, perder las ilusiones. Si yo hubiera tenido que jugar el Mundial de España mientras estábamos en guerra con Inglaterra, también habría renunciado. ¿Va a estar un vecino, un amigo en guerra y yo voy a estar jugando un Mundial? Cuando un pibe te pide algo para comer se acabaron los planes. ¿Vos podés comer un sandwich de jamón crudo cuando hay un nene pidiéndote comida? Y el mundo del fútbol, donde yo estaba, no era el mejor de los mundos. Yo me empecé a sentir mal en el medio. Cuando vi el tema del incentivo, de la droga. ¿Te parece lindo saber que vas a salir campeón porque el árbitro te va a dar un penal? ¿Podés festejar algo que ganaste con arreglo? Si un tipo, en cambio, te gana con talento, hay que aceptarlo. Pero, ¿por qué hay que ganar siempre? Sucede que uno está en una sociedad donde uno vale por lo que gana y no por lo que realmente es. Y fuera del fútbol, la cosa es igual, superficial...", le relató a esa publicación Carrascosa, aventando la idea de que su renuncia tuvo que ver solamente con su rechazo a la dictadura que asolaba a la Argentina en aquellos años.

Faltaban pocos meses para el debut, previsto para el 2 de junio contra Hungría en cancha de River. La incertidumbre dominaba las horas de la Selección. Menotti debía confirmar a los 22 integrantes de la lista de buena fe.

Una de las premisas que había establecido el técnico era que Kempes iba a ser el único futbolista del exterior que formaría parte del plantel. Esa idea obligó a una maniobra que finalmente quedó trunca y que se intentó para hacer posible que Babington regresara del Wattenscheid 09, de Alemania, en el que se desempeñaba, para ser convocado.

El propio Inglés narra ese curioso plan. "El Flaco Menotti me vino a buscar para jugar el Mundial del '78 y los alemanes no me querían

dejar venir. No hubo caso. No los pudimos convencer. El Flaco estuvo una semana en mi casa y me decía 'qué pasa con estos tipos'. Y... son alemanes le decía yo. El Flaco quería que yo volviera a Huracán. Eso te demuestra la coherencia que tenía. El vino en el '77 a Alemania y me decía que el único jugador que iba a llevar de Europa era Kempes. 'Entonces vamos a hacer lo imposible para convencer a estos tipos de que te dejen ir a préstamo y después te volvés'. Lo que no evaluó era que a los alemanes la guita les importaba un carajo. El decía, 'lo llevo, juega un Mundial, lo revalorizo y después lo vende. El se queda acá', dijo el alemán. No me dejaron ir. ¡Una cosa de locos! Yo creo que estuve flojo, me tendría que haber puesto más firme. Los errores del pasado no te solucionan nada. Podría haber jugado otro Mundial, conseguir una transferencia a un club grande de Europa..."

Babington podría haber competido por la posición de número 10 con Valencia –el favorito del entrenador– Villa –otra de sus debilidades–, Ricardo Bochini (integró la Selección en parte del ciclo), Maradona y Alonso.

El Beto, de regreso en River tras su breve paso por el fútbol francés, volvió a la Selección a fines de abril de 1978. Su presencia era pedida a gritos por Lacoste, el titular del EAM '78. No se encontraba entre los predilectos del entrenador... pero terminó siendo parte de la nómina de 22 con el curioso número 1 en la camiseta, por el riguroso orden alfabético con que se diseñó la lista.

El 19 de mayo, luego de otra seguidilla de amistosos contra Perú, Bulgaria, Rumania, Irlanda y Uruguay (todos saldados con victorias, salvo por el traspié frente a los celestes), Menotti reunió a los 25 jugadores con los que contaba en la recta previa a la Copa del Mundo, luego de haber tenido en vilo a 40 que soñaban con estar en el torneo, y les comunicó que Maradona –entonces un purrete de 17 años–, el delantero Humberto Bravo y el defensor Víctor Bottaniz quedarían al margen de la nómina definitiva.

Dicen que Diego lloró como el pibe que era. Algunos sostienen que jamás le perdonó al DT que lo haya dejado a un lado. Lo cierto es que el Maradona de 1978 corría muy atrás en la consideración de Menotti respecto de Valencia y Villa –dos productos de la selección del interior que enorgullecía al DT– y de Alonso, por quien tuvo que ceder a la voluntad de Lacoste.

El periodista Enrique Macaya Márquez intenta buscar una justificación para esa decisión, pese a que él mismo se muestra convencido de que Diego debió haber sido parte del plantel. "Menotti prefirió a Valencia. Y tuvo la gran oportunidad, con su conocimiento: se podría haber anticipado, tuvo la gran oportunidad de darle a Maradona un

lugar. Porque en esa nómina vos podés sacar un defensor, podés sacar un lateral, alguien que no tenga tanta influencia en el desarrollo colectivo del equipo. Sí, fue un error. Pero había que jugársela. Yo pensaba que lo iba a poner. Porque yo lo conocía a Maradona, porque yo lo había visto a Maradona y porque yo entendía que Maradona debía estar en la Selección", afirma.

Roberto Marcos Saporiti, estrecho colaborador del técnico en esos días, recuerda vivamente el momento de la exclusión de Maradona. El *Sapo* participó junto con el DT, Rogelio Poncini (la mano derecha del *Flaco*) y el preparador físico Ricardo Pizzarotti en las discusiones previas a la conformación de la lista para el Mundial.

El entonces técnico de Talleres se había incorporado al grupo de trabajo de Menotti. Dice que él quería a Maradona dentro del equipo. Incluso evoca que la noche anterior fue a tomar un café con el entrenador y le dio su parecer respecto de la situación de ese diamante en bruto surgido en Argentinos Juniors: "¿Vos viste la última práctica? Fue infernal Diego". Maradona había jugado para los suplentes y marcó cuatro goles.

El rosarino estaba decidido. Café de por medio, Saporiti se enteró de que no había lugar para Diego. "Yo pensé que me estaba haciendo una broma", confiesa. "Para el mundo fue una sorpresa que quedara afuera Maradona. Para los jugadores también. Nadie se imaginó que salía Diego. Todo el cuerpo técnico, con mayor o menor énfasis, pensaba que tenía que estar Maradona", insiste el Sapo.

El momento del anuncio de los tres excluidos fue duro, muy duro. "Cuando él nombra a Diego, sorprendió. Me acuerdo de la carita de Diego. Cuando nombró a los tres que se iban y dijo: ... 'y Diego', él estaba sentado con la pelotita allá, cruzado al *Flaco*. Yo estaba a la derecha del Flaco, con Pizzarotti y Poncini. Diego agarró la pelota y se fue corriendo". A Maradona le habían hecho añicos los sueños…

Ubaldo Fillol, Héctor Baley y Ricardo Lavolpe (arqueros); Luis Galván, Daniel Killer, Jorge Olguín, Rubén Pagnanini, Daniel Passarella y Alberto Tarantini (defensores); Norberto Alonso, Osvaldo Ardiles, Américo Gallego, Rubén Galván, Omar Larrosa, Miguel Oviedo, José Daniel Valencia y Ricardo Julio Villa (mediocampistas; Ricardo Daniel Bertoni, René Houseman, Mario Kempes, Leopoldo Luque y Oscar Ortiz (delanteros) fueron los elegidos por el técnico, quien hasta último momento respetó su idea de serle fiel a sus jugadores, salvo situaciones inmanejables como la de Alonso.

Los nombres ya estaban. Era hora de salir a jugar.

Camino a la Gloria

"Esto parece una novela de espionaje", deslizó uno de los secretarios de Hermann Neuberger, el vicepresidente de la FIFA. Se refería a las especulaciones que enmarcaban las horas previas al sorteo de los grupos del Mundial. El 14 de enero de 1978, en el Teatro San Martín, de la Ciudad de Buenos Aires, los escépticos que pronosticaban que la Selección argentina iba a ser favorecida por el azar con una zona no tan competitiva, miraban las pizarras con incredulidad: en la ronda inicial, el dueño de casa debía vérselas nada más y nada menos que con Hungría, Francia e Italia, tres adversarios de fuste que distaban mucho de asegurarle un cómodo paseo triunfal hacia la etapa decisiva de la Copa del Mundo.

"No era fácil el debut. Muchos de nosotros no teníamos experiencia en Mundiales. Yo estuve en el preseleccionado para ir al '74, pero a último momento me sacaron. Hubiera tenido ya un Mundial encima... En cambio, Kempes, Fillol y Houseman habían estado en el '74. El debut es lo que te puede indicar el camino hacia ganar el Mundial. Fue un partido difícil en el que nos costó ganarle a Hungría, que en esa década fue un equipo poderoso. Perdíamos 1-0, empató Luque por un tiro libre de Kempes que rebotó. Nos costaba entrarle... Yo en ese momento estaba en el banco de suplentes y Alonso también. Menotti nos hizo entrar primero al Beto y luego a mí y llegó una linda jugada de Alonso con Luque. Yo entraba por la derecha y la pelota me llegó para empujarla al arco", evoca Bertoni, autor del tanto decisivo en el ajustado triunfo albiceleste por 2-1.

Hungría había sumido en una inesperada pesadumbre a las tribunas del colmado estadio de River. Karoly Czapo abrió la cuenta a los 10 minutos de juego y despertó prematuros interrogantes sobre el nivel del dueño de casa. La reacción albiceleste llegó a los 16 cuando Kempes ejecutó un tiro libre que no pudo retener el arquero Sandor Gujdar y Luque, de arremetida, la empujó al fondo de la red.

Más allá de la igualdad transitoria, Argentina no tenía juego. Valencia no asomaba como el conductor que se necesitaba y Houseman se parecía muy poco al formidable puntero derecho que hacía estragos en las defensas contrarias con su indescifrable gambeta. Ingresaron Alonso y Bertoni.

El *Beto* se encontró con Luque cuando el resultado iba camino a transformarse en una enorme desilusión. Levantaron una pared en la que la precisión cedió espacio a la belleza por un taco de Alonso que recibió el delantero antes de enviar la pelota hacia el sector derecho

del área chica, por donde entraba justamente Bertoni para desatar el atragantado festejo del público.

"Verdaderamente me tocó la suerte de entrar y definir el partido. En el '77 fui todo el año titular, me lesioné y me tuve que ganar el puesto de a poco. Pero Menotti siempre tuvo fe en mí y me metió en el momento en el que Argentina necesitaba más agresividad y potencia en el ataque", relata Bertoni, quien había perdido su lugar en el mano a mano con Houseman.

El primer paso había sido triunfal, pero sólo por el resultado, ya que la labor del Seleccionado había estado lejos de ser destacable. "No estoy conforme", admitió el propio Menotti. "Entiendo que a los jugadores les afectó el partido inaugural. Estuvieron nerviosos", consideró en las horas posteriores al cotejo.

"Contra Hungría éramos una incógnita. Pero ganamos jugando, por momentos, como quería el técnico y como nosotros sentíamos que debíamos hacerlo. Eso era lo principal. Después de ese partido nos dimos cuenta de que podíamos dar mucho más. El triunfo en el debut nos dio oxígeno. Necesitábamos que Kempes levantara un poco; eso era lo bueno, todavía teníamos mucho crédito abierto porque había jugadores que no habían aparecido en todo su potencial en el primer cotejo", sostiene Luque, por esos días la carta fundamental del equipo en ataque.

"El objetivo era tratar de ganar en el debut y nosotros nos preparábamos para un objetivo de por lo menos llegar a la final o estar entre los cuatro primeros. Era muy difícil porque mucha gente en el exterior no confiaba en la Argentina y aunque jugábamos de locales nadie confiaba...", admite Bertoni.

Las expectativas en torno del Seleccionado sufrieron otro impacto negativo en los minutos iniciales del duelo con Francia. Una defensa endeble, poco juego asociado y sólo la potencia de Luque en ofensiva asomaban como características del elenco albiceleste. Los galos sacaban rédito de ello con la firmeza del zaguero Marius Tressor, la creatividad de Henri Michel y Michel Platini en el medio y la peligrosidad de Bernard Lacombe y Didier Six en ofensiva.

"Sabíamos que Francia era algo diferente a Hungría. Tenían buen equipo. En realidad, había grandes jugadores, estaban bien individualmente pero no se acoplaban en buena forma. Claro, igual había tipos muy interesantes. Estaban nada menos que Michel Platini, Marius Tressor, Christian Lopez, Dominique Rocheteau... Brillaban en sus clubes, así que se podía esperar que anduvieran bien", rememora Luque.

Argentina seguía en deuda con su juego. Prácticamente desde su asunción, Menotti había repetido una y otra vez que anhelaba que la Selección tuviera un estilo definido, respeto por la pelota, seguridad en todas las líneas, potencia y solidaridad para atacar y defender. Nada de eso aparecía en escena. Así y todo, los albicelestes se pusieron en ventaja con un penal transformado en gol por Passarella. Tressor se tiró para tratar de arrebatarle el balón a Luque dentro del área y tocó la pelota con la mano. El árbitro Jean Duvach dudó, consultó con su asistente Winsemann y concedió el penal que le permitió al capitán poner el 1-0.

En el segundo tiempo Francia desató una ofensiva decidida que tuvo recompensa. Platini estableció la igualdad y regresaron los fantasmas. "El jugador cuando está adentro de la cancha se da cuenta. Sabíamos que eran buenos. Se veía que si nosotros no metíamos más se nos podía escapar. Cuando empató Platini, no es que dije '¡qué macana!' Yo sabía que contra Francia con un solo gol de ventaja no alcanzaba. Entonces apretamos los dientes y fuimos más agresivos", dice Luque, actor fundamental en el desenlace favorable.

Una excelente media vuelta del atacante de River luego de recibir la pelota de Ardiles derivó en un golazo desde la media luna del área. "Fue una jugada que arrancó de un saque de Galván hacia Olguín. Luego la tomó Gallego y se la dio a Ardiles, que avanzó con la pelota. El Pitón me la pasa a mí y va a buscar la pared. Pero cuando yo la paro, el marcador trata de cortar la pared yéndose con Ardiles. Ese es un error que cometió el defensor: me dio tiempo y espacio. La pelota picó y le pequé. Cuando iba en el aire ya sabía que iba a ser gol. Salí corriendo, me quería abrazar con todo el mundo, quería juntarme con los del banco, con la familia en la platea", cuenta Luque.

Pero el destino, caprichoso, estaba decidido a que esa magnífica noche no tuviera final feliz para el atacante. "A partir de entonces manejamos el partido más tranquilos. Después ocurrió esa jugada en la que me lesioné cuando me iba al gol. Me tocó el stopper y caí con el brazo cruzado. Faltaban sólo diez minutos para terminar. Volví a entrar porque ya se habían hecho los cambios y yo quería ayudar a los muchachos. Cuando terminó el partido me llevaron al hospital. Me enyesaron y nos volvimos a la concentración para ver la repetición del partido, porque calentito uno puede recordar todo. Advertimos que habíamos jugado un gran partido contra un gran rival, y ya estábamos clasificados. Teníamos que ver si seguíamos en Buenos Aires o íbamos a Rosario -faltaba el partido contra Italia-. Ya era hora de que nos convenciéramos de que podíamos jugar la final. Teníamos que cerrar el Mundial de Argentina con Argentina en el último partido", dice el Pulpo.

Luque era la carta de triunfo. Todavía no había aparecido Kempes en su esplendor y entonces casi todo dependía de él. "Fue uno de los mejores partidos que jugué en la Selección nacional. Provoqué el penal con el que abrimos el marcador –gol de Daniel Passarella–, y luego hice el segundo gol, que resultó ser el de la victoria y la clasificación para la siguiente ronda. Hice jugadas que me salieron bárbaro, estaba muy bien preparado. Pero tuve la mala suerte de lesionarme en el codo y quedar al margen durante dos partidos, justo cuando estaba pasando por un momento excelente. Ese día hicimos una tarea brillante, aunque sufrimos pequeñas distracciones. Ahí fue que nos empataron. El Pato Fillol tuvo un par de jugadas mano a mano", relata el goleador.

El equipo de Menotti había dado una prueba de carácter y, por si fuera poco, ya había sellado su clasificación a la siguiente etapa. Le faltaba fútbol porque Valencia seguía sin funcionar y para colmo Alonso –su reemplazante– duró siete minutos porque una lesión muscular lo sacó de carrera.

"Ya estábamos clasificados para la siguiente fase. Estábamos más tranquilos, con mucha confianza en cuanto al rendimiento del equipo porque habíamos mejorado muchísimo. El primer partido había servido para quitarnos de encima la presión; el segundo, para clasificarnos. El tercero debíamos ganarlo para seguir jugando en la Capital. Creíamos que iba a ser un partido favorable para nosotros porque íbamos mejorando. Igual, enfrente teníamos un rival muy difícil que también buscaba la clasificación. Italia estaba en los planes de mucha gente y del periodismo para quedarse con la Copa. No iba a ser tan sencillo. Lo sabíamos. Por eso no entramos relajados a jugar contra ellos. Pudo haber sido para cualquiera de los dos. Tal vez el desarrollo del partido no merecía ese resultado". El testimonio de Galván ilustra el optimismo que reinaba en la concentración argentina.

La conexión Galván-Passarella comenzaba a ser más acertada y las fallas defensivas se hacían más esporádicas. Contra Italia volvió a faltar el juego, pues sólo Ardiles mantuvo en alto la bandera de las buenas intenciones. En la delantera se extrañó a Luque, lesionado, y al trío Bertoni-Kempes-Ortiz le resultó imposible penetrar la sólida y numerosa retaguardia italiana.

Los *azzurri* habían atacado poco y nada, pero bastó un encuentro de la dupla Paolo Rossi-Roberto Bettega para que éste último sentenciara el resultado con una definición precisa ante la salida de Fillol.

"Fue una jugada que comenzó en tres cuartos de cancha. Hubo una pared entre Paolo Rossi y Bettega. Les salió perfecta. Después, cuando vi la repetición me pregunté por qué no habíamos amagado retrocediendo. Pero la maniobra les salió bárbara y quedaron de cara al gol. A veces, cuando estás jugando, uno no levanta la cabeza para mirar el reloj. Pero de pronto alguien marca tiempo de descuento y estás al límite. No pensamos que ese gol iba a significar la derrota. El 9 de Italia, Paolo Rossi, era el mejor. Fue un jugador grandioso para el fútbol mundial. Era esa clase de jugador que cuando venía el compañero con la pelota podía hacer una pared, bajar o buscar de espalda al arco. No era un hombre de área. El tipo sabía qué hacer con la pelota. Si venía de frente te podía desequilibrar en un mano a mano y no lo agarrabas más", dice Galván.

Más allá de la frustración por la pérdida del invicto, el objetivo inicial estaba cumplido. La Selección estaba en la segunda ronda, pero debía dejar la cancha de River y mudarse a Rosario.

El defensor de Talleres define esos momentos: "El Flaco habló de cosas puntuales. Nos dolió mucho la derrota. Fue incómodo porque tuvimos que comer y descansar rápido porque al otro día ya había que viajar a Rosario. Ahí fue cuando más lamentamos haber perdido. No hubo grandes cuestionamientos en cuanto al juego, la victoria pudo haber sido para cualquiera. No existieron discusiones ni reproches personales. Enseguida nos preparamos para jugar la segunda fase. Tuvimos poco tiempo de descanso, pero lo malo no fue eso, sino que debimos ir a otra ciudad, otro hotel, otro lugar de trabajo. Hubiésemos preferido seguir en Buenos Aires. Estábamos en un sitio conocido y controlábamos todo, sabíamos en cuánto tiempo hacíamos el trayecto hasta la cancha y cosas por el estilo. No estuvo del todo bien que tuviéramos que cambiar todo eso en dos días. Pero cuando llegamos a Rosario el público se hacía sentir mucho más. Además, estábamos mejor en cuanto al rendimiento del equipo. Eso era importante, porque la presión del público también te puede jugar en contra si no te salen bien las cosas. Ahí empiezan a jugar los nervios y el futbolista tiene que mostrar personalidad y carácter".

En Rosario no sólo surgió el equipo que Menotti había buscado durante los últimos cuatro años, sino que apareció en toda su dimensión Kempes. El Matador, quizás sintiéndose como en casa por su fructífero paso por Central, sacó a relucir las dotes de goleador que lo entronizaron como máximo artillero de la historia del equipo canalla y también se mostró como jugador integral: atacaba, defendía... y atajaba si hacía falta.

Polonia era el primer obstáculo en la ruta hacia la final. Con valiosos antecedentes en el pasado reciente y con un plantel con algunos jugadores estelares en Europa, no era un rival sencillo para el elenco dirigido por Menotti. A esa altura no servía pensar que un año antes, en la serie internacional disputada en la cancha de Boca, los albicelestes habían dado cuenta de ese rival. Las condiciones eran completamente diferentes: estaba en juego nada más y nada menos que quedar más cerca o más lejos de la finalísima del Mundial.

"Nosotros debíamos ganar para seguir posicionados en la Copa. Y eso es lo que hicimos. Mentalizarnos para ganar el partido y llegar en las mejores condiciones", explica Villa, el exquisito mediocampista ofensivo que ingresó en el segundo tiempo de ese duelo por un Valencia que volvía a defraudar por cuarto partido consecutivo. Para el barbado futbolista que meses después de la Copa del Mundo emigraría junto a Ardiles al Tottenham Hotspur inglés, Argentina era un equipo diferente del que había perdido con Italia en Buenos Aires: "La derrota nos dio un empuje distinto. Jugar en la cancha de Rosario Central, con el público muy cerca, hizo que tuviéramos un clima distinto, muy energizante… Hoy, a través del tiempo, pienso que fue algo muy positivo. Creo que es necesario que la gente contagie. Y si contagia para bien, mucho mejor. Llegamos a Rosario y nos sentimos fuertes, protegidos… Y creo que el equipo empezó a tejer su historia en esa fase".

Villa –y todo el plantel argentino– sabía que Polonia era un adversario de cuidado: "Tenía muy buenos jugadores, como Deyna y Lato, que habían sido figuras en el Mundial '74. Pero lo fundamental era que nosotros estábamos convencidos de que le podíamos ganar. Si pensamos en el estilo de César (Menotti), al que yo adhiero, lo más importante en que reparábamos era en nuestro equipo y, después, en respetar al contrario".

Desde el pitazo del árbitro sueco Ulf Eriksson, la Selección salió a tratar de imponer condiciones en el trámite del encuentro. Menotti había repetido, como tantas veces hasta entonces, la consigna de que la Argentina debía asumir el protagonismo, ser artífice de su propio destino… jugar. Y producto de esa convicción Kempes estampó con un cabezazo a la carrera el 1-0 que certificaba que los locales apostaban todo a ganador.

Ese impacto provocó una inmediata reacción de Polonia, decidida a vender cara su derrota. O a impedirla. Con Boniek y Deyna como estrategas y Lato como ejecutor, se acercó una y otra vez a la valla custodiada por Fillol. Cerca del final del período inicial, el peligroso atacante tomó un rebote y sacó un remate que viajaba sin oposición

hacia el fondo del arco argentino. De pronto, inmenso y decidido, apareció Kempes y con una volada digna del arquero albiceleste impidió la igualdad.

Deyna, un especialista desde los doce pasos, tomó la responsabilidad de ejecutar el penal. Su tiro, débil y anunciado, terminó en las seguras manos de Fillol, el otro héroe que encontró la Selección en ese instante crucial. "En el penal uno trata de pensar que no sea gol... Uno nunca le desea el mal a nadie, pero decía bueno, que se lo atajen o que lo patee afuera. Esas son las primeras sensaciones que uno tiene. Y realmente el Pato tuvo la suerte de atajarlo y eso significó mucho para nosotros", afirma Villa.

Kempes, trasladado a la función de centrodelantero por la ausencia de Luque, evidentemente se sentía a gusto en Rosario. Cuando el Seleccionado nacional era acorralado por una Polonia que no bajaba los brazos, el cordobés tomó la pelota a unos 30 metros del arco de Tomaszewski y se lanzó hacia adelante con firmeza y decisión. Dejó a dos defensores por el camino y al ingresar en el área batió al arquero sin margen para la apelación. Esa acción se había visto muchas veces en ese estadio, nunca antes con la camiseta celeste y blanca. La Argentina había encontrado su carta de triunfo.

Bertoni, uno de los acompañantes del cordobés en el ataque, no duda respecto de la importancia del goleador del Valencia: "Era un jugador de toda la cancha. Mario no tenía un puesto fijo. Jugaba en todos lados, si no fíjate que contra Polonia salvó un gol tirándose de palomita para sacarla con la mano. Iba de arco a arco, era completo, tenía una fuerza tremenda... Era goleador... Una figura fundamental para ese equipo. Para nosotros Kempes fue la gran figura como para (Carlos) Bilardo lo fue Maradona en el '86".

El propio Matador, modesto, le resta trascendencia a su faena. "Por ahí yo sobresalí un poquito porque en el último partido hice los goles y salí goleador. Pero yo creo que ganó el grupo en el sentido de que todos pechaban para el mismo lado, nadie se sentía superior al otro. Todos trabajábamos de igual manera. Ahí no había defensas ni delanteros, sino que todos corríamos de una manera moderada pero siempre cubriendo todos los espacios", indica. Si hasta le quita la cuota de heroísmo a sus acciones contra Polonia, sabedor de que con el reglamento del presente le habrían mostrado la tarjeta roja: "Después del partido contra Polonia hubiese estado afuera.... Me hubieran expulsado por la mano y no hubiera jugado contra Brasil. En ese momento uno no lo piensa realmente, porque a mí no me quedaba otra opción. Yo no era un 10 clásico, porque si hablamos de hacer goles, era, digamos, un 9. Pero si hablamos de defender, saqué

una pelota con la mano… así que no éramos polifuncionales, pero tratábamos de ayudarnos todos".

Más allá de la entrada victoriosa de Kempes en escena, en el campamento argentino se respiraba tranquilidad. "El triunfo nos dio confianza porque pienso que los resultados pasan por la confianza y por la credibilidad. Argentina empezó a creer después de ese partido", apunta Villa.

Con esa seguridad en sus fuerzas, los de Menotti debían vérselas con Brasil. Aunque a lo largo del torneo el equipo dirigido por Claudio Coutinho había mostrado un andar irregular y hasta había evitado la eliminación en la primera fase porque el español Luis Cardeñosa erró un gol insólito en Mar del Plata, se sabía que los verdiamarillos en instancias decisivas se transformaban.

"Menotti no nos puede ganar. Lo ha intentado de todas las maneras posibles, pero no puede ganarnos", había anticipado Rivelino, el veterano e irascible volante que había brillado al lado de Pelé en el título de 1970 en México pero que, por disposición de Coutinho, había quedado relegado a un papel mucho más discreto en 1978.

El esperado choque entre los gigantes sudamericanos se jugó en un clima de absoluta tensión. Argentina había recuperado a Luque, quien había dejado atrás su lesión, pero debía hacer frente a un golpe mucho mayor: su hermano Oscar, de 25 años, había perdido la vida en un accidente automovilístico en viaje de Santa Fe a Buenos Aires para ver el duelo con Italia.

"Tuve que superar eso en pleno campeonato. Mis padres me apoyaron muchísimo. Yo no quería seguir jugando, quería estar con mis viejos. Al final, ellos estaban destrozados y me dieron fuerzas para seguir. Debía hacerlo. La gente esperaba mucho de mí. Lo que me hizo tomar la decisión de integrarme al plantel fue un gesto de mi papá, que me mostró la tapa de un diario que decía: 'Leopoldo Luque, el pueblo te espera'. Y volví", narra el Pulpo.

"Leo lo tomó como un desafío. Tenía dos chances: se deprimía o sacaba fuerzas de cualquier lugar para sobrellevar el problema. Y lo hizo. No tenerlo durante algunos partidos fue difícil, pero su temperamento lo llevó a volver con nosotros", acota Ortiz, quien poco antes del debut contra Hungría había sufrido la muerte de su suegra.

Al margen de esas cuestiones, había un partido por delante. Más que 90 minutos de un duelo futbolístico, se pareció a un partido de ajedrez largo, tedioso, como si ambos contrincantes apostaron a un rápido jaque mate, único modo de que todo no acabara en tablas luego de una interminable cantidad de movimientos.

La única jugada de peligro de la que dispuso Brasil fue protagonizada por Gil. El puntero derecho capturó un mal rechazo de Passarella y cara a cara con Fillol sacó un remate que el arquero, bastante adelantado, conjuró con los impresionantes reflejos que lo llevaron a ser de los mejores guardavallas del mundo.

Argentina también dispuso de una oportunidad. "En ese ataque Bertoni tira el centro y yo la voy a buscar más adelante, cambio el pie y le pongo los tres dedos para pegarle al segundo palo para que la pelota me pegue a mí y entre por el palo más lejano del arquero. Pero se fue al lado del poste. Por ahí los goleadores lo hacen, pero busqué el segundo palo porque el arquero estaba muy jugado. Para mí esa era la única opción clara, por eso, cuando se fue, pareció tan terrible. La verdad es que yo en la cancha ni me di cuenta de lo cerca que había pasado", narra Ortiz, quien cada vez que se lo entrevista repite la misma frase antes de empezar a contestar: "Ya sé: me vas a pregunta por el gol que erré".

El 0-0 se hizo inquebrantable. "Brasil cumplió con el esquema y debimos haber ganado. Pero está bien así", dijo Coutinho no bien finalizó el partido. El entrenador tenía la sensación de que su equipo había hecho más méritos para quedarse con los dos puntos, pero Rivelino no coincidía con ese diagnóstico: "Fue una cobardía, porque el partido estaba para nuestro triunfo. Pero seguimos conformándonos con no perder, y así no podemos ganar".

Sin embargo, en la Argentina se veía la situación de la misma manera que Coutinho. "Nosotros llegábamos muy bien a ese partido, pero este tipo de encuentros es distinto. Por más que haya una diferencia entre los equipos, en ese momento igual es bravo. Creo que tendría que haber ganado Brasil. El empate no nos sentó nada mal a nosotros, sobre todo teniendo en cuenta que el Pato Fillol sacó unos cuantos pelotazos. Brasil fue mejor. Nos preocupaban mucho por la derecha, nos hicieron un quilombo bárbaro. El Pato le tapó tres pelotas de gol a Zico, que si entraban otra hubiera sido la historia. Fue él quien hizo que el resultado terminara siendo cero a cero. Conocíamos cómo jugaban, eran hábiles. Pero estos partidos son así. En el '76 perdimos 2-1 e igualmente les dimos un baile terrible. En el Mundial fue distinto", confirma Ortiz.

El puntero izquierdo argentino argumenta su idea: "Después del partido sabíamos que Brasil debía ganarle a Polonia para que tuvieran chances de clasificarse. Yo estaba conforme con el resultado, porque tendrían que haber ganado ellos. Menotti no dijo nada, nos dominaron y listo. Ahora había que pensar en Perú, que era el próximo rival".

En la última fecha de la Segunda Vuelta Final –tal la denominación oficial de la serie que definía a los finalistas del Mundial–, Brasil superó 3-1 a Polonia y... debía esperar el resultado de Argentina y Perú.

Curiosamente, la programación del certamen disponía que los partidos de la fecha decisiva se disputaran el mismo día, pero en distinto horario. Así, los verdiamarillos cerraban su participación con 5 puntos y una diferencia de gol de +5; Argentina antes de medirse con Perú tenía 3 unidades y +2. Los polacos y los peruanos ya no tenían chances.

Eso implicaba que los albicelestes estaban obligados a golear a Perú. Hacían falta cuatro tantos de diferencia. Las suspicacias estaban a la orden del día. En su libro *Fuimos campeones*, el periodista Ricardo Gotta enumera algunas de las particulares circunstancias que rodearon a ese polémico cotejo. El arquero del rival era Ramón Quiroga, argentino de nacimiento, y sus compañeros le pedían al técnico Marcos Calderón que dispusiera el ingreso en su lugar de Ottorino Santor; el presidente Jorge Rafael Videla y el secretario de Estado de los Estados Unidos, Henry Kissinger, pasaron por el vestuario peruano antes del encuentro en una visita con marcado tono intimidatorio; justo cuando se produjo el cuarto gol albiceleste, una bomba estalló en la casa de Juan Alemann, funcionario de la dictadura que se oponía a la realización del Mundial; un sustancioso cargamento de trigo partió de Buenos Aires con destino a Lima poco después de consumada la victoria argentina...

"Lamentablemente la gente no sabe lo que pasamos para llegar a esa final. Yo creo que fuimos un justo ganador. Eramos un equipo contundente que ya le había ganado en Perú 3-0 y 3-1 en la cancha de Boca. Creo que si hubiéramos ganado 4-0 no hubieran hecho tanto daño. Pero en la Argentina estamos para eso: para meter mantos de duda por todo. Nos queda siempre la idea de que pasó esto o lo otro, pero sin pruebas", se queja Bertoni, un poco cansado de dar explicaciones respecto de ese 6-0 que catapultó a la Argentina a la final contra Holanda.

"Si hay pruebas, deben presentarlas. Es como cuando se habla de un incentivo. Y yo de eso puedo hablar porque cuando jugaba en el Sevilla fui incentivado por el Real Madrid para ganarle a la Real Sociedad para que ellos salieran campeones. Igual una cosa es ir para adelante y otra ir para atrás. Yo no creo que ningún jugador en el fútbol vaya para atrás. Aparte, varios peruanos han hablado y dijeron que no pasó nada. Por ahí alguno dijo que sí, pero es ensuciar la carrera o ennegrecer la trayectoria perfecta que tuvieron jugadores peruanos

como (Teófilo) Cubillas, (Héctor) Chumpitaz, (Juan Carlos) Oblitas...", insiste Bertoni.

Jamás quedará claro si hubo alguna razón extra que hiciera posible el contundente triunfo, además de la clara superioridad argentina en esos 90 minutos. Lo cierto es que el comienzo del juego pudo haber desatado una tragedia en celeste y blanco: el wing derecho Juan José Muñante estrelló un remate en el poste del arco de Fillol al minuto de juego y Oblitas dilapidó otra clarísima maniobra 120 segundos más tarde. Después, el equipo de Menotti fue una tromba y barrió a su rival. Kempes abrió la cuenta a los 20 minutos y Tarantini estiró a dos la diferencia antes del cierre del primer tiempo.

El *Matador* anotó el tercero no bien comenzó el segundo período y Luque le puso la firma al ansiado cuarto gol con una palomita. Houseman, una de las debilidades de Menotti, tuvo su instante de gloria al ingresar en la cancha con tiempo para anotar el quinto y Luque cerró la cuenta. 6-0 y Argentina finalista.

"En el colectivo algunos cantaban, pero la verdad es que antes del partido contra Perú estábamos todos cagados. En el micro estábamos serios porque no es sencillo que te digan que tenés que hacer cuatro goles. Pero nosotros éramos un equipo preparado y ya les habíamos ganando antes del Mundial con claridad. Semejante victoria era posible. Estábamos tensos al principio, en los primeros minutos. Encima Muñante metió un tiro en el palo. Eso nos sacudió", recordó el recientemente fallecido Houseman, quien no tuvo empacho en reconocer: "Había que hacer cuatro para clasificarnos, no era fácil. Sobre todo, porque ellos eran un equipo respetable, con tipos como Héctor Chumpitaz, César Cueto, Teófilo Cubillas o Juan Carlos Oblitas".

El Hueso repitió con emoción las palabras que Menotti pronunció ante el plantel antes de ese partido: "Entren y hagan lo que saben". Y desde su óptica, la Selección cumplió al pie de la letra las instrucciones del técnico. "El equipo nuestro era muy bueno. Creo que ese día les podríamos haber hecho doce. Además, el público los amedrentó mucho. La cancha ayudaba porque la gente estaba muy encima, siempre alentando. Eso nos vino bien. Claro que la presión no siempre te puede jugar a favor. Algunos prefieren, en cambio, actuar en estadios grandes. Pero en Rosario ese clima nos empujó una barbaridad", razonó Houseman.

Orgulloso de su aporte, el entonces puntero de Huracán contó su gol y cuánto significó para él: "Fue una jugada que inició Larrosa. Se la pasa a Oscar Ortiz, que desborda y tira el centro. Yo me anticipé al marcador y metí el gol. Era el quinto. No lo podía creer. Me pasó de

todo por la cabeza. Pensé en mi familia, en la gente de la villa donde viví, que justo la habían sacado del lugar donde estaban porque el Gobierno levantó la villa".

El 25 de junio de 1978, Argentina y Holanda estuvieron frente a frente en un estadio Monumental cubierto de celeste y blanco e inundado por los papelitos, el acostumbrado festejo de las hinchadas que deslumbró a las delegaciones extranjeras, pero que era combatido por José María Muñoz, el famoso relator de Radio Rivadavia que, con marcada simpatía por el gobierno de facto, creía que esa imagen no era bien vista por el resto del mundo. No era la postal que debía ofrecer un país en el que todos eran derechos y humanos. Clemente, el simpático personaje creado por el dibujante Caloi, invitaba a desafiar al Relator de América con un mensaje que quedó para la posteridad: "Tiren papelitos, muchachos". Esa extraña ave le ganó por goleada a Muñoz…

"Yo puedo perdonarles todo: que se equivoquen en los relevos, que regalen una pelota y llegue el gol contrario; que se olviden del planteo. Pero no les voy a perdonar que les falte personalidad para ser fieles a un estilo de fútbol. Yo siempre les dije por qué y para qué los traje a la Selección y no les voy a permitir que traicionen la vocación que los llevó a ser jugadores de fútbol", fue el mensaje que el técnico les envió a sus dirigidos en el vestuario.

El periodista Carlos Ferreira explica que Menotti tenía muy claro cómo debía jugar la Selección esa final. "El analizó que Holanda rotaba permanentemente, hacia un movimiento circular como un lavarropas. Los jugadores entraban, salían, hacían bien los relevos. Presionaban con tres jugadores. Parecía que no había forma de jugarles. El dijo que debían tener la pelota, y cuando esos tres vinieran a marcar, hacer un cambio de frente para un compañero que estaría libre. Dos toques cortos y uno largo, y tener la pelota. Así se le jugaba a Holanda".

Dentro de la cancha, Argentina consumó su mayor hazaña en un partido pleno de nerviosismo. Ubaldo Fillol; Jorge Olguín, Luis Galván, Daniel Passarella, Alberto Tarantini; Osvaldo Ardiles, Américo Gallego, Mario Kempes; Ricardo Daniel Bertoni, Leopoldo Luque y Oscar Ortiz fueron los once jugadores que Menotti depositó en la cancha. Su formación ideal, la que con el correr de los partidos se había ido afianzando desde el sufrimiento de los triunfos sobre Hungría y Francia, pasando por la derrota contra Italia, rindiendo a pleno contra Polonia, pasándola mal con Brasil y dando una exhibición de fútbol ofensivo con Perú.

"En la charla previa, César (Menotti) nos había dicho que ya habíamos hecho las cosas lo mejor que podíamos hacerlas, que ya estábamos en la final... Pero, siempre existe un pero, si estuviésemos un peldañito más arriba sería magnífico, sería maravilloso... Tuvimos la suerte, tuvimos mucha suerte, porque estábamos ganando, nos empataron y en esos últimos seis minutos cuando nos atoraron un poquito ellos, pero después pudimos reaccionar y sacar las cosas adelante", cuenta Kempes, quien quizás no sabía que estaba predestinado a ser el artífice de esa conquista.

Kempes evoca los motivos que hacían de La Naranja Mecánica un rival de cuidado: "La movilidad, la rapidez que tenían, el contragolpe... Aparte había muchos que venían jugando prácticamente desde el '74 y, claro está, ya se conocían". El había sido parte del equipo que acabó masacrado por Cruyff y compañía en el Mundial de Alemania, pero si bien los europeos no eran los mismos porque les faltaba su máxima estrella, quien decidió no acudir a la Argentina, los albicelestes también eran distintos. "Argentina fue diferente, sobre todo por el respeto que se le dio a la Selección como tal. Yo pienso que a partir de que Menotti agarra la Selección y le confían a él el equipo por cuatro años sin pensar en resultados previos al Mundial, uno puede trabajar con tranquilidad. Y a partir de ahí creo que es cuando Argentina empieza a ganar no solamente en el '78, sino de ahí para adelante lo que se ganó y la altura a la que se encuentra a nivel mundial ahora", sostiene el cordobés.

El cronómetro marcaba 38 minutos de juego cuando Luque arrastró a los defensores holandeses y abrió el callejón justo para que Kempes corriera hacia el gol sin más oposición que un resbalón que le puso suspenso a su definición ante la salida del arquero Jan Jongbloed. Antes, los albicelestes habían pasado algunos sofocones por intentos de Jonny Rep y de Rob Rensenbrink que obligaron a Fillol a hacer gala de sus reflejos. Argentina se acercó a través de dos remates de Passarella y Bertoni. La final era intensa y se peleaba por la victoria en cada centímetro cuadrado de la cancha.

El Matador estuvo cerca de distanciar a los locales todavía más en el marcador, pero se le escapó por poco. Rensenbrink volvió a exigir a Fillol. Los dos buscaban. El partido parecía encaminarse hacia el triunfo del dueño de casa, pero Argentina se descuidó en las marcas, salió mal del fondo y el grandote Dirk Nanninga puso la cabeza para establecer la agónica igualdad.

El corazón de los argentinos se detuvo cuando, prácticamente sobre el silbatazo final del árbitro italiano Sergio Gonella, Rensenbrink

desinfló la pelota en el poste derecho del arco argentino. La suerte se tiñó de celeste y blanco...

La puja por el título se extendió a tiempo suplementario. El primer período de 15 minutos estaba llegando a su epílogo cuando Kempes terminó de abrazarse a su destino de gloria. Con una gambeta incontenible por habilidad y potencia burló la marca de Ruud Krol y Erny Brandts y tocó ante la salida del arquero. La pelota rebotó en Jongbloed, se elevó y pareció estar a punto de quedar en una jugada más, pero en su caída encontró el botín del Matador que se anticipó al cierre de Wim Suurbier y Jan Poortvliet para depositar la pelota en el arco naranja. Una conquista plena de destreza, determinación y hambre de gloria que valía un título del mundo.

"Parecía que no entraba nunca... Y yo... tenía mucha fuerza... Era joven, con muchas ganas, no de revancha porque realmente no era una revancha con Holanda ni mucho menos, pero lo que pasa es que estábamos tan cerquita de conseguir algo tan grande que no se nos podía escapar. Yo creo que eso, las ganas que teníamos y el aliento del público ayudaron para que la pelota entrara", dice Kempes, reviviendo la maniobra que vio y tuvo que contar tantas veces desde ese día.

El segundo gol derrumbó a los holandeses. Para ellos la batalla estaba perdida. Cuando intentaban luchar contra el destino, chocaban con un Galván impasable o Fillol los dejaba con las manos vacías. Hasta que Bertoni sentenció el partido a cuatro minutos del cierre.

Y entonces sí, los papelitos, las tribunas delirando... La ansiada Copa del Mundo en manos del capitán Daniel Passarella. El festejo absurdo de Videla, Agosti y Massera, los miembros de la Junta Militar que sentían como propio el título.

"La política siempre ha usado al fútbol, pero que quede bien claro: ni mis compañeros ni yo nos sentimos identificados con los militares. Nosotros fuimos parte de ese momento, sólo jugábamos al fútbol. En lo personal a mí me tocó vivir una fiesta muy emocionante, más allá de que había problemas políticos. Pero yo no era militar, ni político ni nada", asegura Bertoni para dejar en claro la incomodidad que sienten los integrantes de ese equipo por la permanente asociación con la dictadura que gobernaba el país en ese entonces.

"Yo no hacía paredes ni con Videla, ni con Massera ni con ningún militar. Yo hacía paredes con Kempes, con Luque, jugaba con Passarella y con grandes como Fillol. Para mí fue un orgullo haber estado en esa gran Selección. Muchas veces han querido empañar lo nuestro y embarrarlo con boludeces, pero nosotros sabemos el esfuerzo que hicimos. El pueblo sabe que nosotros jugamos al fútbol y que no hicimos política. No fuimos a matar gente o a 'chupar' gente, ni estuvimos en una guerra de guerrillas. Después de las cosas que se vinieron en la Argentina, te soy sincero, y lo digo con una mano en el corazón, nos imaginábamos que había una guerra entre militares y subversivos, pero repito: nosotros jugábamos al fútbol. Y tratamos de hacer lo mejor para darle una alegría a ese pueblo porque no todos eran militares ni todos eran subversivos. Había un pueblo de clase media, pobre o rico, que quería ver a su equipo y por lo menos le dimos una alegría a esa gente", agrega con la intención de dar por terminado el tema.

Villa también traza una clara división entre las cuestiones políticas y deportivas de esos días. "Considero que hay un antes y un después de ese equipo. Argentina comenzó a conseguir respeto a partir del '78. Se trata de una Selección que siempre es muy bien reconocida, pero que jugó en una etapa muy dura que nos tocó vivir a los argentinos. Es una etapa que no hay que obviarla, ni hay que tener miedo de recordarla. Lo único que yo digo es que hubo dos facetas: una futbolística y otra social y política. A nosotros nos tocó solamente compartir la deportiva".

Independientemente de la utilización política que el gobierno de facto pueda haber hecho de esa conquista, dentro de la cancha hubo un equipo que debió resolver los partidos, a veces con buen juego, otras con personalidad o con fortuna.

"Era un equipo compacto que jugaba bien al fútbol. Vos te ponés a contar cada jugador de tanta envergadura que había, como el que te habla que ganó nueve títulos, jugó diez años en Europa... Kempes jugó hasta los 38 años, ganó un montón de títulos, fue goleador, dos veces pichichi en España... Fillol, campeón diez veces; Passarella, lo mismo. Jugaron todos en Europa. Bueno, que digan lo que digan... Nosotros sabemos lo que fuimos, lo que somos y lo que seremos siempre para el fútbol argentino", enumera Bertoni sobre los méritos del elenco campeón del mundo.

"Aunque hubo gente que quiso destruir nuestro logro por cuestiones políticas, creo que fue un equipo con muchas características importantes. Ser campeón del mundo es lo máximo. Habiendo en el mundo, no sé, miles de millones de personas, estar entre los 400 o 500 campeones del mundo es un orgullo para mí. Y haber representado a mi nación, que es lo que más quiero... Para mí ponerme la camiseta argentina es lo máximo. Tengo que agradecerle a la vida y a Dios que me han dado la posibilidad de jugar y de vestir esa camiseta... Y escuchar el Himno... Conozco a varios empresarios amigos que tienen una gran posición económica y me han dicho que darían la mitad de su capital para poder entrar en una cancha llena y vestir la camiseta de su equipo más querido o de la Selección. Imaginate: fuimos tocados por la varita mágica", asegura el entonces puntero de Independiente con satisfacción.

"Ganamos por ganas, por hambre, por fortuna... Porque creo que Argentina había hecho un gran Mundial y se merecía estar ahí arriba. Igual, ya estábamos ahí arriba, pero pienso que salir segundo no hubiese sido lo mismo. Que digan que fuimos campeones por ser locales es una tontería que sólo la pueden decir dos o tres antimenottistas, o diez o doce, pero yo creo que ese Mundial se ganó porque queríamos ganarlo y teníamos mucho interés en que Argentina fuera campeón y la gente estuviera contenta. ¡Vamos que se ganó por huevos!", afirma Kempes.

El Matador define qué significa ser campeón del mundo con la misma contundencia con la que marcó sus seis goles en ese Mundial: "Es una alegría muy grande. Cuando me lo preguntan digo que ser campeón del mundo pueden ser muchos a nivel de equipos, a nivel de Selección, pero encima tener la suerte de ser goleador y encima ser elegido mejor jugador del mundo eso lo tienen muy pocos. Y yo gracias a Dios tuve la suerte de conseguir los tres premios en un campeonato. Estoy contento de haber sido partícipe de la tarea de poner a la Argentina en su orden, donde corresponde. Y contento también por la alegría del público, porque en ese momento Argentina estaba como estaba, y claro, hay un cúmulo de cosas que hacen que eso dé más alegría al triunfo. Lo nuestro se tiene que recordar siempre porque es como la primera novia. Argentina siempre estaba cerquita, pero no llegaba nunca y esa fue la primera oportunidad que se nos presentó y la aprovechamos en un ciento por ciento".

La obra cumbre de Menotti

Según Menotti, ese equipo le había tributado un postergado homenaje a la historia del fútbol argentino. Desde sus días como técnico de Huracán pregonaba que el fútbol era más que ganar, era imponer un estilo, pero no uno cualquiera, sino uno que respetara la tradición del buen juego que habían llevado a la práctica figuras del pasado como Adolfo Pedernera, José Manuel Moreno y Antonio Sastre, aquellos a los que el propio DT había evocado a la hora de su mayor triunfo.

Los integrantes de ese seleccionado campeón del mundo coinciden en que la mano del técnico fue vital para conferirle identidad de campeón a ese equipo.

"Era un hombre de personalidad, importante, con sus convicciones. Lo lindo del fútbol es tener una persona que esté segura de lo que quiere, de lo que va a hacer. Entonces el jugador se siente respaldado. Creo que Menotti fue muy importante porque le dio un cambio fundamental al fútbol argentino. Era un gran estratega. Aunque ha sido un técnico muy criticado por mucha gente que no lo quiere, para nosotros ha sido importantísimo. Para mí fue uno de los mejores que tuve en mi carrera. ¡Cómo veía el fútbol! ¡Cómo lo sentía y cómo lo transmitía! Hubo un antes y un después de Menotti", elogia Bertoni.

Y respecto de cómo se trasladaba la prédica del DT al campo de juego, agrega: "Argentina jugaba de la manera que le gustaba a Menotti. Definitivamente éramos un equipo que achicaba espacios. Teníamos a uno de los mejores arqueros del mundo como Fillol, un defensor de la categoría de Passarella, que era un caudillo que comandaba al equipo... Un Kempes de todo el campo, un Gallego de recuperación, un Ardiles que iba y venía, y los delanteros complicábamos siempre. Argentina en el '78 fue un equipo que no eran tan individualista como resultó el del Mundial '86".

Luque, por su parte, considera que "el proceso de Menotti nos inculcó que el fútbol se juega con la pelota. Había que tratarla bien y lograr que fuera nuestra propiedad. El Flaco era un adelantado. Decía que perder o empatar estaba dentro de las posibilidades del juego. Pero pedía que se jugara al fútbol. Estaba prohibido hacer lo que uno no sabía. Menotti le cambió la mentalidad al fútbol argentino. Estuvimos dos años jugando amistosos contra los europeos. No les ganamos a todos, pero nos dio experiencia. Por ejemplo, yo creía que no podía jugar por el famoso stopper. Pero trabajé mucho con Daniel Killer en esa posición y me adapté. Nos dimos cuenta de que los podíamos superar. Eramos rápidos y fuertes como ellos, pero jugábamos mejor individualmente".

Tal vez más pragmático, Ortiz le da una vuelta de tuerca a la cuestión: "En un Mundial no podés jugar siempre igual. Brasil, cuando tiene que hacerlo, revienta la pelota y se mete atrás. No jugás como querés, sino también como podés o como te deja el rival. Depende de cómo te salen las cosas cuando rueda la pelota. Se puede planificar, pero no todo es así. Hubo partidos en que no jugamos bien, pero en otros sí. Hicimos todo lo que quería el técnico. Lo bueno es

que nadie superó ampliamente a Argentina, nunca más. Eso lo logró el Flaco Menotti con su trabajo".

Kempes pondera el estilo voraz en ataque que mostró el Seleccionado en buena parte del Mundial. "Confiamos mucho en la defensa y por eso prácticamente el Negro Gallego junto con Passarella y Galván eran los fijos atrás. Después, Ardiles llegaba, Olguín llegaba, Tarantini llegaba... Y de adelante ni hablemos, porque estábamos prácticamente todos metidos en el área". Y para que la Argentina fuera capaz de llevar a la práctica ese tipo de juego, el cordobés está seguro de que Menotti "era la persona ideal. Te dejaba jugar, no te quitaba lo que sabías, sino que tenías que aportar lo que él quería y después de ahí en más era el jugador el que decidía. Porque el técnico te puede hablar durante toda la semana, pero después, dentro de la cancha, sos vos el que decidís lo mejor para el equipo".

Para Villa el respeto por una línea de juego era la característica más destacada del trabajo del entrenador. "El Flaco siempre nos pedía orden, que es algo que un equipo siempre debe tener. Nos pedía responsabilidad, trabajo, personalidad, y además le daba al jugador todas las libertades que debía darle. Uno no puede jugar atado a esquemas tácticos muy rígidos. Uno tiene que tener vuelo, y eso era lo que quería que nosotros hiciéramos de mitad de cancha para adelante. Siempre respetamos el concepto de jugar plenamente al fútbol. Ese equipo representó la historia del fútbol argentino. Después aparece lo que siempre dice César: que nadie tiene la verdad absoluta, pero sí podemos luchar contra mentiras muy visibles. Y eso es lo que uno tiene que hacer. Nosotros defendimos un estilo de fútbol".

Quedaba claro Menotti se había salido con la suya.

CAPÍTULO 4

LOS PIBES DESLUMBRAN EN JAPÓN

El país aún tenía las gargantas al rojo vivo por los festejos desatados en el Mundial de 1978. Las atajadas milagrosas de Ubaldo Matildo Fillol, los goles del arrollador Mario Alberto Kempes y el coraje del capitán Daniel Passarella seguían siendo imágenes recurrentes en los hogares argentinos. Ya sea por alguna revista que se ojeaba o porque los programas deportivos que por ese entonces emitían las radios –por ejemplo, *La Oral Deportiva*, conducida por José María Muñoz en Radio Rivadavia– mantenían vivo el recuerdo del éxito del equipo de César Luis Menotti.

Por supuesto la Selección campeona del mundo continuaba expuesta en la vidriera porque, en una marcada característica del ciclo Menotti, tenía una profusa agenda de partidos. Una decena de amistosos y una deslucida participación en la Copa América tuvieron ocupados a los *albicelestes* durante 1979.

Ese mismo año debía disputarse el Mundial Juvenil de Japón. Hasta entonces, los seleccionados Sub 20 eran poco menos que ignorados por el ambiente del fútbol. Pero, con la Copa del Mundo en manos argentinas, adquiría una importancia inédita.

Ernesto Duchini, un sabio entrenador de divisiones inferiores, estaba a cargo de los combinados juveniles desde 1954. El se ocupó de formar un plantel sumamente competitivo liderado por Diego Maradona, la rutilante estrella del fútbol argentino. El talentoso mediocampista ofensivo de Argentinos Juniors se había perdido el Mundial ´78 precisamente por culpa de su corta edad. A los 18 años, el torneo en Japón aparecía como una gran oportunidad para que el mundo se rindiera a su mágico pie izquierdo.

El Gitano Miguel Angel Juárez había sido compañero de Menotti en sus días de jugador de Rosario Central. El Flaco había colaborado con él cuando Juárez dirigía a Newell´s. Era un hombre de extrema confianza del DT del Seleccionado argentino. Por eso Duchini recibió de buen grado el consejo del Gitano de convocar a varios jugadores que se destacaban en los equipos santafesinos, tales los casos de Juan Simón (Newell's), Rafael Seria (Central Córdoba), Daniel Sperandío (Rosario Central) y Rubén Rossi (Colón).

El juvenil albiceleste contaba, por si fuera poco, con futbolistas que ya habían asomado en Primera División y se destacaban nítidamente en sus clubes: Ramón Díaz, veloz y efectivo delantero de River; el mediocampista defensivo Juan Barbas y el atacante Gabriel Calderón, ambos de Racing, y el puntero derecho de Chacarita Osvaldo Escudero. El plantel, sin dudas, reunía una calidad que invitaba a pensar en que todo estaba dado para conseguir grandes resultados. Tanto es así que en noviembre del '78 jugó un amistoso en Tucumán contra el famoso Cosmos de Nueva York, que en sus filas tenía estrellas como el alemán Franz Beckenbauer y el italiano Giorgio Chinaglia. Los purretes albicelestes ganaron 2-1 con goles de Maradona y Rolando Barrera, puntero izquierdo de Newell's.

Duchini formó el equipo y Menotti lo condujo en el Sudamericano que tuvo lugar en Uruguay en enero del '79. Argentina aplastó 4-0 a Perú y 5-0 a Ecuador en la fase inicial, etapa en la que cayó 1-0 con los dueños de casa, que tenían jugadores a los que les esperaba una importante trayectoria internacional como los mediocampistas Rubén Paz, Miguel Angel Bossio y Jorge Barrios, el zaguero Felipe Revelez y el arquero Fernando Alvez.

En la etapa definitiva, los pibes de Don Ernesto que quedaron en manos del Flaco igualaron 0-0 con Paraguay y Uruguay y vencieron 1-0 a Brasil con un gol de penal marcado por el defensor de Boca Hugo Alves. Obtuvieron el pasaporte a Japón junto con los *celestes* y los albirrojos, en desmedro de los verdiamarillos.

La actuación del equipo había sido muy destacada, al punto que Maradona obtuvo el Balón de Oro como mejor jugador del certamen y el Pelado Díaz se llevó el Botín de Oro como máximo goleador.

Una vez finalizado el Sudamericano, pocos se acordaban del juvenil argentino. Es que el Seleccionado mayor, con Menotti a la cabeza, protagonizó una serie de amistosos que incluyó una suerte de revancha de la final del '78 contra Holanda, el 22 de mayo. El partido terminó igualado sin tantos y en definición por disparos desde el punto penal se dio el triunfo del campeón del mundo. Ese duelo, enmarcado en el 75° aniversario del nacimiento de la FIFA, tuvo a Maradona como titular y a Barbas ingresando en el complemento.

Pasaron los meses, Argentina cumplió un mediocre papel en una Copa América en la que Menotti probó, sin mayor éxito, a varios ju-

gadores que tenía en mente como alternativas de los integrantes del plantel campeón en 1978.

Llegó agosto y con él el Mundial juvenil de Japón. Al frente del equipo no estuvo ni Duchini ni Menotti, sino Rogelio Poncini, un colaborador del DT del Seleccionado mayor.

Argentina debutó en el Grupo B el 26 con un contundente 5-0 sobre Indonesia con tres tantos del Pelado Diaz y dos de Maradona. Dos días más tarde, la víctima fue Yugoslavia, esta vez 1-0 con un tanto del Pichi Escudero. El 30 se cerró la primera ronda con un 4-1 sobre Polonia, merced a dos tantos de Calderón, uno de Maradona y otro de Simón.

El equipo era un relojito. Se lucía en cada una de sus presentaciones y los hinchas madrugaban para ver en acción por las pantallas de Argentina Televisora Color (ATC) al Pibe de Oro (tal el apodo de Maradona en esos días) y su ballet.

Diego aportaba magia y goles, Díaz era despiadado ante los arqueros rivales, Escudero y Calderón abrían las defensas con sus desbordes, Barbas y Osvaldo Rinaldi se apoderaban de cuanta pelota pasara por la mitad de la cancha, Simón y Rubén Rossi eran impasables en el fondo…

En cuartos de final, Argentina no le tuvo piedad a Argelia, a la que aplastó 5-0 con tres conquistas del Pelado, una de Maradona y otra de Calderón. Súbitamente, Menotti apareció en Tokio antes del duelo de semifinales contra Uruguay.

En su libro *El director técnico del Proceso*, los periodistas Guillermo Gasparini y José Luis Ponsico, revelan que Menotti decidió ponerse al frente de ese equipazo "porque los pibes me lo pidieron, aunque las cosas estaban saliendo bien y Rogelio (Poncini) cumpliendo como correspondía".

El periodista Juan José Panno niega terminantemente esa idea. "Es cierto que Ernesto Duchini eligió los jugadores, porque era el que entendía de juveniles, era un descubridor de talentos, pero luego Menotti le dio forma a ese equipo. Varios hablaron de mala leche", explica.

Los albicelestes se abrieron paso a la final con un 2-0 sobre los celestes. Diaz y Maradona, cuándo no, habían rubricado los goles. Ya sólo quedaba el choque decisivo contra la Unión Soviética, que había dado cuenta de Polonia por 1-0.

La finalísima iba a disputarse el 7 de septiembre en el Estadio Olímpico de Tokio. Gasparini y Ponsico relatan que, en los días previos, José María Muñoz, desde los micrófonos de Radio Rivadavia,

invitaba a salir a la calle para festejar la consagración argentina. Lo mismo hacían Julio Lagos y Juan Alberto Badía por Radio Mitre.

"Señores, ustedes ya son campeones, no me importa el resultado de este partido, ya han demostrado que son los mejores del mundo. Nada de patadas o locuras. Vayan, jueguen y me divierten a los 35 mil japoneses que están en las tribunas", fue la orden de Menotti a sus dirigidos antes del partido.

El equipo salió a la cancha con Sergio García; Abelardo Carabelli, Juan Simón, Rubén Rossi y Hugo Alves; Juan Barbas, Osvaldo Rinaldi, Diego Maradona; Osvaldo Escudero, Ramón Díaz y Gabriel Calderón, quienes habían actuado en la mayoría de los partidos.

El encuentro puso a los pibes argentinos ante una situación inédita en el torneo: estar en desventaja. Los soviéticos abrieron la cuenta a través de Viktor Ponomarev, quien aprovechó una desinteligencia de la retaguardia argentina.

Si en algún momento se planteó la duda respecto de cómo respondería el equipo a esa circunstancia, el interrogante encontró respuesta muy rápidamente. La Argentina siguió atacando con la misma voracidad que había exhibido a lo largo del Mundial. Un zaguero europeo cometió una mano en el área. El árbitro brasileño José Roberto Wright sancionó el penal y Alves estampó la igualdad un cuarto de hora después del tanto de los soviéticos.

En el segundo tiempo Ramón Díaz enfiló hacia el arco rival, dejó a tres defensores en el camino y definió con un remate cruzado ante la salida del arquero Viktor Chanov. En el banco de suplentes, Menotti estalló en un festejo enloquecido que no tenía relación con la tranquilidad con la que vivía habitualmente los partidos. Años después, en una entrevista con la revista *El Gráfico*, el DT reveló el motivo: "Porque fue un gol de la puta madre, y porque con esos dos, con Ramón y con Diego, laburé mucho desde chiquitos. Les decía que eran Pelé y Coutinho. Ramón era 10 y lo puse de 9 para que pudiera jugar con Diego. Ese equipo era especial, deleitaba hasta en los entrenamientos; Simón y Rossi eran dos centrales del carajo: salían jugando desde el área chica".

El broche de oro llegó de la mano de Maradona. Un precioso tiro libre le dio la oportunidad a Diego de cerrar la cuenta y permitir la consagración de un Seleccionado que siempre apostó por el buen juego y que arrasaba a sus adversarios abrazado a la insuperable calidad de sus futbolistas.

Maradona se quedó con el Balón de Oro como principal figura del certamen y con el Botín de Plata como segundo artillero (6 tantos). Para el Pelado Díaz quedó el Botín de Oro como máximo goleador

(8) y el Balón de Bronce por ser el tercer mejor jugador. El segundo lugar fue para el paraguayo Julio César Romero.

"Salió campeón del mundo el mejor fútbol del torneo. Esto quiere mi país", dijo Menotti. El técnico le habló al pueblo argentino en una trabajosa comunicación a través de los micrófonos de Radio Rivadavia con el presidente Jorge Rafael Videla y el propio Maradona. El Relator de América intentaba que el gobierno también tuviera un rol protagónico en la gesta de los pibes.

"Deseo hacer llegar a ustedes la felicitación de todo el Ejército Argentino por la labor cumplida en Japón", aseguró con todo firme y con todo el rigor de una ceremonia militar el comandante en jefe del Ejército Roberto Eduardo Viola. El saludo del futuro presidente de facto iba dirigido a Simón, Barbas, Calderón, García, Escudero y Maradona, los campeones del mundo que estaban cumpliendo el servicio militar y se encontraban de licencia para poder participar del Mundial.

El plantel campeón del mundo estuvo integrado por los arqueros Sergio García (Flandria) y Rafael Seria (Central Córdoba); los defensores Abelardo Carabelli (Argentinos Juniors), Juan Simón (Newell's), Rubén Rossi (Colón), Hugo Alves (Boca), Jorge Piaggio (Atlanta) y Marcelo Bachino (Boca); los mediocampistas Juan Barbas (Racing), Osvaldo Rinaldi (San Lorenzo), Diego Maradona (Argentinos Juniors), Daniel Sperandío (Rosario Central), Juan José Meza (Central Norte de Tucumán) y Alfredo Torres (Atlanta); y los delanteros Osvaldo Escudero (Chacarita), Ramón Díaz (River), Gabriel Calderón (Racing) y José Luis Lanao (Vélez).

Menotti guarda cálidos recuerdos de ese conjunto campeón. "Ellos siguen siendo mis pibes. Nunca he disfrutado tanto con un equipo", repite con indisimulado orgullo.

CAPÍTULO 5

TRISTE FINAL PARA UN CICLO HISTÓRICO

Una risa burlona emerge del rostro de Diego Maradona. La imagen denota impotencia, desilusión... Es la última postal que queda de la Selección argentina. Su máxima figura, el Pibe de Oro que llegó a España envuelto en la ilusión de cubrirse con los mismos laurales que el equipo nacional había gozado cuatro años antes, acaba de pegarle una patada brutal al brasileño Batista. El árbitro mexicano Mario Rubio Vázquez le muestra la tarjeta roja al número 10 albiceleste. La derrota es un hecho. La eliminación, también. Es el fin, el triste fin de un campeón del mundo que pronuncia un doloroso adiós a su corona.

La derrota por 3-1 a manos de Brasil en la segunda ronda del Mundial de 1982 termina por sepultar las pretensiones de repetir el título conseguido en 1978. Las huestes de César Luis Menotti venían de perder el partido anterior contra Italia por 2-1. Con el traspié frente a los verdiamarillos ya no tenían esperanzas. En realidad, ya no tenían futuro y empezaban a desvanecerse en el aire como las volutas del humo del cigarrillo con el que el técnico intentaba apaciguar el vacío que lo envolvía. El vacío de la despedida...

El 25 de junio de 1978, la Argentina consumaba su agónico y heroico triunfo sobre Holanda en la final. El país se vestía de fiesta, azuzado por un gobierno militar que intentaba convencer al mundo de que en el país eran todos derechos y humanos. Los hinchas deliraban, gritaban su orgullo de campeones a los cuatro vientos. Los militares que se sentían dueños de la nación se solazaban como si ellos hubiesen marcado los goles a los que les había puesto la firma el incontenible Mario Alberto Kempes o como si hubiesen ahogado los ataques *naranjas* con los mismos maravillosos reflejos de los que hacía gala Ubaldo Matildo Fillol.

En la hora del triunfo, todos festejaban. Apenas una voz se alzó en medio del bullicio de los cantitos, la de Ernesto Sábato. El escritor

que les había dado vida a novelas como *El túnel* y *Sobre héroes y tumbas*, tomaba la palabra para contradecir esa euforia popular, intentando aportar algo de cordura al desenfreno de esos días.

"Ojalá este merecido triunfo sirva para levantar el ánimo de nuestro pueblo para empresas más trascendentes, para crear las bases de una nación en serio, para permitirnos levantar un país donde haya teléfonos que funcionen, hospitales que sirvan, escuelas con maestros honrosamente pagados y con techo. Ojalá no nos encandilemos con el triunfo meramente deportivo y creamos que somos una gran nación, olvidando nuestras profundas y dolorosas carencias e injusticias sociales y políticas. Si aprovechamos esta unidad creadora y no incurrimos en el simple y fácil patrioterismo, entonces este hecho será verdaderamente trascendente", dijo con los papelitos todavía cubriendo cada centímetro cuadrado de la geografía nacional.

Lamentablemente, su testimonio no fue recogido y el país continuaba ciego en la hora del éxito. La dictadura militar y los medios de comunicación propalaban la noción de una tierra ideal, sin desaparecidos, pobreza, cierres de empresas y plata dulce dándole rienda suelta al consumismo desenfrenado.

En el ámbito futbolístico, nada había cambiado. En realidad, sí lo había hecho: con la Copa del Mundo en manos argentinas, quedó definitivamente instalada la idea de que la fórmula del éxito tenía patente nacional y que sus poseedores eran celebridades dignas de ser eternamente admiradas e imitadas.

Menotti, el hacedor de ese equipo que se había encargado de reconciliar al Seleccionado con un pasado más glorioso por la calidad de sus jugadores y sus hazañas sin recompensa que por los triunfos alcanzados, desfilaba por los canales de televisión. El técnico contaba una y otra vez cómo había conducido al elenco *albiceleste* a la consagración, explicaba los fundamentos de su ideario futbolístico y revelaba los secretos de un método de entrenamiento que había logrado hermanar la tradicional clase de los jugadores nacidos en estas latitudes con la disciplina y el rigor de los europeos.

Auspiciado por la empresa petrolera Shell, el DT hablaba de las 'pequeñas sociedades' de las que se nutrían los grandes equipos y de la importancia de la inspiración individual puesta al servicio del conjunto. También postulaba verdades que consideraba irrefutables tales como que 'para poder entrar hay que saber salir' o que 'cuando se pierde la pelota, el objetivo es recuperarla'. Sus frases cautivadoras llegaban a los hogares con una familiaridad tal que alrededor de cada mesa se sentía como un miembro más de la familia a ese hombre delgado y de voz gruesa que motivaba a sus jugadores en

las prácticas para que marcaran goles o los evitaran en acciones que mantenían viva en la memoria la epopeya del '78.

La Selección era el orgullo de la desfalleciente industria nacional y salía a la cancha con una frecuencia tal que no había forma de extrañarla o de olvidarla. Apenas diez meses después de la victoria sobre Holanda, los albicelestes volvieron a jugar. El entrenador, fiel a su costumbre de respaldar a sus futbolistas predilectos en las buenas y en las malas, mantenía la base del elenco campeón del mundo y, al mismo tiempo les daba pista para volar a las figuras que asomaban como Diego Maradona, el diamante en bruto que hasta último momento estuvo a punto de integrar el plantel en 1978, y a otros que podían llegar a convertirse en los herederos de aquellos a los que el paso del tiempo les indicara que llegaba la hora de despedirse de la camiseta celeste y blanca.

El 25 de abril de 1979, el Seleccionado se impuso 2-1 a Bulgaria en la cancha de River. Al menos 70 mil personas volvieron a ver en acción a Fillol, Jorge Olguín, Américo Gallego, Daniel Passarella, René Houseman y Oscar Ortiz, a quienes se sumaban Maradona, los defensores Hugo Villaverde y Jorge García, los mediocampistas Juan Barbas y José Luis Gaitán y los delanteros José Omar Reinaldi y Hugo Perotti.

Los clubes europeos cayeron rendidos ante la Selección argentina. Así fue como miembros del elenco campeón como Osvaldo Ardiles, Ricardo Julio Villa, Alberto Tarantini y Ricardo Daniel Bertoni partieron hacia el Viejo Continente a seguir con sus derroteros futbolísticos. Consciente de eso, Menotti empezó a explorar las canchas en busca de reemplazantes al menos temporales para sus muchachos.

La FIFA se aprestaba a festejar el 75° aniversario de su nacimiento y para que la celebración fuese completa invitó al campeón del mundo a vérselas con su vencido en la finalísima, Holanda, en Berna. Ese 22 de mayo la Argentina contó con la mayoría de los próceres del '78 y rellenó los espacios vacíos con quienes se destacaban en la competencia doméstica. Fillol; Olguín, Villaverde, Passarella y Tarantini; Ardiles, Gallego, Maradona; Bertoni, Leopoldo Luque y Ortiz estuvieron desde el arranque y durante el partido ingresaron Houseman, Barbas y Enzo Trossero.

El choque finalizó igualado sin tantos y en la definición por disparos desde el punto penal se impusieron los albicelestes 8-7. Fillol detuvo los remates de Jan Peters y Robert Peters. El resultado fue recibido casi con la misma alegría que la victoria del año anterior, como si en ese amistoso estuviera en discusión la condición de mejor seleccionado del mundo de la que Argentina gozaba por esos días.

Ese duelo fue el primer capítulo de una gira por Europa que continuó con un 2-2 con Italia en el Estadio Olímpico de Roma y un 0-0 con Irlanda en Dublín. Unos días después, el 2 de junio, Maradona le puso la firma a su primer gol en la Selección. Fue en un 3-1 sobre Escocia en el que Luque aportó las otras dos conquistas. El periplo se cerró en Estados Unidos, donde en una cancha con césped sintético los albicelestes derrotaron 1-0 al famoso Cosmos de Nueva York con un tanto de Passarella.

Exactamente un año después del final del Mundial, el equipo de Menotti se enfrentó con el combinado de Resto del Mundo. Las estrellas internacionales que ese día formaron con Leao (Brasil, reemplazado por el austriaco Friedrich Koncilia); Manfred Kaltz (Alemania), Ruud Krol (Holanda), Bruno Pezzey (Austria), Antonio Cabrini (Italia, luego entró el brasileño Toninho); Michel Platini (Francia, sustituido por Zico, de Brasil), el italiano Marco Tardelli, el español Asensi; los italianos Franco Causio y Paolo Rossi y el polaco Zbigniew Boniek les ganaron 2-1 a Fillol; Olguín, Luis Galván, Passarella, Tarantini; Ardiles, Gallego, Maradona; Houseman, Luque (debutó reemplazándolo Norberto Outes) y José Daniel Valencia. Diego abrió la cuenta y el marcador se revirtió por un gol en contra de Galván y un tanto de Zico.

Las alineaciones dispuestas por Menotti en esos días conservaban muchos puntos de contacto con el equipo campeón del '78. El técnico estaba decidido a darles a sus muchachos la oportunidad de estar presentes en España '82. Ellos tenían ganado su lugar en la historia y desde la óptica del DT les asistía el derecho a conservarlo. Consciente de que varios de sus dirigidos estaban acercándose al cierre de sus carreras, el entrenador decidió que era hora de ensayar variantes en caso de que se viera obligado a introducir cambios en el grupo.

La Copa América de 1979 se transformó en el banco de pruebas ideal. Hacía dos décadas que los albicelestes no ganaban ese certamen que constituía una fuente de alegría inagotable para la Argentina en la primera mitad del siglo XX. Sin embargo, por su condición de campeona del mundo, no se antojaba una obligación tener que quedarse con ese título tan esquivo en esos días. De hecho, nadie se atrevía a imponer esa misión ni al técnico ni a sus dirigidos.

Salvo por Passarella y por Valencia, el plantel careció de miembros del elenco mundialista. Así, todas las miradas estaban depositadas en Maradona, quien brillaba con luz propia en Argentinos Juniors. El arquero Enrique Vidallé (Gimnasia y Esgrima La Plata), los defensores Miguel Bordón (Boca), Victorio Ocaño (Talleres de Córdoba), Eduardo Saporiti (River), José Van Tuyne (Rosario Central), los mediocampistas Barbas (Racing), Ricardo Bochini (Independiente), Gaitán

(Rosario Central), Jorge Gáspari (Quilmes), Pedro Larraquy (Vélez) y Carlos Angel López (Racing) y los delanteros José Antonio Castro (Vélez), Hugo Coscia (San Lorenzo), Roberto Díaz (Racing) y Sergio Elio Fortunato (Estudiantes) tuvieron su cuarto de hora con la casaca argentina.

El experimento estuvo lejos de ser positivo. Argentina perdió 2-1 con Bolivia en La Paz y por el mismo marcador con Brasil en el colosal Maracaná, de Río de Janeiro, En los desquites, un 3-0 sobre los del Altiplano con goles de Passarella, Gáspari y Maradona en cancha de Vélez le hizo un guiño a la ilusión, pero la igualdad 2-2 con los verdiamarillos en River desembocó en la prematura eliminación.

En el empate con Brasil se dio la particularidad de que al frente del equipo estuvo Federico Sacchi, un exquisito zaguero de los años '60 que formaba parte del cuerpo técnico de Menotti. El entrenador principal había viajado a Japón para hacerse cargo del Seleccionado juvenil que disputaba el Mundial. Tanto es así que ese día no estuvo Maradona y la número 10 fue de su ídolo de la infancia: Bochini.

Luego de la obtención del Mundial de Japón con la magia de Maradona y los goles de Ramón Díaz, Menotti volvió a tomar las riendas de la Selección mayor. Una semana después de la final saldada por 3-1 contra la Unión Soviética, el Flaco retomó su puesto en el traspié por 2-1 frente a Alemania Federal en Berlín. El '79 se cerró con otra derrota: 4-2 con Yugoslavia en Belgrado. En esos dos cotejos volvía a darse la mezcla de campeones del '78 y la nueva guardia, de la que Diego y el Pelado Díaz eran los principales actores.

En una copia perfecta de lo que había sido la puesta a punto para Argentina 1978, la AFA dio a conocer una nómina de 28 jugadores citados por el entrenador y dispuso que ninguno de ellos podía ser transferido al exterior. Fillol, Passarella, Luque, Ramón Díaz y Oscar Ortiz (River); Héctor Baley, Villaverde, Carlos Fren, Bochini y Outes (Independiente); Olguín y Osvaldo Rinaldi (San Lorenzo); Abelardo Carabelli y Maradona (Argentinos Juniors); Juan Simón y Gallego (Newell's); José Van Tuyne (Rosario Central); Barbas y Gabriel Calderón (Racing); Carlos Ischia y Osvaldo Escudero (Vélez); Miguel Oviedo, Tarantini, Ocaño, Valencia, Humberto Bravo y Angel Bocaneli (Talleres de Córdoba) y Patricio Hernández (Estudiantes de la Plata) eran los hombres que figuran en los planes del DT.

El camino a España

La Selección argentina debía jugar siempre. Menotti no se cruzaba de brazos y por eso pretendía que su equipo tuviera una nutrida agenda de presentaciones.

Jugar, jugar y jugar. La idea del técnico era siempre la misma. Pretendía que sus equipos desarrollaran un estilo que para él era una manera de honrar el pasado glorioso del fútbol argentino, pero también deseaba que salieran a la cancha frecuentemente. La ideología futbolera no se negociaba; el plan de trabajo, tampoco.

Por esa razón, 1980 amanecía con una serie de compromisos a través de los cuales el DT esperaba acelerar la conformación del plantel con el que la Selección acudiría a España para defender el cetro conseguido en 1978. La misión no era sencilla: debía determinar cuáles de sus muchachos campeones del mundo estarían en condiciones de actuar en el próximo Mundial, cómo integrar a Maradona, Ramón Díaz y a otros componentes del juvenil que se lució en Japón y, si con eso no bastaba, escudriñar en los equipos del fútbol argentino o de las ligas europeas para dar con los intérpretes más adecuados para hacer realidad su plan de retener el título.

"Tenemos que buscar variantes. Estamos armando un equipo que debe representar el mismo compromiso, al margen de los intérpretes", sostenía Menotti.

El 30 de abril la Selección se midió con la República de Irlanda en la cancha de River y sumó una victoria por 1-0 con gol de Maradona. En la formación aparecían varios pibes del juvenil del '79: el zaguero central Juan Simón, el puntero izquierdo Calderón y el mediocampista Barbas, quien aparecía como el que más continuidad lograba entre los que pasaron por ese equipo formado por Ernesto Duchini y llevado a la gloria por Menotti. Por supuesto estaban Diego y el *Pelado* Díaz, quien tenía todos los boletos para sustituir a Luque, el veterano centrodelantero del '78 que estaba en el ocaso de carrera.

Otros nombres que buscaban hacerse un lugar eran el delantero de Newell's Santiago Santamaría, el volante central Fren (Independiente), los defensores Villaverde (Independiente), Ocaño (un sobreviviente de la selección del interior que seguía destacándose en Talleres) y Van Tuyne (también de La T cordobesa). Los respaldaban el intocable Fillol, Olguín (ese día actuó como zaguero central en lugar de Passarella y fue el capitán), Gallego y Valencia, el jujeño que no conseguía despegarse de las críticas, pero a quien Menotti seguía considerando vital en la estructura albiceleste.

El mes siguiente se inició una intensa gira por el Viejo Continente, en una suerte de imitación de la serie internacional de 1977. El primer paso fue en Wembley, donde los albicelestes cayeron 3-1 con una Inglaterra que trataba de recuperarse del bochorno de haber quedado al margen de Alemania '74 y Argentina '78. El traspié dejó una jugada para el recuerdo: Maradona recibió un pase de Barbas y enfiló, desde la antigua posición de número 8, hacia el arco de Ray Clemence. Gambeteó a cuanto rival se le apareció por el camino y ante la salida del guardavalla la cruzó suave al gol… que no fue. La pelota pasó besando el poste derecho de Clemence. Seis años más tarde, en México '86, Diego contó que recordó ese error en el momento justo y que por eso definió distinto ante Peter Shilton para darle vida al gol más espectacular de la historia de los Mundiales.

Otro triunfo sobre Irlanda por 1-0 en Dublín con gol de Valencia fue el prólogo de una soberbia actuación contra Austria en Viena. Ese 21 de mayo, para hacer posible el 5-0 Maradona se despachó con tres tantos y se llevó todos los aplausos en una actuación definitivamente consagratoria. El Pibe de Oro, a sus 19 años, estaba listo para comandar al campeón del mundo. Cucurucho Santamaría y Luque le pusieron la firma al resto de los goles.

Esa fantástica exhibición brindada por el equipo servía para llevar tranquilidad y demostrar que la Selección podía recuperar la memoria en cualquier momento y que tenía crédito a favor.

Lo cierto es que la segunda mitad del '80 estuvo lejos de confirmar esa afirmación, ya que nunca se alcanzó ese nivel en los partidos contra Chile (empate 2-2), Bulgaria (triunfo por 2-0), Polonia (2-1), Checoslovaquia (1-0) y Unión Soviética (1-1). Sólo en el 5-0 sobre la modesta Suiza (goles de Ramón Díaz, Luque, Valencia, Maradona y Passarella) se vio algo parecido, pero la endeblez del rival tampoco invitaba a hacerse demasiadas ilusiones.

De todos modos, los desniveles en las producciones argentinas no parecían ser preocupantes, teniendo en cuenta que, como lo había adelantado el propio entrenador, se estaba atravesando una etapa de ensayos tendientes a encontrar el mejor equipo posible para España '82.

Y en ese tiempo de pruebas surgió una que era lo más parecido a un anticipo de lo que podría ser el Mundial en suelo español. Para celebrar el 50° aniversario del título conquistado en 1930, Uruguay organizó en 1980 un certamen al que fueron invitados todos los campeones del mundo. Estuvieron los dueños de casa, Italia, Alemania Federal, Brasil, Argentina y Holanda, que asistió ante la negativa inglesa de ser parte de ese torneo. La presencia de los naranjas igual-

mente era bien vista pues se trataba del seleccionado que había perdido las últimas dos finales mundialistas.

Tal como sucedía en la Argentina, una dictadura cívico-militar gobernaba en Uruguay. En el largometraje Mundialito, dirigido y producido por Sebastián Bednarik y Andrés Varela, se narra lo que no se jugaba en la cancha durante ese torneo. Este filme uruguayo enarbola la hipótesis de que las fuerzas armadas del país anfitrión optaron por realizar ese certamen como una fuente de propaganda extra para el régimen en momentos en que se había convocado a un plebiscito para decidir la continuidad o no del gobierno de facto. Joao Havelange, el entonces presidente de la FIFA, negó tajantemente esa visión con la consigna de que el fútbol y la política iban por caminos separados, pese a que en la ceremonia inaugural cubrió de elogios a las autoridades uruguayas.

Más allá del marco político y de las controversias que se habían generado por la venta de los derechos televisivos, el Mundialito reunió a los mejores seleccionados de ese entonces. Quizás faltaba España, de la que se decía que estaba armando un equipo con posibilidades de ser campeón del mundo, pero no había duda de la jerarquía de los participantes.

La realidad mostró que no todos los asistentes viajaron a Montevideo con sus principales figuras. Italia no contaba con la temible dupla del '78 –Paolo Rossi y Roberto Bettega– y Holanda estaba en plena etapa de renovación y ya no era la temible Naranja Mecánica del '74, al punto que su técnico, Jan Zwartkruis, no tuvo más remedio que renunciar no bien llegó a Amsterdam por el pobre papel de su equipo.

Menotti se tomó el compromiso con absoluta seriedad y llevó un plantel que se antojaba lujoso. Después de casi tres años, estaba de regreso Mario Kempes, el Matador de 1978. Junto con él habían vuelto Ardiles y Bertoni para completar el trío de argentinos en el exterior que se plegaban a los infaltables Fillol, Galván, Tarantini, Passarella, Olguín, Gallego, Luque, Valencia y, por supuesto, los pibes que aportaban ese soplo de aire fresco que requería un plantel con muchos años sobre las espaldas: Maradona, Ramón Díaz y Barbas.

La actuación fue buena, pero estuvo lejos de ser brillante. En el debut, el 1° de enero de 1981, Argentina dio cuenta de Alemania por 2-1 en un partido en el que quedó en evidencia que la defensa tenía problemas en el juego aéreo, especialmente por el lado de Galván. También se notó muy pronto que Kempes estaba lejos, muy lejos, de aquel atacante incontenible que barría con cuanta defensa se opusiera a sus incursiones ofensivas. El Matador apenas jugó 45 minutos

y debió dejarle su puesto al jujeño Valencia, quien se lució en ese primer partido.

Aprovechando las falencias del fondo albiceleste en las alturas, el gigante delantero Horst Hrubesh puso en ventaja a los dirigidos por Jupp Derwall con un cabezazo imparable para Fillol. Hans Peter Briegel, un mediocampista alemán que había sido decatlonista y se caracterizaba por una envidiable fortaleza física, anuló a Maradona. A la Argentina el partido se le hacía cuesta arriba y pese a los intentos liderados por Valencia -jugó tal vez su mejor partido en la Selección-, no se encontraba la fórmula para revertir el resultado.

Un gol en contra de Manfred Kaltz y una fulminante definición del Pelado Díaz en el tramo final del encuentro sentenciaron el partido que cortó una racha invicta de 23 presentaciones que acumulaban los alemanes, que por esos días tenían como máxima figura al delantero Karl-Heinz Rummenigge.

El Mundialito terminó para los albicelestes con un empate 1-1 con Brasil. Maradona puso al frente a los de Menotti en un duelo decepcionante. Pese a las figuras que exhibían ambos equipos, el partido fue de vuelo bajo. El técnico argentino había dispuesto una alineación bastante curiosa, pues arrancó como titular Barbas -un mediocampista de marca- en desmedro de Valencia, que tan bien había disimulado el endeble estado físico de Kempes, víctima de las lesiones que jaqueaban su rendimiento.

La igualdad llegó a través del lateral derecho Edevaldo, quien al igual que Junior por el otro costado, eran las armas más peligrosas del equipo de Telé Santana. Brasil sufrió la falta de un goleador confiable y debido a la lesión de Reinaldo trataba de disimular esa situación ubicando a Sócrates –un talentoso mediocampista ofensivo– como delantero central. Para colmo, tampoco contó con Zico y sólo el buen nivel de Toninho Cerezo en el medio y la firme presencia de Luizinho en la retaguardia aportaban razones para el aplauso.

Como en el siguiente partido Brasil aplastó 4-1 a Alemania, los verdiamarillos terminaron al frente del Grupo B con mejor diferencia de gol que los argentinos. El título fue para Uruguay, que se impuso en la final a Brasil por 2-1 con tantos de Waldemar Victorino y Jorge Barrios. Sócrates marcó para el perdedor.

El derrotero argentino durante el año previo al Mundial incluyó un apretado calendario de partidos. Menotti llevó otra vez de gira al Seleccionado entre agosto y septiembre para afrontar amistosos contra equipos de clubes. Los tres primeros compromisos acabaron con victorias sobre Valencia (1-0 con gol de Díaz), Hércules (2-0, otra vez gracias a Díaz) y Fiorentina (5-3 con dos tantos de Passarella, dos de Maradona y uno de Barbas), pero la despedida fue con una derrota por 1-0 a manos del Barcelona merced a una conquista del danés Allan Simonsen.

Era tal la intensidad con la que se vivían aquellos días que el campeonato argentino se había convertido en el escenario en el que dirimían fuerzas los dos mejores jugadores del mundo. Maradona había pasado de Argentinos Juniors a Boca y Kempes había sido repatriado por River, en un intento por apaciguar la euforia que la presencia del Pibe de Oro había desatado en los xeneizes. Con Diego, pero fundamentalmente con un Miguel Angel Brindisi en un nivel estelar, Boca se quedó con el título en el Metropolitano, relegando al sorprendente Ferro Carril Oeste dirigido por Carlos Timoteo Griguol. Y River, con goles clave del Matador y decisivas contribuciones de Passarella y Ramón Díaz, dio cuenta de los de Caballito para apoderarse del Nacional.

El problema era la Selección…

Consciente de que el equipo no aparecía en la dimensión que él esperaba, el técnico seguía sumando nombres. Las mayores carencias se notaban en el ataque, pese a la confirmación de Maradona y Díaz como principales referentes. Así tuvieron su oportunidad Santamaría, Alberto Brailovsky (delantero de Independiente) y Enzo Ferrero, un habilidoso puntero izquierdo surgido en Boca que hacía mucho tiempo se destacaba en el Sporting de Gijón.

Una derrota por 2-1 contra Polonia en la cancha de River y un empate 1-1 con Checoslovaquia en el mismo escenario constituían pruebas irrefutables de que la Selección no lograba el funcionamiento pretendido por el DT. El déficit más notorio estaba en la delantera, en la que ya no tenía lugar Luque, pero aún permanecía un deteriorado Kempes. También se probó con Ricardo Gareca, por entonces explosivo atacante de Boca, y Luis Amuchástegui, habilidoso puntero derecho de Racing de Córdoba. En la defensa tuvo su chance Edgardo Bauza, de Rosario Central, y volvió Trossero, de Independiente.

A pesar de que los resultados –y principalmente el nivel de juego– estaban lejos de lo que aspiraba Menotti, las incursiones del técnico en los medios de comunicación seguían siendo moneda corriente. Sus micros televisivos continuaban relatándole a los argentinos cómo se ponía a punto el equipo, además contaba en largas entrevistas en diarios y revistas los fundamentos de la propuesta *albiceleste* y analizaba a los rivales que la Selección tendría en España ´82: Bélgica, Hungría y El Salvador.

Los primeros meses de 1982 encontraron al Seleccionado concentrado en Mar del Plata. En febrero, un helicóptero aterrizó en el cuar-

tel general de los albicelestes. En escena apareció Leopoldo Fortunato Galtieri, el presidente de facto que había sucedido en el poder a Jorge Rafael Videla y a Roberto Eduardo Viola. Tal como había pasado en 1978 y en los años posteriores, los militares deseaban que el fútbol permitiera hacer a un lado la realidad de un país en el que había desaparecidos, pobreza, fábricas que bajaban las persianas y plata dulce de quienes podían viajar al exterior para comprar televisores y radiograbadores.

El año futbolístico se inició con un insípido 0-0 con Checoslovaquia en Mar del Plata. Enzo Bulleri (mediocampista de River) y Raúl de la Cruz Chaparro (diminuto delantero de Instituto de Córdoba) se anotaban en la carrera para viajar a España. Ya parecía afirmado Patricio Hernández, un volante creativo de Estudiantes de La Plata a quien Menotti había probado varias veces como alternativa de Maradona y Valencia.

El 24 de marzo, en el sexto aniversario del golpe militar, la Argentina se enfrentó con Alemania Federal en el estadio de River. Casi 70 mil personas asistieron al Monumental para ver ese 1-1 contra uno de los equipos que figuraba entre los grandes obstáculos que tendrían los albicelestes en la puja por el título del mundo.

Unos días más tarde, el 30 de marzo, cientos de trabajadores y líderes sindicales fueron detenidos como resultado de la represión contra un paro y movilización convocado por la CGT. Las protestas callejeras no tenían espacio en la Argentina en esos días. Su reaparición significaba que las bases del gobierno militar ya no eran tan firmes. Por eso, la dictadura encabezada por Galtieri elucubró su última locura: recuperar las Islas Malvinas por la vía militar.

El 2 de abril se produjo el desembarco argentino en el archipiélago. El espíritu triunfalista invadió las calles. La Plaza de Mayo, el escenario de las marchas contra el gobierno, vivaba a las fuerzas armadas por ese acto patriótico.

Con la sangre derramándose en el extremo sur del país, la Selección igualó 1-1 con la Unión Soviética el 14 de abril. La preparación continuó con victorias por 2-1 sobre Bulgaria y 1-0 contra Rumania. Esa última, producida apenas un mes antes del debut mundialista, cerró el ciclo contra selecciones y de ahí en más apenas hubo tiempo para una suerte de despedida del plantel contra el Benfica, de Portugal, en Buenos Aires. Kempes, que había marcado sus últimos goles justamente en la final contra Holanda en 1978, sentenció el triunfo.

España, Tierra de Decepciones

Desde su consagración en 1978 hasta el Mundial de España, la Selección argentina había disputado más de 30 partidos. Rivales de primer orden, otros más modestos, equipos de clubes... todos habían servido para poner a prueba a las huestes de Menotti y para darle la posibilidad al técnico de conformar lo que, para muchos, fue el mejor plantel nacional en una Copa del Mundo.

Los arqueros Ubaldo Fillol, Héctor Baley y Nery Pumpido; los defensores Luis Galván, Julio Olarticoechea, Jorge Olguín, Daniel Passarella, Alberto Tarantini, Enzo Trossero y José Van Tuyne; los mediocampistas Osvaldo Ardiles, Juan Barbas, Américo Gallego, Diego Maradona, Patricio Hernández y José Valencia; y los delanteros Ricardo Daniel Bertoni, Gabriel Calderón, Ramón Díaz, Mario Kempes, Santiago Santamaría y Jorge Valdano integraron la lista definitiva de 22 mundialistas. En la nómina había experiencia, calidad y variantes, parecía un equipo imbatible, digno de ser envidiado por cualquier potencia futbolística del planeta.

"Menotti siempre demostró mucha fidelidad a los jugadores que lo apoyaron, y tal vez tendría que haber llevado algunos otros a España, pero por esa razón no lo hizo", evalúa el periodista Juan José Panno, no tan seguro de las bondades del plantel.

Para Enrique Macaya Márquez, uno de los más lúcidos analistas de fútbol, a la hora de conformar el plantel "había que hacer un análisis de la situación, de la confrontación con adversarios en un lugar diferente, en campos neutrales, con otras responsabilidades y no le fue nada bien. Creo que en primer lugar Menotti está muy convencido de lo que quiere y de cómo lo quiere, pero por el otro lado ese mismo convencimiento lo puede haber llevado a una fidelidad equivocada respeto de algunos jugadores que en última instancia son los que tienen la respuesta. Llevó casi a los mismos jugadores, que eran los mismos, pero que no eran iguales".

"El seleccionado del '82 era mejor que el '78. Individualmente era superior, y eso hay que sumarle que teníamos experiencia y contábamos con Diego", le relató en una oportunidad Ardiles al diario *La Nación*. Y en una especie de balance de lo que sucedió después, agregó: "No me quedan dudas de que fuimos aburguesados. Jugamos muy mal durante todo el torneo salvo momentos esporádicos. Realmente no hubo sacrificio en nosotros".

Kempes confirma esa idea: "Llegamos muy creídos de nuestro potencial y pensábamos que sólo con la camiseta ganábamos, que les

pasábamos por arriba. Creo que teníamos mejor equipo que en el '78, pero estuvimos demasiado relajados".

Realmente la Selección contaba con un conjunto de jugadores espectaculares. Quizás algunos no estaban en la plenitud de sus carreras, tales los casos de Galván y Kempes, y había dudas por la permanencia de Olguín como lateral por la derecha cuando en Independiente se destacaba como marcador central. Sólo faltaba ver cómo se amalgamaban los integrantes de una ofensiva con múltiples recursos que podía construirse a partir de hombres como Bertoni, Ramón Diaz, Maradona, Calderón, Valdano, Santamaría y el propio Kempes.

El 2 de mayo, tres días antes de la victoria en el amistoso contra Bulgaria, el submarino nuclear británico *HMS Conqueror* hundió al crucero *General Belgrano* fuera de la zona de guerra establecida. Más de 300 marinos argentinos perdieron la vida en las frías aguas del Atlántico Sur. En el país se hacían colectas por televisión (hasta se subastó una pieza de la Ferrari del canadiense Giles Villeneuve, fallecido el 8 de mayo en las pruebas de clasificación del Gran Premio de Bélgica, en Zolder), había restricciones para el uso de la electricidad, el gobierno emitía partes en los que se informaba que Argentina estaba ganando la guerra…

El papa Juan Pablo II llegó a Buenos Aires el 11 de junio. En una rápida visita intentó convencer al presidente Galtieri de que se rindiera porque, a diferencia de las noticias que se propagaban en estas latitudes, en el exterior se sabía que la derrota era inminente.

Ajena al conflicto bélico, la Selección velaba las armas para el debut del 13 de junio contra Bélgica en el Camp Nou, de Barcelona. Menotti había escrito una extensa nota en la revista *El Gráfico* en la que desmenuzaba a los Diablos Rojos: ponderaba su solidez defensiva, su velocidad para salir de contraataque, su juego influenciado por la magnífica Holanda de 1974. El subcampeonato en la Eurocopa de 1980 agigantaba a ese rival en el que sobresalían un arquero seguro como Jean-Marie Pfaff, un veterano volante sobreviviente de México '70, Wilfried van Moer, y delanteros punzantes como Jan Ceulemans y el juvenil Alex Czerniatynksi.

Después de ver en acción a los belgas, Menotti había pasado varias horas hablando de las bondades del equipo dirigido técnicamente por Guy This. Cuentan que los jugadores le hicieron notar que estaba pintando a un adversario invencible y el propio DT tuvo que admitir que se había excedido en los elogios…

En la concentración de Alicante las esposas de los jugadores tenían vía libre para visitar a sus maridos. El clima era de trabajo, pero

mucho más distendido de lo que había sido cuatro años antes en la Argentina. El optimismo dominaba la escena en un plantel que confiaba ciegamente en sus posibilidades. La Copa del Mundo en manos *albicelestes* se antojaba como un final posible en un torneo en el que todas las miradas estaban puestas en Maradona –estaba finiquitando su incorporación nada más y nada menos que al Barcelona– y que tenía entre sus grandes candidatos a la propia Argentina, Alemania Federal, Brasil y Francia. Algunos se atrevían a apostar por España, pero el local estaba lejos de la elite del fútbol mundial... Nadie hablaba de Italia, finalmente ganadora de la Copa.

"Yo no creo que haya en este torneo un conjunto que en los entrenamientos pueda hacer lo que hacen estos tipos. Por momentos logran cosas asombrosas. Pero son entrenamientos. El rival, el de verdad, difícilmente permita algo parecido. Sin embargo, es importante que se intente siempre", le decía Menotti a la revista *El Gráfico* en las horas previas al debut. "Estoy convencido de una cosa: la Selección argentina, alcanzando el 30 por ciento de su rendimiento, es un equipo difícil. Llegando al 60, es candidato al título. Si consigue el 90, es una fija nacional. Hay experiencia, hay jugadores de nivel, hay preparación, están todos los ingredientes. Falta meterse en el horno de la competencia y ver si lo que uno preparó se transforma en lo que soñó", agregaba, seguro de las posibilidades albicelestes.

"Confío en ellos (por los jugadores). Por lo mucho que están dando, por las ganas tremendas que tienen de jugar, porque siguen soñando con este desafío y pienso que no van a dejar escapar esta nueva oportunidad", insistía el entrenador en una entrevista firmada por Carlos Ferreira.

La confianza mató al gato y ató de pies y manos a la Selección. Fillol; Olguín, Galván Passarella, Tarantini; Ardiles, Gallego, Maradona; Bertoni, Ramón Díaz y Kempes salieron a la cancha el 13 de junio para vérselas con Bélgica. Eran nueve campeones del '78 y dos del juvenil del '79. Los albicelestes comenzaron arrinconando a su oponente, pero, como una constante de lo que le sucedía a menudo, no les daban destino de gol a las maniobras ofensivas.

Pfaff les negaba una y otra vez la apertura del marcador a los argentinos. Los Diablos Rojos apenas se acercaban a Fillol y poco hacían para poner en aprietos a la dubitativa retaguardia albiceleste. Sin embargo, en medio de un trámite parejo y con una ya deslucida labor del campeón del mundo, el volante Frank Vercauteren habilitó al delantero Erwin Vandenbergh, quien recibió solo en el área con tiempo suficiente para dominar el balón e incrustar la pelota en el arco ante la salida del Pato.

Ardiles, Maradona y Kempes tuvieron el empate, pero fallaron. Aunque entró Valdano por Ramón Díaz, nada cambió. Argentina, contra todos los pronósticos, iniciaba la defensa del título con un traspié a manos de Bélgica por 1-0.

"La Selección argentina no jugó lo que puede y todo lo que pretendemos. Pero haciendo un balance objetivo, me parece que no merecimos irnos derrotados", dejó en claro Menotti luego del partido.

El 14 de junio, la Argentina sufrió una derrota mucho más dolorosa que la del Camp Nou en la presentación mundialista. Se firmó la rendición en Puerto Argentino. El desquiciado intento de recuperar las Malvinas había naufragado, cobrándose la vida de 649 soldados argentinos, 255 británicos y tres civiles isleños.

"Tomaba un café y leí en el diario *El País* que Argentina se rendía en Malvinas. Estaba solo. Lloré. Tal vez no entendía, pero lloré. Confieso, ¿por qué no?, que fue más por la humillación que por la muerte, más por el desengaño que por el futuro, más por la impotencia que por la sensatez", escribió en *El Gráfico* el periodista José Luis Barrio en abril de 1986 recordando aquellos trágicos días.

"Yo sentía emociones diversas. En la Argentina me decían que íbamos ganando la guerra y mis amigos en Inglaterra, lo contrario. Alguien me mentía y después supe cuál era el lado que lo hizo. Nuevamente los militares nos habían usado y nos metieron en una increíble estupidez belicista", evoca Ardiles, quien militaba en el Tottenham inglés y que en la contienda armada perdió a un primo, el aviador José Leónidas Ardiles.

En medio de ese clima de desolación, el Seleccionado debió salir nuevamente a la cancha. Su rival era Hungría, un equipo sin muchas luces pero que venía de destrozar 10-1 al precario conjunto salvadoreño. Ese 18 de junio, por primera vez en mucho tiempo, se vio el equipo que Menotti estaba buscando desde el día siguiente a la consagración contra Holanda en 1978.

Con Valdano en reemplazo del Pelado Díaz desde el arranque, el conjunto nacional aventó todas las dudas y dominó de principio a fin a los húngaros. Se impuso 4-1 con grandes tareas de Ardiles y Maradona y hasta de los discutidos Kempes y Galván en una presentación que incluyó toques, fútbol de alto vuelo, movimientos bien coordinados, gambetas… el repertorio que constituía el ideal de su entrenador. Un gol de Bertoni, dos de Maradona y otro de Ardiles sentenciaron la historia. La Argentina, al menos en lo que al Mundial se refería, volvía a estar de pie.

"Pocas veces hemos visto destrozar a un equipo con la gracia, con la fuerza, con el juego y con los goles, como ese aniquilamiento que hicieron los de Passarella con los enfurecidos guerrilleros de Budapest", comentó con su célebre y exquisito estilo el periodista uruguayo Diego Lucero, quien fue testigo de todas las Copas del Mundo entre 1930 y 1994.

"Esta vez fue un verdadero ballet", certificó Bertoni. El otrora delantero comenta que "ese día estuvimos todos enchufados. Al final concretamos una de las mejores actuaciones de la Selección que yo recuerde. Fue un partidazo que sirvió para normalizarnos luego de la derrota ante Bélgica".

Sólo quedaba el duelo con El Salvador para sellar la clasificación. Mientras tanto el Mundial seguía su curso y en la Argentina se vivía el ridículo de que los relatores, por ejemplo Juan Carlos Morales en los micrófonos de Radio Rivadavia, no pudieran nombrar a Inglaterra y apelaran a recursos insólitos como "lleva la pelota el delantero del equipo de camiseta roja".

Cinco días después de la espectacular exhibición contra Hungría, el representativo albiceleste se topó con un rústico equipo salvadoreño que hizo todo lo posible para evitar otra derrota humillante como la padecida contra los centroeuropeos. Marcas pegajosas, golpes por doquier y un celoso planteo defensivo fue la estrategia del DT Mauricio Rodríguez.

La violencia fue permitida por el árbitro boliviano Luis Barrancos y Argentina se vio forzada a trabajar mucho más de lo esperado para trasladar su superioridad al resultado. El defensor José Jovel cortó con una infracción en el área un ataque encabezado por Calderón (titular en reemplazo del lesionado Valdano) y Passarella, desde los doce pasos, puso en ventaja al campeón del mundo. Más tarde, Bertoni avanzó de derecha a izquierda, eludió a dos adversarios y con un zurdazo perfecto superó la resistencia del arquero Luis Guevara Mora. El 2-0 y el pasaporte a la segunda fase eran una realidad.

En ningún momento de esa tercera presentación la Selección pudo al menos repetir la gran faena que ofreció contra Hungría. Dependió pura y exclusivamente de lo que generara Maradona y terminó imponiéndose por la marcada diferencia individual entre uno y otro equipo. Menotti encontró una explicación muy diferente, cierta, pero que evitaba hacer hincapié en las deficiencias de sus dirigidos: "Esta fue la noche del antifútbol. La verdad es que me voy muy molesto por lo que hizo El Salvador. Así no se podía jugar al fútbol. ¿El arbitraje? Fue tan malo que esto pudo haber terminado en una catástrofe".

Los albicelestes concluyeron en la segunda posición del Grupo 3, detrás de Bélgica y por encima de Hungría y El Salvador. En la siguiente instancia debían enfrentar a Italia y Brasil en una zona de tres integrantes de los cuales sólo el primero avanzaría a las semifinales.

Los *azzurri* habían dado pena en la primera fase. De hecho, sólo habían evitado una temprana eliminación por haber marcado un gol más que Camerún, un debutante en Copas del Mundo con el que habían igualado en puntos. Las huestes de Enzo Bearzot tenían como puntos altos al veterano arquero Dino Zoff, el seguro líbero Gaetano Scirea, el ir y venir constante de Marco Tardelli en la mitad de la cancha y a un delantero peligroso que no estaba en su mejor momento como Paolo Rossi.

Volvió Ramón Díaz a la alineación inicial en lugar de Calderón. Pero Argentina estuvo atada de pies y manos porque el defensor Claudio Gentile recurrió a todos los medios –lícitos y de los otros– para impedir que Maradona pudiera desequilibrar con su habilidad.

"Con las reglas de ahora, Gentile no podría haber jugado. A Maradona lo marcó agarrándolo de la camiseta, pegándole trompadas", cuenta Panno para graficar la desleal marca del jugador peninsular.

El árbitro rumano Nicolae Rainea toleró los excesos de Gentile e Italia se encontró con un partido más cómodo del que podía esperar. Con Diego rigurosamente controlado, a la Argentina le costó encontrar otros caminos para vulnerar la defensa *azzurra*. Giancarlo Antognoni, un exquisito pero discontinuo volante creativo, habilitó con un preciso pase a Tardelli, quien le ganó la espalda a Olguín, superó la marca de Galván y de zurda estableció el 1-0. Los albicelestes replicaron con un tiro libre de Maradona que dio en un poste y con un cabezazo de Passarella contenido por Zoff.

Más tarde, Rossi buscó el arco, Fillol no pudo retener el remate y la pelota cayó en poder de Bruno Conti, quien se la cedió a Antonio Cabrini para estirar la diferencia. Passarella descontó con un tiro libre cerca del final, pero ya no quedaba tiempo para cambiar las cosas. Encima, se fue expulsado Gallego, quien no contó con la complacencia que Rainea le había dispensado a Gentile.

"Cuando terminó el Mundial, Italia fue el campeón y Brasil fue considerado, por muchos, como el mejor equipo del torneo. A esos rivales tuvimos que enfrentar. Yo estoy convencido de que, si los árbitros hubieran dirigido con las indicaciones que da la FIFA en la actualidad, hubiéramos llegado más arriba. La verdad, estábamos para ser campeones", arriesga Bertoni.

El viernes 2 de julio la Selección salía a jugar contra las cuerdas. Debía ganarle a Brasil –uno de los mejores equipos del certamen– y esperar un resultado favorable entre los verdiamarillos e Italia, que hasta el partido contra la Argentina prácticamente no había pateado al arco, pero que de a poco iba afirmándose con una propuesta muy amarreta, pero efectiva en la que Paolo Rossi jugaba un papel determinante.

Barbas entró por el suspendido Gallego y Calderón jugó en reemplazo del Pelado Díaz. Menotti también había decidido que Kempes se retrasara unos metros para intentar armar juego y sacar provecho de su habilidad en velocidad y que Maradona se parara en el puesto del Matador, como delantero definido. Brasil apostó a un cuarteto de lujo integrado por Toninho Cerezo, Falcao, Sócrates y Zico, que avalados por las subidas por la punta izquierda de Junior habían hecho tambalear a varias defensas pese a no contar con atacantes de real jerarquía.

Los albicelestes procuraban que los mediocampistas brasileños no alcanzaran la pelota. Para eso, Argentina trataba de monopolizar el balón, atacar y no desordenarse atrás. Pero una réplica de los hombres de Telé Santana encontró mal parado a Galván y Passarella se vio forzado a cometer una falta contra el torpe centrodelantero Serginho. Eder, un puntero izquierdo que sólo se destacaba por la potencia de su remate, ejecutó un furioso tiro libre que rebotó en el travesaño y cayó en poder de Zico, quien la empujó al fondo del arco.

"Hasta el gol, los brasileños estaban pálidos. Pero se produjo el tiro libre de Eder, el peor jugador del equipo, y fue gol. Le pegaba como un burro. Dicen que en los entrenamientos los arqueros se corrían", analiza Panno.

Argentina intentó reaccionar y el árbitro mexicano Rubio Vázquez no cobró un penal de Serginho a Passarella, pero Brasil no pasó demasiados sustos. En el complemento entró Ramón Díaz por Kempes para tratar de cambiar el rumbo de un partido parejo que tenía a los de Menotti abajo en el marcador. Passarella empujó al equipo hacia adelante, pero sin éxito. Un centro de Falcao encontró la cabeza de Serginho y llegó el 2-0.

Al rato, Zico habilitó a Junior y el formidable lateral izquierdo clavó el 3-0. Más tarde se lo perdió Maradona y cuando faltaban dos minutos para el final, harto, impotente, Diego le pegó una patada infernal a Batista. El árbitro le mostró la tarjeta roja y pese a que llegó el descuento a través de un golazo del Pelado Díaz, la historia había terminado.

Acosado por los periodistas, el DT dio su versión de los hechos. "No creo que la Argentina haya defraudado. Pienso, más bien, que

no acompañó la suerte, como quedó demostrado frente a Bélgica o Italia".

El ciclo iniciado por Menotti en 1974 se cerró con una amarga y rápida eliminación, pues la AFA le bajó el pulgar no bien finalizó la Copa del Mundo. Atrás habían quedado ocho años en los que mostró firmeza para imponer un estilo de juego ofensivo y dotado de buena técnica que no siempre logró plasmar en el campo. También había quedado para siempre la identificación del público con la Selección. La mirada sobre su labor va más allá y se cruza con la política, ya que su gestión quedó ensombrecida por el uso que la dictadura hizo del equipo nacional.

A la hora de la derrota, el diario *Popular* fue contundente. El 3 de julio se despachó con un título vehemente: "Se acabó el verso". Y luego explicó: "La superioridad brasileña terminó con todos los pretextos de Menotti".

Panno discrepa con esa lectura. "Por Menotti, del '78 para acá creemos que podemos ser campeones. Con el diario del lunes se habla del fracaso". Y cuenta que *El Gráfico*, que estaba encolumnado detrás de Menotti, viró el rumbo repentinamente en aquellos días de 1982. Cuando Argentina queda eliminada del Mundial, las autoridades les pidieron a los enviados (Carlos Ferreira, Carlos Ares, Guillermo Blanco y Panno) que 'destrozaran' al Seleccionado. Relata Panno que "nosotros, en cambio, propusimos hacer cuatro notas individuales, con el análisis de por qué Argentina quedó eliminada. Pero no lo aceptaron y la nota la escribió (Héctor) Vega Onesime".

Para Kempes, el final tiene una explicación evidente: "Jugamos mal, casi como en el '74, pero con la diferencia de que teníamos sobre nuestras espaldas la experiencia de un Mundial. Eso sí, mentalmente estábamos bien. Y hubo autocrítica entre nosotros. No es que se terminó el Mundial y cada uno se fue a su casa tranquilo".

La última postal, la más nítida, se vio en la cancha. Quizás tratando de proporcionar un consuelo que él mismo no encuentra, Tarantini, veterano de mil batallas con la camiseta de la Selección, acaricia la cabeza de Maradona, la joven estrella que vive una pesadilla. La misma sensación que envuelve los últimos días de César Luis Menotti al frente del equipo nacional.

CAPÍTULO 6

LA SEMILLA QUE NO GERMINÓ A TIEMPO

Miguel Angel Bianchetti nació el 19 de diciembre de 1951. Para el mundo del fútbol fue Migueli y durante 15 temporadas vistió la camiseta del Barcelona. Con más de 500 partidos disputados con el equipo de la Ciudad Condal, una veintena de goles y 11 títulos cosechados, fue un símbolo. Le decían Tarzán, por su fortaleza física. Era de esos jugadores que dejaban la vida en cada pelota y a quienes los delanteros rivales sufrían cada vez que lo tenían enfrente. Trasladado a estos días, se podría decir que Carles Puyol, el emblemático capitán del equipo azulgrana que actuó entre 1999 y 2014, resultó un calco de Migueli.

Próximo a cumplir 67 años y a pesar de haber tenido grandes entrenadores a lo largo de su extensa carrera, atesora un vivo recuerdo de César Luis Menotti, un técnico que sólo lo acompañó durante 18 meses. "Dejó huella. Siempre se le recuerda. Fue un entrenador con buena filosofía de fútbol. Estuvo poco tiempo. Yo creo que si se hubiese quedado hubiese hecho grandes cosas", sostiene con firmeza.

No se equivoca. El paso del rosarino por Barcelona fue efímero, pero para los catalanes que vivieron los tiempos en los que el equipo no sumaba títulos a granel como lo hace en el siglo XXI, de algún modo fue el responsable de instalar una filosofía que en esas latitudes se conoció de la mano del holandés Rinus Michels, a mediados de los '70, y que tuvo como continuadores nada más y nada menos que a sus compatriotas Johan Cruyff y Frank Rijkaard y a los españoles Josep Guardiola, Tito Vilanoba y Luis Enrique, hasta llegar a Ernesto Valverde.

Menotti, con su título de campeón del mundo en 1978 y luego del fracaso de la Selección argentina cuatro años más tarde, llegó al Barsa en el final de la temporada 1982-83. Fue contratado para reemplazar al alemán Udo Lattek, de sumo prestigio en su país por su trayectoria

en el Bayern Munich (con Franz Beckenbauer y Gerd Müller como estandartes dentro de la cancha) y Borussia Monchengladbach.

Cinco títulos de la Liga alemana, dos Copas de Europa (hoy Liga de Campeones de Europa) y una Copa UEFA (actualmente denominada Liga de Europa) hacían de Lattek el DT ideal para conducir al Barcelona en la cruzada por recuperar terreno en España, donde la Real Sociedad, el Real Madrid y el Atlhetic Bilbao tenían la voz cantante.

Si bien bajo su mando el equipo catalán había obtenido la Recopa de Europa en la temporada 1981-82 y la Copa de la Liga en 1983, la Liga se había transformado en una meta inalcanzable. Su estilo de juego rocoso, con gran despliegue físico, no terminaba de ser el adecuado para conseguir dar el salto que los dirigentes esperaban.

La última vez que el Barcelona había ganado la Liga local había sido en la campaña 1973-74, ya con Migueli en sus filas. Lattek tampoco había sido capaz de interrumpir una mala racha que llevaba ya casi una década. Para tener en sus filas a Diego Maradona, el club había desembolsado 1.200 millones de pesetas (20 millones de dólares), una suma colosal para la época. El argentino había sido contratado para unirse a un equipo que tenía como principal figura al alemán Bernd Schuster, uno de los mejores mediocampistas de los años '80.

La llegada de Diego provocó una pequeña crisis en Barcelona. Por aquellos días en España sólo estaba permitido que los equipos contaran con dos futbolistas extranjeros. Schuster era intocable y Maradona aparecía como la nueva carta de triunfo que ponían los catalanes sobre la mesa, Entonces, la entidad debía desprenderse del danés Allan Simonsen. Arribado en 1979 luego de haber recibido del Balón de Oro al mejor jugador de Europa en 1977, su incorporación obligó a que los catalanes transfirieran a un fenomenal mediocampista como el holandés Johann Neeskens. Pero Simonsen, adorado por los simpatizantes azulgranas, se constituía en un estorbo para una institución decidida a concluir una sequía poco menos que deshonrosa.

La dupla Maradona-Schuster funcionó a la perfección desde el primer día. Como si estuviesen predestinados a hacer historia, el argentino y alemán se entendieron a las mil maravillas y condujeron a un Barcelona que parecía estar listo para ser campeón. A lo largo de las primeras 14 fechas el equipo sólo había perdido en el debut contra Valencia, pero de pronto todo empezó a desmoronarse.

El 17 de diciembre de 1982 a Maradona le diagnosticaron hepatitis. La desolación se apoderó de los catalanes. El argentino se perdió 14 partidos de la Liga. Los reemplazantes a los que Lattek apeló para disimular su ausencia (Marcos Alonso, Morán y Pichi Alonso) no

surtieron efecto. En la 26° fecha, con el equipo perdiendo terreno y cediendo el liderazgo que había alcanzado en la 23° jornada, los directivos decidieron prescindir del técnico alemán.

En la Ciudad Condal se comentaba que, más allá de la caída del Barcelona en la tabla, uno de los motivos de la salida de Lattek fue un encontronazo que tuvo con Maradona. El argentino llegó tarde a tomar el micro antes de un partido y fue sancionado por el alemán. Diego se quejó con los dirigentes y aparentemente esa situación y las poco felices actuaciones del equipo desembocaron en el cambio de entrenador.

La jornada siguiente el equipo estuvo a las órdenes de José Luis Romero. El fue el puente entre Lattek y Menotti, quien se hizo cargo del Barcelona cuando faltaban siete fechas para el cierre del certamen.

Ya desde los primeros entrenamientos, el rosarino se encargó de arrojar las semillas del estilo de juego que esperaba que germinara en Barcelona. Con Maradona y Schuster como pilares, quedaba atrás la era de la rigidez táctica y se instalaba el tiempo de las triangulaciones, las paredes, la defensa plantada prácticamente en la mitad de la cancha para achicar espacios, la pelota al piso… el fútbol que Menotti pregonaba desde los días de Huracán en 1973 y que él sentía que había llevado a la gloria en 1978 con la Selección argentina.

Anton Parera, el dirigente que junto al presidente Josep Lluis Núñez fue el encargado de llevar adelante las gestiones para el arribo del DT argentino, aseguró en una entrevista al sitio *goal.com* que "él llegó con una idea concreta, Le gustaba el toque, la pausa y rechazaba ir al choque. Le gustaba plantear los partidos con mucha antelación".

"Era un gran entrenador. Tenía un estilo juego de mucho toque, de no perder el balón. Menotti era un buen filósofo. Sabía cómo convencer al futbolista", evoca Migueli.

El debut se produjo el 12 de marzo de 1983 con un empate 1-1 con Betis. Barcelona estaba en una expectante tercera posición en una puja en la que Real Madrid y Athletic Bilbao no se daban tregua. Incluso una victoria por 2-1 sobre los merengues incrementó las posibilidades de los azulgranas en un torneo que insólitamente encontró como líder a los vascos, conducidos técnicamente por Javier Clemente, un hombre que estaba en las antípodas futbolísticas de Menotti y había formado un equipo que hacía honor a la furia con la que España entendía el juego en los '80.

Dos derrotas a manos de Real Sociedad y Athletic Bilbao echaron por tierras las posibilidades del Barcelona, que acabó cuarto por una inesperada serie de tres partidos perdidos en las últimas cuatro fe-

chas. El título quedó en poder de los bilbaínos, con 50 puntos, uno más que Real Madrid y cuatro por delante del Atlético Madrid, que heredó la tercera posición que resignaron los catalanes. Las huestes de Menotti finalizaron con 44 unidades.

Pero a pesar del frustrante cuarto puesto que dejó al equipo fuera de la Copa de Campeones, Barcelona se daría un gusto en el final de la campaña 1982-83. Las huestes de Menotti se alzaron con la Copa del Rey y la Copa de la Liga, venciendo en ambas finales nada más y nada menos que al Real Madrid, conducido por otro argentino, Alfredo Di Stéfano.

Esas conquistas se antojaban como un trampolín para Barcelona con vistas a la siguiente temporada. Para ese entonces Menotti ya había tenido éxito con algunas llamativas maniobras que no fueron bien vistas por la prensa española, pero que en el club avalaban.

Una de sus movidas más ingeniosas fue cambiar el horario de los entrenamientos para proteger a Maradona. Con la poco conocida noción del biorritmo de los futbolistas, el DT justificaba que, si los partidos se disputaban por la tarde, no había razón para que las prácticas fueran por la mañana. En especial si a Diego le costaba levantarse temprano…

Romero, el técnico interino de Barcelona entre Lattek y Menotti, no guarda un buen recuerdo del argentino. "Fue mi decepción más grande. El había escrito un libro en 1978 sobre el fútbol-placer, pero a la hora de la verdad... Lo peor que hizo fue cambiar el horario de los entrenamientos. Dejamos de trabajar por la mañana para hacerlo por la tarde, con la excusa de adaptar los biorritmos de los jugadores al horario de los partidos. Pero lo hizo por Diego (Maradona), para que pudiera dormir más horas. Y eso lo cambió todo, mató al grupo y la disciplina", aseguró en declaraciones al diario *La Opinión* de Málaga.

La convicción con la que el técnico argentino argumentaba sus decisiones terminó por convencer a los medios de comunicación. La reputación del DT era lo suficientemente grande como para considerar que sus conocimientos eran superiores a los de otros colegas que jamás habían propuesto incorporar al fútbol cuestiones más vinculadas con la ciencia que con el deporte.

En cuanto al juego propiamente dicho, Menotti había recuperado el sistema 4-3-3 en tiempos en los que los punteros eran vistos como especies en extinción. También había introducido en el trabajo los rondos, una metodología tendiente a mejorar la técnica de los jugadores agrupándolos en una pequeña porción de terreno y obligándolos a jugar a uno o dos toques. De ese modo, los futbolistas

incrementaban su manejo del balón y, además, se hacían más eficientes para resolver situaciones en espacios reducidos.

El dirigente Parera recordó las polémicas que nacieron por ese cambio en las estrategias de preparación. "Recuerdo discusiones con un técnico del fútbol base que le reprochaba a Menotti que los jugadores no corrían haciendo rondos y el Flaco respondía siempre que el que tenía que correr era el balón, no los jugadores". Esa idea esbozada por el rosarino tuvo eco mucho después en destacados entrenadores como Cruyff, Rijkaard y Guardiola.

Como un modo de sentar las bases que lo habían llevado a la victoria en Huracán una década antes, el entrenador instaló en los hombres del Barcelona la costumbre de llevar el balón al pie, dejando de lado los pelotazos y cualquier acercamiento al juego aéreo que caracterizaba, por ejemplo, a los equipos ingleses. El fundamento de Menotti era tan particular como seductor en su enunciación: "El balón está hecho de cuero, un material que sale de un animal que come pasto, por lo tanto, el balón debe estar cerca del pasto".

Muchos años después, Menotti contó en una entrevista televisiva que a los hinchas azulgranas les costó adherir a su forma de jugar. "Los jugadores entraban (al vestuario) en el primer tiempo e insultaban al público porque cada vez que daban un pase para atrás silbaba todo el estadio. Y cuando ganábamos 3-0 gritaban ole", narró el DT.

El arranque de la Liga no fue del todo propicio para Barcelona. Si bien tenía el crédito abierto y era visto como uno de los grandes candidatos al título, recién dio señales de vida cuando aplastó 4-0 al campeón Athletic Bilbao, por la cuarta fecha del certamen. Sin embargo, ese 24 de septiembre de 1983 no fue un buen día. Una salvaje infracción del defensor Andoni Goicoechea le provocó a Maradona la rotura de ligamentos del tobillo izquierdo y la fractura del hueso maléolo.

Pese a la brutalidad de su acción, al vasco sólo le mostraron la tarjeta amarilla. Sin embargo, el tribunal de disciplina le impuso una suspensión de 18 partidos. Goicoecha, quien en 1981 le había causado una grave lesión a Schuster, fue recibido como un héroe por los simpatizantes del Ahtletic cuando volvió a las canchas. Maradona tardó 106 días en regresar.

La desaparición de la estrella caló hondo en el ánimo del equipo. Era muy difícil ponerse de pie. Para intentar ocultar ese vacío, Menotti les pidió a los dirigentes que contrataran a Jorge Gabrich, un juvenil argentino surgido en Newell´s que había brillado en la Selección Sub 20 que pocos meses antes había perdido el título del mundo contra Brasil.

Gabrich, de sólo 20 años, apenas jugó dos partidos y fue cedido al Barcelona B cuando retornó Maradona. El Pibe de Oro, o Pelusa para sus más allegados, reapareció el 4 de enero de 1984 en el 3-1 sobre Sevilla que se consumó con dos goles del argentino.

El Barcelona mantenía una puja sin tregua con Real Madrid y Athletic Bilbao. Estos dos últimos se alternaban en la punta de la tabla, con los catalanes casi siempre en el tercer puesto.

Este trío llegó a la última fecha con bilbaínos y madrileños igualados en puntos y con los de Menotti con una unidad menos. La definición fue apasionante. A lo largo de los 90 minutos de cada uno de los partidos disputados por los aspirantes al cetro, la incertidumbre tuvo la palabra. De hecho, en un momento no ganaban los líderes, sí lo hacía el Barcelona y el título estaba en sus manos. Incluso hasta en un pasaje de esa frenética jornada, los tres compartían la primera posición.

Finalmente, todos se retiraron vencedores de sus respectivos cotejos y el campeón fue Athletic Bilbao, con 49 puntos, la misma cantidad que reunió el Real Madrid. Los vascos hicieron posible el doblete por mejor diferencia de gol. El equipo de Menotti terminó tercero con 48.

Barcelona también sucumbió ante el Bilbao en la final de la Copa del Rey. En un partido sangriento, con violentos incidentes protagonizados por jugadores de uno y otro equipo, los dirigidos por Javier Clemente se impusieron 1-0.

Eso marcó la despedida de Maradona, quien ya harto de pelearse con el presidente Núñez, pidió a gritos irse del club. Menotti también lo quería fuera para evitar las polémicas permanentes.

El único momento de alegría del Barcelona esa temporada había sido la obtención de la Supercopa española, en la que las huestes de Menotti dieron cuenta del Bilbao, su máximo rival de esos años.

Una derrota contra Manchester United en la Recopa de Europa tampoco contribuyó demasiado para que la mirada sobre la campaña del equipo fuera demasiado positiva.

Menotti se mostraba entero y pronosticaba que la maduración del Barcelona sin dudas desembocaría en la conquista de la Liga española en la temporada 1984-85. Sin embargo, cuando nadie preveía su alejamiento, el rosarino decidió abandonar el club.

En su lugar fue contratado el inglés Terry Venables. Tal como lo predijo el técnico argentino, Barcelona cortó esa racha sin títulos en Primera División que lo abrumaba. No pocos creen que el éxito del equipo de Venables tenía la firma de Menotti.

Migueli no duda al respecto. "Todo sabíamos del nivel de Menotti como entrenador. Yo aprendí mucho de él. Pocos entrenadores sabían convencer a un futbolista de que era bueno como lo hacía él. Era un gran psicólogo y entendido de fútbol", dice. Y ahuyenta cualquier intento por arrojar manchas sobre la pobre cosecha de títulos del rosarino en la Ciudad Condal: "El único fracaso fue el no seguir en el Barcelona. Creo que en eso se equivocó de pleno".

CAPÍTULO 7
UNA FUGAZ REVOLUCIÓN EN AZUL Y ORO

El de Boca Juniors con César Luis Menotti fue, desde siempre, un romance signado por el amor y la contrariedad. El técnico, por estilo de juego y ciertos coqueteos previos –aquellas negociaciones con Rafael Aragón Cabrera que en 1983 no habían llegado a buen puerto–, estaba identificado con River Plate.

Martín Caparrós, en su libro *Boquita*, explica la relación con un condimento extra: en 1978 la Selección argentina, conducida por Menotti, se consagró campeona del mundo sin ningún jugador xeneize en el plantel de 22 futbolistas, y con una columna vertebral integrada por hombres de River, como Ubaldo Fillol, Daniel Passarella, Américo Gallego y Leopoldo Luque, entre otros.

Ese mismo año Boca Juniors obtuvo la Copa Intercontinental tras derrotar al Borussia Mönchengladbach y dejó en claro que sus jugadores, excluidos de la Selección, también tenían ribetes internacionales.

Cuenta Caparrós que, tras la vuelta olímpica de Boca en Alemania, durante la conferencia de prensa, un periodista aguijoneó al técnico xeneize, Juan Carlos Lorenzo.

—¿Usted es consciente de que la Selección argentina salió campeón del mundo con un equipo donde no había ni un jugador de Boca?

—¿Y usted es consciente de que Boca salió campeón del mundo con un equipo donde no había ni un jugador de la Selección argentina?

La situación era clara. Entre los hinchas de Boca y el equipo nacional, encabezado por Menotti, había un abismo sentimental.

Lo cierto es que para cuando César Luis Menotti se decidió a firmar su contrato con Boca Juniors en diciembre de 1986, tenía 48 años y hacía tres que no dirigía. El técnico, que por entonces contaba con otros negocios entre manos, necesitaba volver a trabajar en el fútbol porque así lo sentía, porque el fútbol era su vida misma y porque además le urgía reposicionarse en el mercado. Sobre todo, luego de que ese mismo año su gran adversario, Carlos Salvador Bilardo, saliera campeón del mundo con la Selección nacional en México.

Los dos se necesitaban, y mucho. Boca Juniors, que intentaba sacar la cabeza del agua luego de la profunda crisis en la que se había hundido, tenía desde el año anterior (1985) una conducción nueva que trabajaba a destajo para lograr su objetivo.

Antonio Alegre, presidente, y Carlos Heller, vicepresidente, quedarían en la historia como los refundadores del club, pese a los magros pergaminos cosechados hasta 1994 -Supercopa 1989, Recopa 1990, Clausura 1991, Copa Master 1992, Apertura 1992 y Copa Nicolás Leoz 1993-, seis títulos con mucha pompa y poco peso específico. Luego le cederían el poder a Mauricio Macri, un hombre de negocios que prometía gestionar el club con la misma eficiencia que a una empresa, y que los opacaría conquistando coronas nacionales e internacionales de reconocidos quilates.

En aquel verano incipiente Boca Juniors era todavía ese club que tenía problemas para pagar la luz y muy fresca en la memoria del equipo la tarde en que debieron pintarse con marcador los números en la camiseta. A los dos, al club y a César Luis Menotti, los aguijoneaba el éxito del rival. Porque si al técnico se le había hundido como una estaca la consagración de Bilardo, a Boca le dolían en el alma las vueltas olímpicas que River Plate había dado ese mismo año en el certamen local, la Copa Libertadores de América y la Copa Intercontinental, en Tokio frente al Steaua de Bucarest.

La historia, contada por sus protagonistas, se empecina en afirmarse en el contacto casual. Según los dirigentes y el propio técnico, las negociaciones se iniciaron de manera imprevista y terminaron con Menotti sentado en el banco de los suplentes cuando pocos lo hubieran creído.

Lo cierto es que cuando la dupla Alegre-Heller asumió en 1985 tuvo como idea primigenia contratar a Menotti. De hecho, el entrenador había sido siempre una debilidad del vicepresidente Heller, a quien lo unía no sólo el gusto futbolístico sino también la militancia en el Partido Comunista.

Pero aquella vez, ante el primer sondeo, las negociaciones se derrumbaron. Menotti preguntó si podría contar con Ricardo Gareca y Oscar Ruggeri, que luego quedarían libres y emigrarían a River. Ante la imposibilidad de que esto se concretara, y con la Bombonera

clausurada, el técnico prefirió rechazar la oferta. El escenario surgía demasiado adverso.

En diciembre de 1986 las cosas habían cambiado levemente, pero la perspectiva ya era otra. Menotti, con sus casi tres años sin dirigir, se acercó a las instalaciones del Banco Credicoop –fachada financiera del Partido Comunista–, adonde lo recibió el gerente, Carlos Heller. ¿El motivo? Conseguir una fianza para el negocio de venta ambulante que pensaba montar en Mar del Plata, su ciudad adoptiva, y que ese mismo verano le traería algunos dolores de cabeza.

Dirigente y entrenador ya se conocían. Es más, tenían el nexo en común de la afiliación al PC, razón por la cual Menotti habría buscado el aval en esa entidad bancaria y no en otra de mayor relevancia dentro del mercado financiero.

Una cosa llevó a la otra y allí mismo, en la oficina de la calle Reconquista, Heller le preguntó a quemarropa si quería dirigir a Boca. "Flaco, creo que tengo las posibilidades económicas por medio de un grupo de amigos de hacer que vengas a Boca. Lo único que te pido es que no me franelees. No puedo estar quince días esperando a que te decidas", dijo el vicepresidente.

Menotti contestó: "Si nos ponemos de acuerdo, inmediatamente firmamos el contrato". El encuentro se había desarrollado el jueves previo al último partido que Boca Juniors jugaría en ese campeonato, frente a Ferro Carril Oeste. Los dirigentes ya habían decidido que no le renovarían el contrato a Mario Nicasio Zanabria, quien renunciaría tras el cotejo.

Luego de un comienzo plagado de problemas en lo administrativo, la dupla Alegre-Heller redoblaba su apuesta en lo futbolístico. Zanabria había sido un buen soldado en tiempos de combate cuerpo a cuerpo, pero ahora querían un general para ganar la guerra, un estratega.

El otrora 10 del equipo del *Toto* Lorenzo dejó el club por la puerta grande. Con un plantel diezmado había logrado ganar de manera heroica la Liguilla Pre Libertadores de ese año, luego de perder la primera final con Newell's en la Bombonera por 2-0, y triunfar en el Coloso del Parque Independencia por 4-1. En aquella Copa ganada por River, con quien compartió el Grupo 1, terminó tercero con 6 puntos, quedando debajo de Wanderers por diferencia de gol, y encima de Peñarol de Montevideo.

Heller y Menotti cenaron juntos el sábado anterior al último partido del ciclo Zanabria en la casa de un amigo común y allí acordaron los detalles del contrato. La presentación oficial tendría lugar en la tarde del viernes 26 de diciembre. Con todo arreglado, Menotti viajó al día

siguiente a Mar del Plata para terminar de definir el emprendimiento de venta ambulante en La Feliz.

La crónica de la época remarca que César Luis Menotti llegó a la Bombonera a las 19.26 de ese viernes a bordo de un Ford Sierra. Vestía pantalón rosa oscuro, camisa rosa con rayas blancas y bleizer blanco. En la puerta lo aguardaba Carlos Heller, quien lo estrechó en un abrazo. En el segundo piso esperaba Antonio Alegre, el presidente. A las 19.50 un mozo acercó una ronda de café. Veinte minutos después llegó el champagne. A las 20.20 un vocero informó que el contrato estaba firmado y que atenderían a la prensa en el primer piso del estadio.

Menotti había rubricado un contrato hasta el 30 de junio de 1988, con una prima de 150.000 dólares y un salario mensual de 10.000 dólares, más premios por puntos y títulos –el dólar cotizaba entonces a 1,54 australes–. Junto a él trabajaría Rogelio Poncini. También se acordó la contratación de Angel Cappa y un equipo para que se encargara de las divisiones inferiores.

Ya en la conferencia de prensa, Menotti dio las explicaciones sobre su contratación: "Lo decidí en el momento. Ni siquiera hice muchas evaluaciones. Son sensaciones que uno siente y tiene que llevarlas a la práctica". Y agregó: "Boca me da libertad y tiene seriedad en la conducción de lo estrictamente ligado al fútbol. Yo no me meto, por ejemplo, en otras cosas como si pagan o no la luz puntualmente".

Como en cada oportunidad en la que se hacía cargo de un plantel, Menotti explicó sus planes: "Quiero concretar un trabajo para muchos años, que el fútbol empiece desde abajo, que se trabaje en serio con las divisiones menores, que los jugadores jóvenes tengan la oportunidad de competir con europeos y de hacer giras. Es un viejo sueño que en varias ocasiones compartimos con (Jorge) Griffa".

Menotti llegaba a Boca Juniors para alterar el orden establecido. "Busco una revolución, porque soy un revolucionario en el buen sentido", diría al otro día, cuando la noticia ya era tapa de todos los diarios y él los miraba saboreando esa oportunidad de revancha.

Los hinchas entendieron también que algo diferente se estaba gestando. Sin embargo, cierto grupo identificado con Carlos Bilardo decidió hostigarlo. Habían viajado al Mundial de México '86 y existía un lazo especial entre entrenador e hinchas xeneizes, tal vez porque estos últimos habrían recibido algún favor de índole monetario para solventar la travesía, algo así como ponerle un precio al aliento. Con su habitual desparpajo, Menotti comentó: "Esta noche me abrazaron cien personas y me tiraron una piedra. Así que gano 99 a 1".

Don Antonio

El paso del tiempo suele esmerilar los recuerdos. En 2009, a los 85 años, Antonio Alegre se rodeaba de colecciones con la historia de Boca Juniors para darle un empujón a su memoria (moriría al año siguiente, el 24 de febrero de 2010).

El mismo Don Antonio bajó a abrir la puerta del edificio –vivía en un segundo piso al frente sobre la calle Emilio Mitre–, pese a que le dolía la rodilla izquierda, la misma que ya le habían operado tres veces. "Ando mal", dijo. Peor le hacía la humedad que esa tarde traía la tormenta de Santa Rosa a mediados de agosto de ese año.

El living estaba en penumbras. Sentado en un sillón de dos cuerpos, un libro en la falda, un trago en la mesa ratona, junto a la biografía de Antonio Ubaldo Rattín, Alegre sólo tenía comentarios positivos para con la figura de César Luis Menotti. Se olvidaba tal vez de la bronca que le dio cuando el técnico se fue del club detrás de la mejor oferta proveniente de España.

En el epílogo de su vida el ex presidente optaba, en cambio, por narrar su propia llegada al club. Esa tarde contó que siempre fue hincha de Boca Juniors, pero que no era socio. Lo fue nada menos que por empeño de Alberto J. Armando, a quien Alegre solía comprarle sus autos. Nacido en Chacabuco, provincia de Buenos Aires, empresario de la construcción, Boca parecía ser el eje que centró su vida. "La primera vez que vi un partido en la Bombonera tenía 13 años y mi padre me trajo a Buenos Aires como un premio por haber rendido bien en el colegio", recordó.

El otrora dirigente discurría en anécdotas, hasta que poco a poco y de manera elíptica se fue acercando a la pregunta. ¿Cómo fue que conoció a Menotti? Alegre pensó por un momento y luego confesó que no lo recordaba bien, que habían pasado ya demasiados años. "Menotti tiene un departamento bárbaro, con más de 200 o 300 videos. Yo he estado mucho allá. Te sentás a hablar de fútbol y podés estar horas conversando. Tiene de todo, una barbaridad –rememoró–. Menotti sabe mucho de fútbol. Como DT es un tipo magnífico. Tiene algo muy especial. Te habla de fútbol con afecto y cariño, recuerda el pasado. Te hace pasar un momento muy feliz. Sabe manejar los grupos, es amigo de los jugadores". Y agregó: "Como persona es excelente. Gran amigo de los amigos, una persona sencilla. Es querido por todo el mundo".

Aquella primera etapa de Menotti en el club fue por demás especial. Alegre había asumido la presidencia casi dos años antes, un día de Reyes de 1985, y quiso devolver el regalo. "Boca estaba destruido, no tenía cancha, no tenía nada. Le debía al país, a todo el mundo. Hacía tres meses que mantenía una deuda con los empleados, y ocho que no le pagaba un mango a los jugadores. Lo primero que hice fue poner todo al día".

Según solía contar Antonio Alegre, Menotti había sido también un buen consejero en los comienzos. "Me aconsejaba mucho antes de ser técnico. Menotti es una persona muy inteligente. Vino a Boca a ayudarme, a dar una mano, él no precisaba venir porque estaba muy bien económicamente. Vino a Boca a trabajar y trabajó".

"No fue campeón, pero estuvo ahí. Nosotros no teníamos nada. Al principio los jugadores estaban más o menos, pero después quedaron chochos con Menotti". Hasta ahí le llegaba el recuerdo a Don Antonio. No más, apenas la sensación de haber vivido algo grato con un amigo.

La Pretemporada

La etapa de César Luis Menotti al frente del plantel de Boca Juniors comenzó oficialmente el 2 de enero de 1987 a las 9 de la mañana. Ese tampoco era un año sencillo para el club, ni lo sería para el país. La economía empezaba a dar signos de marcada preocupación y quedaba claro ya que no bastaba sólo la democracia para comer y educarse.

Boca no era ajeno a ese contexto. Las arcas tenían más papeles por pagar que contratos por cobrar, y en ese marco los dirigentes debían hacer lo imposible por conformar un plantel competitivo. Menotti ensayó una lista de refuerzos y se sentó a esperar. No había dinero, pero el prestigio de la institución y la seducción que generaba en el futbolista el nombre del entrenador podían obrar en consecuencia.

La nómina del ámbito local comprendía a Víctor Heredia, de Talleres de Córdoba, Rubén Ciraolo (Newell's Old Boys) y Juan Carlos Bujedo, que se había desvinculado de Vélez Sársfield. Pero las grandes apuestas para lo que restaba del campeonato eran el defensor Daniel Passarella, que militaba en el Inter de Italia; el uruguayo Darío Pereyra, Juan Barbas, volante del Lecce; Gabriel Calderón (Betis) y Daniel Bertoni, quien quemaba sus últimos cartuchos en el Udinese.

Nombres relevantes, con trayectoria y cartel, fútbol vistoso y un técnico como Menotti sentado en el banco de los suplentes le asegurarían a Boca un fuerte impacto en el fútbol local. Se trataba de salir del ostracismo. Sin embargo, pese a los intentos, no pudo concretarse ninguno de los refuerzos.

Le iba quedando claro al entrenador que debería encarar el certamen con el plantel disponible, más algunos futbolistas que prometían en las divisiones inferiores, tales los casos de Daniel Musladini y Fabián Carrizo.

Aquel lunes 2 de enero el plantel se reunió en la Bombonera. El plan: conocerse con el entrenador, almorzar y partir rumbo a Mar del Plata a las 18. Había una incógnita que no era menor: los dirigentes todavía no sabían en qué hotel iban a alojar a los jugadores y el cuerpo técnico, ya que habían desistido de la idea de contratar el hotel Iruña.

No empezó bien la aventura. El micro de la empresa Chevalier arribó a Mar del Plata a las 23 y se estacionó en la puerta del hotel Venecia. Luego de cenar, sobre los primeros minutos del martes 3 de enero, un colaborador de Menotti le dijo al técnico: "Acá no hay comodidades para el plantel". Fue entonces cuando los dirigentes al frente de la delegación optaron por regresar al Iruña. El conserje del Venecia comentó: "Pensé que venía un equipo de divisiones inferiores. Cuando lo vi a Menotti me quise morir".

Ya alojados, el entrenador dispuso el reparto de las habitaciones de la siguiente manera: Claudio Zacarías y Gerardo Stafuza en la pieza número 120; Fabián Carrizo-Claudio Sisca (121); Roberto Fornés (124); Sergio Genaro-Néstor Tessone (125); Luis Abramovich-Sergio Otero (219); Jorge Rinaldi-Carlos Tapia (220); Edgardo La Fata-Hugo Musladini (221); Carlos Varela-Claudio Di Natale (225); Jorge Higuaín-Enrique Hrabina (305); Hugo Gatti-Alfredo Graciani (308); Claudio Dykstra-José Luis Irazoqui (320) y Luis Ramón Abdeneve-Gustavo Torres (325). Luego se sumarían el boliviano Milton Melgar y Jorge Comas.

El plantel no era rico, ni en número ni en nombres, por lo que una vez más el técnico, reunidos todos en el vestuario de la Bombonera antes de partir a Mar del Plata, tuvo que hacer uso de su discurso para comenzar el lento trabajo sobre la autoestima del grupo. "Los que estamos en el fútbol sabemos que no es fácil pasar la Cuarta División, es el salto más importante en la vida de un jugador. Ustedes no sólo consiguieron eso sino que ahora están sentados como profesionales en el vestuario de un club muy importante en este país y en muchos lugares del mundo".

El primer disgusto lo tuvo con el delantero Jorge Comas, que completaba el plantel, y quien decidió viajar directamente a la concentración de Mar del Plata desde su Paraná natal, adonde había ido a pasar las fiestas. "Es lo peor que le pueden hacer", dijo un colaborador en referencia a Menotti, quien ni siquiera lo recibió cuando el artillero entrerriano llegó al hotel e intentó dar a conocer sus argumentos.

Había que empezar a trabajar y los que estaban alojados en el hotel Iruña eran los hombres a tener en cuenta. Desde un primer momento el técnico desechó la idea de llevar adelante su plan con un plantel de 36 jugadores, como el que Boca Juniors tenía en aquel momento. Pidió un grupo de 26 futbolistas y tomó medidas duras, como dejar al margen a hombres con trayectoria en el club, tales los casos de Roberto Pasucci y el arquero Julio César Balerio.

Otro contratiempo en sus planes a largo plazo fue la decisión del entrenador Jorge Griffa, especialista en divisiones inferiores, de permanecer en Newell's Old Boys, descartando la posibilidad de sumarse al proyecto, tal cual había sido hablado en algún momento.

El tema de los refuerzos no fue menor. De la lista compuesta por jugadores de renombre y trayectoria, con pretensiones económicas muy por encima de las posibilidades del club, no llegó ninguno. Sólo fue adquirido el pase de Luis Ramón Abdeneve, proveniente de Unión de Santa Fe. El volante debería pelear un lugar en el banco de los suplentes con Claudio Dykstra, ambos reemplazantes naturales de Carlos Tapia en la conducción.

"Usted puede ser un Gardel del fútbol", le dijo Menotti en la bienvenida. La realidad luego marcaría otra cosa. Abdeneve pasó sin pena ni gloria por la entidad de la Ribera, recalando luego en Platense, Gimnasia y Esgrima La Plata y Deportivo Español. Cerró su carrera jugando en el Bolívar de La Paz y el Bucaramanga de Colombia.

El Efecto Menotti

El viento llenaba de ruido la conversación telefónica con Fabián Gustavo Carrizo. Por entonces todavía no había llegado el cableado a la zona rural de La Cumbre, adonde el volante se mudó en 2004 para levantar un complejo deportivo con alojamiento destinado a los planteles que buscan realizar trabajos de pretemporada, y el celular nos devolvía un diálogo entrecortado. Mientras tanto, los albañiles terminaban de colocar la carpeta sintética en las canchas de fútbol.

Se sabe, es especial el vínculo entre Carrizo y Menotti. El ex volante no oculta su admiración por el entrenador, quien lo convirtió en titular inamovible de aquel equipo xeneize. Además, lo repatrió al club tiempo después cuando había emigrado a San Lorenzo, y se lo llevó consigo, años más tarde, a Independiente.

A la distancia cuenta que al momento de enterarse de la contratación del técnico "sentí una gran alegría. Es difícil de explicar, sabía lo que significaba el Flaco para el fútbol nuestro. Sentía una gran

admiración, un encandilamiento en esa primera etapa. Menotti tiene mucho carisma, y sabe muchísimo de fútbol".

Si bien Carrizo ya se entrenaba desde 1983 con el plantel profesional de Boca, estaba lejos de ser considerado una pieza vital en la estructura del equipo. Menotti lo sorprendió. "Se vivía todo con mucha expectativa. Yo no me había hecho muchas ilusiones en virtud del plantel que teníamos, con hombres de muchos años sobre el lomo. No pensaba que iba a ir de pretemporada".

"No caía en mí por la convocatoria –recuerda Carrizo–. Estábamos de vacaciones en Villa Gesell con Musladini, Cabrera, el Indio Vázquez, cuando me avisan de mi casa que había llegado el telegrama para realizar la pretemporada con el plantel". Ahí empezó todo.

Los detractores del fútbol vistoso suelen armar una falsa dicotomía: quien apuesta por el juego con pelota al pie, a la belleza del fútbol en definitiva, no trabaja tácticamente. Una vez más la cigarra enfrenta a la hormiga. ¿Será realmente así? Lo cierto es que cada vez que un jugador es consultado acerca de la experiencia que le dejó el haber tenido a Menotti como técnico, las respuestas suelen ser dos: que nunca tuvo un entrenador semejante, y que trabajaba a destajo.

Fabián Carrizo parece apuntalar esta línea teórica. Explica que el cambio fundamental que observó en la manera de trabajar de Menotti fue que todos los trabajos se concentraban en la pelota. He aquí, parece, la gran diferencia. "Noté que focalizaba todo en la pelota. Siempre en la presencia de la pelota como el elemento aglutinante. Después hacíamos un muy buen trabajo físico con el profesor Oscar Dean".

También recuerda que "por la tarde trabajábamos con pelota. Había momentos en los que preferías que te agarrara el preparador físico y no el *Flaco*. Hacía mucho laburo personalizado en espacios reducidos".

El técnico había elegido para la realización de la pretemporada el predio de la Villa Marista, el mismo sitio adonde había trabajado con el Seleccionado nacional antes del Mundial de España '82.

Otro de los factores que suelen marcarse como clave en la manera de trabajar de Menotti es la confianza, insuflar en el espíritu del jugador un sentimiento de autoestima que le hace elevar su nivel de rendimiento. En el Boca versión 1987 el entrenador apostó por dos pibes: Fabián Carrizo y Hugo Daniel Musladini. El primero sería volante central; el segundo, que prefería jugar de ocho, fue convencido de actuar como zaguero. Dio resultado.

Los primeros días habían transcurrido sin mayores novedades, a pleno trabajo, y se acercaba el 10 de enero, día del debut de Menotti

en el banco de los suplentes xeneize. El rival, Independiente. El técnico decidió apuntalar a los debutantes y durante una práctica llevó a Carrizo y Musladini a un costado del terreno para anunciarles que serían titulares.

"Fue un monólogo de él, nosotros no decíamos nada –recuerda Carrizo-. Nos dijo que nos teníamos que sentir tranquilos e importantes de estar en el plantel, que no nos estaban regalando nada. Nos dio toda la confianza". El mensaje surtió efecto, la dupla juvenil pasaría a ser un símbolo de las canteras boquenses durante aquella segunda ronda del campeonato.

El Gran Debut

El momento de salir a la cancha se acercaba. Se había concretado casi una semana de trabajo de pretemporada y la expectativa iba en ascenso, no sólo en los hinchas, también en el técnico y su grupo de ayudantes. "Lo recuerdo como una gran ilusión. Además de un gran desafío. Porque un tópico del fútbol argentino dice que la hinchada de Boca no aprecia el buen juego y sólo le interesa que su equipo luche y tenga garra. El famoso huevo, huevo. Menotti demostró que la hinchada de Boca, como cualquier hinchada del fútbol argentino, aprecia y disfruta si su equipo juega bien. Y además quedó en evidencia que no hay por qué separar buen juego y lucha o garra", dice Angel Cappa, quien había sido convocado por Menotti para hacerse cargo de las divisiones inferiores, donde armó un equipo de chicos de entre 16 y 18 años que disputaba los partidos preliminares, y donde sobresalían jugadores de la talla de Diego Latorre, Walter Pico y Diego Soñora.

Una cosa singular en el mundo del fútbol está dada por los códigos del oficio. Una especie de evangelio no escrito que todos más o menos respetan, y que consiste en no dar a publicidad cuestiones que deberían quedar dentro de las entrañas del grupo. Las paredes del vestuario son impenetrables, o al menos así lo eran en otros tiempos.

Pero entre esas cuatro paredes pasan cosas, hay diálogos, discusiones, llantos. Una situación clave tiene que ver con la llegada de un nuevo técnico o la charla previa brindada antes de un partido trascendente. Se venía la hora del debut, y el mensaje de Menotti parecía no tener misterios. "Cuando Menotti llega a un vestuario en Argentina o en cualquier parte del mundo, el jugador ya sabe de qué se trata. No le hacen falta grandes charlas para que todos entiendan

por dónde hay que transitar para conseguir el éxito que todos deseamos", enfatiza Cappa.

A esta altura ya queda claro que el entrenador tiene su filosofía futbolística y de vida, y que quienes lo rodean, es obvio decirlo, comulgan con ellas. Por eso tanto énfasis, tanto repetir aquello de cómo se arriba al triunfo. Eso de que no todos los caminos son válidos, aunque los corone la victoria.

Respeto por la pelota, mandamiento central del evangelio menottista. Así, habilidosos y no tanto serán conversos al buen juego, aunque muchas veces sobren las intenciones y falten los resultados. Según cuenta Cappa, cuando el grupo de trabajo se hizo cargo de Boca Juniors, halló un plantel con "jugadores de muy buen nivel técnico y otros que inventó César, como Musladini de central y Carrizo de 5. Pero era un equipo donde hasta los menos dotados técnicamente se sumaron al juego colectivo de respeto a la pelota".

El debut tuvo lugar en la noche del 10 de enero, derrotando a Independiente por 3-2 en la Copa de Oro de Mar del Plata. Alfredo Graciani (en dos oportunidades) y Jorge Rinaldi le dieron la victoria a los *xeneizes*, mientras que descontaron Alejandro Barberón y Osvaldo Ingrao. Hasta el mismo Menotti se mostró sorprendido por la producción del equipo en aquella fría velada marplatense. El inicio había sido auspicioso.

"Boca fue más de lo que yo esperaba", dijo el entrenador una vez culminado el partido, y no reparó en elogios hacia la figura del Gordo Rinaldi, un delantero que daría sus frutos en la gestión Menotti. Sin embargo, lo que más le gustó fue que los jugadores parecían haber comenzado a entender el mensaje, tocando la pelota frente a un rival que era experto en la materia.

Las consideraciones individuales continuaron en los días siguientes, mientras se apagaban los rumores de la victoria. Desde el discurso Menotti buscaba apuntalar sus mayores apuestas. Entonces también hubo comentarios positivos para Hugo Musladini, en su nuevo rol de segundo zaguero central, parado junto a Jorge Higuaín. "Tiene altura, recuperación y buen manejo", afirmó. El defensor no había jugado ninguna pelota mal, siempre salió tocando y se proyectó en ofensiva. Menotti agregó: "Va a ser el mejor central del fútbol argentino. Cabecea, patea fuerte, sale jugando. Le falta competencia y experiencia, pero ya hoy es un jugador de lujo".

Cuatro días más tarde, cuando todavía estaba fresco el debut, Boca Juniors jugó su segundo partido en la era Menotti. El 14 de enero por la noche doblegó al Colonia de Alemania por 3-2, también

en el marco de la Copa de Oro de Mar del Plata. Jorge Comas, Carlos Tapia y Jorge Rinaldi anotaron los goles xeneizes.

Otra vez el equipo volvió a mostrarse tempranamente asentado, como comprendiendo las pretensiones del técnico frente a un rival que contaba en sus filas con el danés Morten Olsen y el alemán Klaus Allofs, entre otras figuras de renombre mundial. Tras el cotejo, esta vez los elogios recayeron sobre los hombros del boliviano Milton Melgar, de quien Menotti dijo tenía el despliegue y el juego de Osvaldo Ardiles.

El Campeonato

Ya había demostrado Boca Juniors tibias muestras de reacción durante el torneo de verano. Parecía empezar a deglutir el mensaje del entrenador. Llegaba la hora de la verdad, el debut en la segunda ronda del campeonato de AFA. El primer rival sería Vélez en la Bombonera. El compromiso surgía arduo. El equipo de Liniers no brillaba, pero bajo la conducción de José Yudica había nombres que inspiraban respeto.

Esa tarde del 25 de enero de 1987 Boca salió a la cancha con Gatti; Abramovich, Higuaín, Musladini y Hrabina; Melgar, Carrizo y Tapia; Graciani, Rinaldi y Comas. No sólo ganó 2-0 (goles de Rinaldi y Comas), sino que acentuó la sensación de estar levantando poco a poco el nivel, y empezó a lograr algo que en el fútbol conduce al éxito: el equipo ya podía decirse de memoria. Los once de corrido se repetían cotejo tras cotejo. Menotti había hallado lo que buscaba.

A esa altura del campeonato Boca Juniors marchaba en el puesto 14 de la tabla de posiciones, a siete unidades del líder Independiente. Seis días más tarde el rival resultó Platense, y el elenco de Menotti se impuso con claridad también por 2-0. Esta vez los goleadores fueron Graciani y Rinaldi.

Pero el calendario mandaba alternar entre el certamen estival y el torneo oficial, por lo que Boca, con cuatro victorias en cuatro presentaciones en la Era Menotti, se aprestó a enfrentar su primer Superclásico. Definiría con River Plate la Copa de Oro de Mar del Plata.

Mejor no le pudo salir. El equipo tocaba y tenía gol, pero esa noche le agregó una buena dosis de épica. El empate consagraba a los *xeneizes*, pero River se imponía por 3-2 con los goles anotados por Patricio Hernández, Américo Gallego y Antonio Alzamendi. Rinaldi y Comas habían marcado para Boca.

Entonces llegó el momento cumbre. A los 89 minutos, cuando se moría el partido, Gustavo Torres envió un centro que pegó en el travesaño y el rebote le quedó al Vikingo Hrabina, que de cabeza batió a Nery Pumpido. Empate, festejo y vuelta olímpica.

Los resultados favorables inflaban al equipo. La motivación que le imprimía Menotti no era un dato menor, al menos para Fabián Carrizo. "Siempre que ingresa un técnico hay motivación, pero eso estaba potenciado porque era el Flaco".

"Es cierto que no hubo cambios de nombres. No hizo una movida grande, sólo ingresamos Musladini y yo como titulares. Pero Menotti hizo sentir feliz hasta a los suplentes. Lo que rescato de él y de técnicos como Carlos Bianchi es que el secreto está ahí, en el manejo del grupo. Si no hay buen manejo, no importa tanto la táctica o la estrategia. Si hiciste sentir importante al jugador te va a responder. Es muy raro en el medio que haya un jugador que hable mal del Flaco Menotti. Eso te marca una pauta de lo que él significó para el fútbol, fundamentalmente como persona".

Como en estos tiempos, no cabía otra alternativa más que alternar entre los compromisos estivales y el campeonato oficial. Boca Juniors tenía en el camino su primer clásico por los dos puntos, los de verdad, y el rival era nada menos que el Racing Club de Alfio Basile. Otra vez el equipo de memoria, como le gustaba a Menotti, y la victoria tras el gol anotado por Luis Abramovich a los 43 minutos del segundo tiempo.

Poco después, el 15 de febrero, derrotaba a Talleres de Córdoba por 3-1 en La Docta, con tantos anotados por Tapia, Graciani y Abdeneve. La apertura del marcador había llevado la firma del Topolino Daniel Riquelme.

Promediaba el verano y el equipo de la Ribera ya era la gran sensación. Los medios destacaban el cambio en su juego, a pesar de que eran los mismos jugadores que habían actuado sin mayor suerte bajo la conducción de Mario Zanabria.

Pero César Menotti tenía un crédito acotado. La prensa, más temprano que tarde, empezaba a exigirle mayores resultados. "Cuando pase el Efecto Menotti tiene que aparecer el verdadero Boca", esgrimían los analistas.

La respuesta no se dejó esperar. El 22 de febrero y por la décima fecha del certamen, Boca Juniors goleó a Rosario Central por 4-1. No fueron los goles lo más destacado de las crónicas deportivas, sino el rol que el arquero Hugo Orlando Gatti cumplió aquella tarde en el dibujo táctico *xeneize*.

Menotti ya ensayaba a pleno la táctica del achique de espacios, pese a que la defensa aún no tenía muy trabajado el esquema. Tal vez por eso, y por aciertos propios del rival, es que pronto los rosarinos se pusieron 1-0 arriba, con un tanto de Roberto Gasparini. Y hasta pudieron haber ampliado la diferencia.

Sin embargo, el renovado Loco Gatti comenzó a ejercer el rol de arquero-líbero del equipo, salvando numerosas situaciones adversas. Arriba, en la zona de ataque, Tapia, Graciani (en dos oportunidades) y Rinaldi hicieron lo suyo para revertir el resultado.

El triunfo le daba oxígeno ante los críticos, y Menotti, en la cresta de la ola xeneize, no sólo hacía planes sobre el futuro, también daba recomendaciones. La meta del entrenador no era menor: reordenar todo el fútbol de Boca Juniors y planificar un futuro cercano que no parecía promisorio.

"Boca tendrá que hacer el esfuerzo de que en la raya de largada del próximo campeonato, si no tenemos un McLaren tampoco arranquemos con un Fiat 600", dijo. Y luego insistió en la mala distribución de los ingresos en el fútbol local, argumentando que contra Talleres de Córdoba habían recaudado 200.000 australes, y se llevaron 25.000. "Así no va", espetó.

Boca Juniors marchaba entonces en el 5° puesto del campeonato, con 33 puntos, a tan sólo cuatro del líder Independiente. El envión futbolístico continuó: en la fecha 30 el equipo de la Ribera derrotó a Gimnasia y Esgrima La Plata por 1-0, con gol de Rinaldi.

Un dato estadístico de aquel partido muestra de qué manera el equipo de Menotti sabía bien en qué circunstancias realizar el achique. Durante la primera etapa del cotejo disputado en el Bosque platense, Boca aplicó con éxito el recurso en nueve ocasiones. El juez de línea era Antonio Andreatta y estaba parado junto a la tribuna visitante. En cambio, achicó apenas una sola vez en el complemento, y el línea Víctor Sánchez –con la hinchada local sobre su espalda– no levantó la bandera.

El verano en Mar del Plata terminó con una derrota en el clásico y un empate contra el Spartak de Moscú. Por la Copa Ciudad de Mar del Plata, River Plate lo superó por 3-1, con goles de Pablo Erbín y Claudio Caniggia, mientras que Luis Abramovich batió su propio arco. Alfredo Graciani anotó para los xeneizes. En ese triangular también tomó parte el Nantes de Jorge Burruchaga.

El 19 de febrero, contra el conjunto ruso, que traía en sus filas al arquero Rinat Dasaev y al goleador Sergei Rodionov, Boca levantó su nivel y logró sellar un justo 2-2.

Los certámenes de verano habían dejado un buen saldo en lo futbolístico, sin embargo, aquellos dos primeros meses le sirvieron también a Menotti para darse cuenta de lo complejo que podía ser dirigir a Boca Juniors desde el aspecto humano.

La hinchada no lo quería, al menos no La Doce, pese a que el estilo del equipo era por completo otro, habiendo recuperado notoriedad y protagonismo en el campeonato. Los diarios dieron a entender que, en ese contexto, Menotti se habría reunido con el líder de la barra brava de Boca, José Barritta, para sellar lo que denominaron "un pacto de no agresión". El técnico lo desmintió por completo: "Yo no necesito de nadie, el Abuelo y los otros hinchas dialogaron conmigo en términos muy distintos a los que algunos imaginan".

La relación no era de lo mejor. El 12 de enero, en el partido contra Independiente, la hinchada lo había recibido cantando "Borombombón, borombombón, es el equipo del Narigón". Y luego desplegaron una bandera argentina que rezaba: "Narigón, tu nombre quedó grabado en azul y oro".

El 24 de febrero, en una nota de la revista *El Gráfico*, Menotti reconocía que lo habían visitado cuatro integrantes de la barra brava –no dijo si entre ellos estaba el líder, José Barritta–, quienes le manifestaron que querían otro técnico. El, dijo, les pidió respeto.

La contracara de aquel verano exitoso en lo futbolístico era entonces una hinchada que se resistía a aceptarlo, y algunos problemas comerciales que trascendieron en los medios marplatenses. El 7 de enero el Sindicato de Vendedores Ambulantes de la República Argentina (SIVARA), filial Mar del Plata, lo denunció por haber rebajado el porcentaje de ganancia que los trabajadores percibían por la venta de sándwiches y gaseosas en una playa céntrica. Los vendedores informaron que antes ganaban el 27%, pero que desde la llegada de Menotti sus ingresos se vieron reducidos al 10%. Se hablaba de plan de lucha y acusaban al entrenador y hombre de negocios de "pretender suplantar a los trabajadores con niños de entre 12 y 15 años", según declaraciones de José Lencina, secretario general del gremio. El tema no pasaría a mayores.

Otro disgusto tuvo lugar en La Plata, el 5 de marzo, cuando Boca viajó para disputar un partido pendiente contra Estudiantes. Era, para Menotti, territorio enemigo.

La crónica policial de la época da cuenta de un supuesto intento de agresión por parte de hinchas locales hacia Menotti en el ingreso a los vestuarios. El Flaco habría respondido extrayendo un arma de su bolso. Demasiado confuso el panorama, nunca logró aclararse lo ocurrido, pese a la causa abierta en el Juzgado Penal número 8 de La Plata, a cargo del juez Horacio Daniel Piombo.

La razón por la cual Boca Juniors se trasladó para disputar ese cotejo durante la semana estaba dada en que el duelo había sido suspendido el año anterior, cuando la visita –dirigida entonces por Mario Zanabria– se imponía por 1-0. El cotejo terminaría 3-0.

Sello propio

Habían pasado apenas un puñado de meses desde la llegada de Menotti a Boca y el equipo ya mostraba algunos destellos de lo que el entrenador pregonaba. Buen trato de pelota, una idea de juego, cierta estética no del todo emparentada con el tradicional estilo *xeneize*. La victoria tampoco le era esquiva.

Entonces llegó el primer traspié. Boca pierde con Argentinos Juniors por 3-2 en un partido repleto de emociones, y cierta sombra, algunas dudas comienzan a atormentar el alma del hincha. Ahí empezó a anidar la pregunta de si realmente el equipo tenía la altura futbolística suficiente como para ganar un campeonato. Si todo esto no había sido, después de todo, más fruto del envión anímico que de la sólida construcción de un equipo de fútbol.

Pero al domingo siguiente el equipo se reencontró con la victoria, esta vez 2-1 frente a Unión en Santa Fe, y todo pareció volver a la normalidad. El puntero era San Lorenzo con 40 puntos, y Boca lo escoltaba con 39, junto a Independiente, Rosario Central y Newell's. Los jugadores no dejaban de elogiar aquello que Menotti parecía haberle dado al grupo desde lo humano. "Con la llegada de Menotti yo no cambié nada de mi juego, la diferencia es que me siento respaldado por un técnico con conceptos claros, que habla poco y que me da toda la libertad que necesito", decía Carlos Tapia.

El empate en cero contra Temperley, tras haber dominado todo el partido convirtiendo al arquero Gabriel Puentedura en la figura de la noche, no dejó nada conforme al entrenador. "En estos partidos se ve si tenemos categoría para ser campeones o no. Pero todos los equipos están como nosotros. El campeonato está cargado de suspenso. Sólo aportamos lucha y esfuerzo. Quisimos ganar de cualquier manera, y eso no sirve".

Dos victorias consecutivas, goleada de 3-1 a San Lorenzo, y 2-1 sobre Deportivo Español, pusieron a Boca al tope de la tabla de posiciones junto a Rosario Central. Una vez más César Luis Menotti miraba a todos desde arriba. Los grabadores iban hacia él, y él, detrás de las volutas de humo de sus cigarrillos, desgranaba conceptos.

"Hace 15 años preparaba jugadas con pelota parada, ahora también. Lo que pasa es que dentro del entrenamiento les doy el tiempo que necesitan, dos minutos, porque son descartables, esta semana sirven y la próxima hay que inventar otra. Boca es un equipo que planifica a favor de Boca y no en contra de nadie. Boca quiere ganar jugando mejor que el rival. Es un equipo ofensivo que busca achicarle espacios al otro que tiene enfrente, porque así el otro tiene menos tiempo para pensar con la pelota. La gente ya advirtió que Boca produce diez situaciones de gol por partido y no por centros tirados desde 30 metros, sino por jugadas que llegan al área chica rival".

Relajado, le gustaba hablar de sus jugadores, elogiarlos hasta el límite de lo inverosímil. Si esto tenía o no luego un efecto psicológico positivo sobre ellos dentro del campo de juego es materia discutible. Pero Menotti no medía en adjetivos. Construía conceptos e imágenes que el tiempo luego se encargaría de echar por tierra.

"Quiero al Graciani que conocí cuando tenía 17 años. Arrancaba como diez, definía como ocho, jugaba con velocidad y dinámica. Después le hicieron creer que debía ser goleador y todavía está en ese barullo".

"Comas tiene 26 años y ya es difícil cambiarle el casete. Quiero transmitirle tres conceptos: que el idilio con la red debe tenerlo todo el equipo; que no se olvide que la pelota hay que traerla hasta el área rival, y que él debe colaborar; que no espere únicamente el error ajeno para llegar al gol, este vicio lo hace picar demasiado por detrás del defensor".

"Musladini es un pichón de Passarella por su forma de aparecer en el escenario del fútbol argentino, jugando en Boca y sin ningún tipo de complejo. Es una de las grandes apariciones del fútbol argentino".

"Carrizo creció mucho. Es un tipo correcto, educado, piensa, no había motivos para que jugara en forma desaforada. El no se pone un saco rojo y una corbata amarilla. Bueno, entonces tiene que usar el mismo criterio para tirar una pelota afuera".

"Algunas cosas de Rinaldi me hacen recordar al Platini de sus comienzos, que arrancaba de muy lejos y llegaba con una polenta bárbara".

"Si pierdo el campeonato por un punto, como técnico podría decir que estoy más que satisfecho, porque el objetivo era alcanzar la Liguilla, lo que ya significaba un signo de gran mejoría".

El objetivo, según el técnico, era "formar un equipo competitivo y hacer una revolución en todas sus estructuras futbolísticas. Es lo úni-

co que prometí cuando firmé el contrato". Parecía haber llegado a la meta, tocado el techo, pero quienes conocían a Menotti sabían que no se iba a conformar con un premio consuelo. Y que un revés podría tener consecuencias inesperadas.

El archivo es revelador. En marzo, durante un entrenamiento en Mendoza, el entrenador deja escapar un deseo al que por entonces nadie dio entidad suficiente. Sin embargo, era premonitorio. "Me gustaría dirigir un equipo en Europa por un año, para ganar una Liga. Pero no sé, por ahora quiero cumplir con lo que estoy haciendo".

El empate 1-1 con River en el Monumental lo deja en el segundo puesto, a un punto de Rosario Central. Una semana más tarde, en la Bombonera, cae 3-2 frente al Independiente de Ricardo Bochini y cede toda posibilidad de obtener el campeonato, que quedaría finalmente en manos del equipo rosarino. Boca no había tenido la categoría para ganar los partidos clave. Y aunque el objetivo estaba cumplido, algo disgustaba a Menotti.

¿Qué le dio Menotti a Boca?, se preguntaba Hugo Gatti. Y respondía: "Primero lo despertó, porque Boca estaba dormido como si hubiera tomado un Lexotanil, y después le empezó a transmitir jerarquía. Menotti desde que llegó a Boca revivió un campeonato que estaba muerto, y con un plantel desconcertado por cuestiones políticas, hizo un equipo competitivo. Hay muchos cambios. El lugar para concentrar, entrenar en el Hindú Club, son cosas que el jugador percibe y que empiezan a motivar. Hace poco Valdano dijo una frase exacta: 'Menotti es un seductor'.

Se venía la Liguilla pre Copa Libertadores.

Emergencia

El sueño de ganar el campeonato ya había terminado. Pero no había tiempo para lamentos. Tampoco mayores motivos. Seis meses antes nadie hubiera pensado que Boca, con un plantel limitado en nombres, iba a poder pelear codo a codo el título hasta las últimas fechas. Ahora tenían otro desafío inmediato por delante: ganar la Liguilla para clasificarse a la Copa Libertadores de América.

Sin embargo, el inicio en el torneo clasificatorio estuvo signado por la sorpresa. El sábado 9 de mayo de 1987, la noche anterior al partido frente a Deportivo Armenio, César Luis Menotti fue internado de urgencia. Según explicó entonces el doctor Horacio Leali, médico del club, el entrenador pasó "de un estado de salud a un estado real de enfermedad".

El DT sufría síntomas similares a los del cólico hepático, es decir dolor en el bajo vientre. Tras ser sometido al tratamiento de rigor, sin respuestas, fue internado en el hospital Italiano, adonde ingresó a las 21.30 del sábado con un diagnóstico de "obstrucción intestinal por brida", o sea estrangulamiento del intestino delgado.

Al no haber cambios por la noche, fue operado a las 11 de la mañana del domingo por el cirujano Fernando Bonadeo, con la colaboración de Marchiteli, Wellz y Leali. La operación duró una hora y media y se le extrajo un tramo de 35 centímetros de intestino delgado. De acuerdo con los médicos en una semana sería dado de alta, pero tardaría algunos días más en volver al trabajo.

Mientras tanto, Boca tenía que salir a la cancha y jugar su primer partido por la Liguilla frente a un rival de escaso calibre. El ánimo no era el mejor. A cargo del equipo quedaron Rogelio Poncini y Angel Cappa. "La ausencia de Menotti influye en el estado de ánimo de los jugadores. La seducción de César es muy particular, irremplazable e intransferible, se percibe en el ambiente. Lo que tratamos de transmitir es lo mismo, pero no es igual", explica Cappa. El *Pipa* Higuaín definía así la situación: "Es como ir a la guerra sin general".

Cuando Menotti salió de la clínica se confesó ante la revista *El Gráfico*: "Aprendí que hay mucha gente positiva, más de la que creía, que en la medicina como puede ser en la política o en el arte hay un sector que lucha por una sociedad mejor. Te lo redondeo: aprendí que no todo está perdido".

Boca Juniors pasó la primera ronda derrotando por 4-2 a Deportivo Armenio en el partido de ida, e igualando 2-2 en la revancha. Desde el hospital, Menotti confiesa que temía por el rendimiento del equipo en esos partidos porque, aunque fuera un rival recientemente ascendido de la B Nacional, llevaba 34 partidos invictos. "Poné a un equipo de Primera a jugar 34 partidos contra terceras, a ver si aguanta 34 partidos".

El reposo duró en total 16 días. Menotti pasó a saludar al plantel por el hotel Plaza Francia de Recoleta el viernes 22 por la noche, previo al partido frente a Newell's en Rosario, por las semifinales de la Liguilla. Dijo luego que el encuentro lo excitó, lo puso mal, al punto de que no pudo dormirse hasta las 3.30 de la madrugada. La razón fundamental, los jugadores se iban a Rosario sin él. A los 48 años, luego de la intervención quirúrgica, fumaba cinco cigarrillos por día y pesaba 81 kilos. Había perdido seis en la operación.

Boca pasó con holgura las semifinales luego de ganarle a Newell's como visitante por 1-0 y golearlo por 5-2 en la Bombonera. Pero antes de la revancha, Menotti volvió a sembrar dudas acerca de su

continuidad en la Ribera. En una nota a *El Gráfico*, dijo: "Lo principal es clarificar la situación del plantel. En otro equipo comprás tres o cuatro refuerzos y listo, acá primero tenés que arreglar con los que están y no hay plata. Necesito claridad lo más pronto posible para ver cómo me manejo, pero en esto mi opinión es relativa, porque pasa por el tema económico. Ya sé que es delicado hablar cuando se están jugando las semifinales, pero mirá lo que nos pasa. ¿Te imaginás lo que sería River, Independiente o Vélez si compran seis jugadores? Bueno, nosotros tenemos que comprar seis jugadores para quedarnos como estamos".

Lo cierto era que jugadores fundamentales, titulares indiscutidos en aquel equipo del Flaco Menotti, no eran del club, tales los casos de Hrabina, Higuaín, Abramovich, Melgar, Graciani y Rinaldi. El entrenador advertía: "Me preocupa mucho. Yo pude agarrar a principios del próximo campeonato, pero entré antes para poner orden. Lo que digo es que en desorden no trabajo, no es mi estilo".

"No se puede estar a préstamo toda la vida, el jugador se siente como en una casa alquilada. Y completo el panorama: en las inferiores hay uno o dos chicos con muchas posibilidades, pero uno o dos, nada más. Eso es poco para la expectativa de Boca".

Menotti había demostrado hasta ese momento su capacidad para ser protagonista del campeonato, aún con un plantel sin mayores jugadores de renombre. Pero él siempre había dirigido en la abundancia, y no pensaba continuar trabajando en la austeridad. Decía que a la gente, a los hinchas sufridos, no se le podía prometer sólo sueños. Algún día había que hacerlos realidad.

"Hemos tenido buenas condiciones de trabajo, a nivel europeo. El Hindú, la concentración, todo lo necesario y además un cumplimiento económico total, sin fallas. Pero yo también cumplí, mi contrato ya está pagado, Menotti fue un buen negocio para Boca. Ya lo fue. Queda descontado que, si las condiciones no son claras, yo no acompaño a nadie. Me voy".

En la definición de la Liguilla, a las puertas de la posibilidad de volver a jugar la Copa Libertadores, Menotti empezaba a preparar las valijas. ¿Qué había pasado para que esto ocurriera? ¿Se había quebrado la relación con los dirigentes? "La relación no cambió. Los respeto profundamente, en serio. Lo que pasa es que también tengo que respetar mi trayectoria". Menotti quería dirigir en Europa.

"No soy loco ni como vidrio. Fui a Boca seguro de que íbamos a ser competitivos, de que íbamos a jugar bien y a ser difíciles para cualquiera. Pero ésa es una etapa, ahora tiene que venir otra. No tengo suplente para Hrabina, no tengo un volante para algunos sectores

de la cancha y en otros puestos tengo jugadores de más. Todo eso perjudica".

Quedaban partidos clave por delante, pero el entrenador ya decía adiós. "Con el 25 de largada Menotti no se queda. Y es más, Boca no se lo merece tampoco. Si la cosa es así que traigan algún entrenador joven y capaz, que le hablen claro a los hinchas y listo. En dos años Boca puede estar bien, hay ideas, pero yo no puedo esperar dos años. No estoy para eso".

Alegre y Heller trataron de digerir las declaraciones del entrenador. Y le respondieron también a través de la revista. "A mí no me sorprendió, pero la verdad, no me gusta. No lo tendría que haber dicho (que en el desorden se iba)", dijo el presidente. El vice, puso paños fríos: "El Flaco está en su casa, planifica el futuro, no quiere fracasar, tiene inquietudes, entonces larga una frase entre muchas otras".

Según afirmaba Alegre, "los objetivos de Boca son regularizar la situación de los que están a préstamo y conseguir algunos refuerzos. Nosotros pensamos igual que Menotti". Pero las opciones de compra eran elevadas para las posibilidades del club. El pase de Milton Melgar costaba u$s 200.000; el de Luis Abramovich, u$s 60.000; Higuaín, u$s 50.000. Los demás eran dueños de sus pases. Los derechos de Jorge Rinaldi pertenecían a Osvaldo Rivero, y los de Graciani a la empresa Puma Internacional. En esos dos casos no había opción de compra.

Menotti tenía firmado un contrato con fecha de expiración el 30 de junio de 1988. "El vencimiento es lo de menos, yo nunca retuve a un empleado que se quiso ir. Pero no es el caso de Menotti. Y Boca necesita que se quede", decía Alegre.

Pero volviendo al césped, en la definición del certamen, una vez más, se le cruzaba el Independiente de Ricardo Bochini. Sería algo así como la posibilidad de tomarse revancha luego de que el *Rojo* lo dejara afuera de la lucha por el campeonato, apenas unas semanas antes.

En Avellaneda sellaron un empate en dos goles. Para el partido de vuelta en La Boca se produciría el regreso de Menotti al banco de los suplentes. Volvía el general para comandar una batalla decisiva. El duelo fue intenso, el empate en un gol parecía inamovible, pero apareció la figura chaplinesca del Bocha y Boca se quedó con las manos vacías. ¿Qué iba a hacer ahora el Flaco Menotti?

Idas y Vueltas

El desenlace de esta relación obliga a respetar la cronología de los hechos. El sábado 27 de junio de 1987 Menotti y Carlos Heller se reunieron en la casa del vicepresidente para discutir temas vinculados al equipo: jugadores que quedarían libres, compras, pretemporada, giras y futuros partidos amistosos. Ahí es cuando el entrenador le confiesa al dirigente que había recibido una oferta del Racing de París, pero que la había rechazado.

El martes 30 de junio llama a Heller al banco Credicoop a las 19 horas y le pide una reunión urgente. Vuelven a reunirse esa misma noche en casa del directivo. Allí dice que no está motivado para volver al trabajo el 6 de julio, fecha fijada para el inicio de la pretemporada, y que renuncia al cargo de técnico de Boca por motivos personales. También informa que dejará el país por un año.

El 1° de julio de 1987 César Luis Menotti oficializó su renuncia en una reunión en las oficinas del Banco Credicoop, ante Heller, Jesús Asiaín (secretario general); Osvaldo Spataro (tesorero) y Pedro Pompilio (protesorero). No estuvo Antonio Alegre. A la hora de arreglar números, Menotti dice: "Boca no me debe nada". La institución había gastado u$s 60.000, más premios, en los seis meses en los que trabajó el técnico.

Heller, que era su amigo, trató de suavizar la súbita renuncia del técnico. "Nos salió muy barato, nos dio muchas cosas, como balance favorable para el club es bárbaro, lástima que termine así". Aunque luego se sinceró: "¿Fue un error haberlo contratado? No, logramos muchos objetivos, están a la vista. El que nos dejó colgado fue Menotti, y eso es lo criticable. Menotti le acaba de pegar un grave cachetazo a su imagen, no hay plata que pague lo que el Flaco rompió".

Alegre, que muchos años después y en la entrevista para la elaboración de este libro, en su departamento de Caballito, sólo tenía palabras de elogio para Menotti, al momento de la renuncia estalló: "Esto que nos hizo Menotti es un golpe bajo. ¿No se pasó la vida hablando de la seriedad de los contratos? Además nos usó: la vidriera de Boca es muy importante".

Pablo Abbatángelo, vice segundo de Boca y secretario general de la AFA, también hizo su descargo: "Trajo el cuerpo técnico que quiso, y para eso tuvimos que echar a Divinsky (Aldo, histórico kinesiólogo), que en Boca era una institución. Nos pidió que le construyéramos un baño para su uso en el vestuario y lo hicimos. Presentó una lista de refuerzos y salimos a comprarlos. Nos hizo un daño tremendo, justo ahora que podíamos hacer 10 mil socios nuevos".

Menotti había dejado Boca ante, lo que él sostenía, era la poca certidumbre de que el plantel se reforzara y que, por sobre todo, pudiera repetir la buena campaña anterior con un equipo que apenas si tenía 11 titulares. En apenas seis meses había puesto a Boca nuevamente de pie, y él había retornado a la tapa de las revistas. De alguna manera, ambas partes se habían cotizado.

Pese a haber dicho que no estaba motivado para volver a trabajar, una semana después de renunciar a Boca, el 6 de julio de 1987, firmó su contrato con el Atlético de Madrid. Menotti volvía a Europa.

CAPÍTULO 8
DONDE MANDA GIL Y GIL...

César Luis Menotti había cambiado el frío húmedo de Buenos Aires por el seco verano madrileño. Dejaba atrás las noches de bandoneón, tango y amigos. Mesas compartidas con viejos futbolistas, algunos periodistas, artistas. Charlas sin fin entre los arabescos de las volutas de humo de sus cigarros siempre encendidos.

Regía su vida una inclinación hacia el buen gusto que no se limitaba al fútbol. Esa filosofía de bar, la artística que buscaba en el deporte era la misma de la que se había nutrido desde joven en los boliches, en esas madrugadas porteñas bañadas de melodías o, mucho antes, en su Rosario natal, donde fue trenzando las primeras experiencias, dibujando ojeras, soportando resacas.

El, un melancólico que extrañaba sus afectos y ese entorno dulzón que siempre lo cobijaba cuando se iba el sol, había decidido volver a Europa. Cambiar de rumbo. ¿Pero qué lo había hecho tomar aquella decisión? El dinero, la necesidad de revancha tras su paso frustrado por Barcelona, urgencias personales. Tal vez todo junto y nada en particular.

Poco antes de que comenzara el torneo de la Liga española, Menotti le confesó a El Gráfico por qué estaba en España. "Vine por un montón de cosas. Me desilusionó el fútbol, porque no hay vuelo, no hay conciencia, lo que yo venía diciendo desde el año '60 se fue dando: San Lorenzo perdió el estadio, Racing se está muriendo..."

"Boca se terminaba en Boca. Lo máximo que podía hacer era ganar el campeonato. Y luego, ¿qué pasaba? Seguíamos con la misma. Acá vengo a otro desafío, es otra experiencia. Salgo campeón en España y puedo jugar una Copa de Europa, estoy cerca del fútbol internacional. Además, aquí hablo y se me escucha. En Argentina parece que siempre hablo contra alguien y no es así. Soy feliz de poder llegar aquí y decir que tengo un presidente que es mi presidente,

pero eso no es obsecuencia al poder político, porque después critico todo lo que no me gusta".

Menotti puso su firma en el contrato el 6 de julio de 1987. Había acordado con el Atlético de Madrid un vínculo anual por la suma de 250.000 dólares, más 20.000 dólares mensuales como sueldo, además de premios por puntos y títulos. Ambas cosas sumaban 490.000 dólares. El contrato era prorrogable por otro año más, lo que llevaría la cifra al millón de dólares.

Quienes gustan de trazar comparaciones entre el fútbol argentino y algunos clubes del exterior aseguran que el Atlético de Madrid es lo más parecido a Racing que se ve en la península ibérica. Un club grande, pero sufrido. Con una multitud de hinchas incondicionales que lo alienta siempre, y que estoicamente soporta la enorme gloria de su eterno rival del barrio, el Real Madrid. Ahí había llegado Menotti.

En una entrevista con la agencia de noticias italiana ANSA, el técnico rosarino sembraba de pétalos de rosa su camino hacia el club colchonero. "El Atlético de Madrid es uno de los grandes del mundo y, pese a que tuvo muchos problemas la pasada temporada –finalizó séptimo y perdió la final de la Copa del Rey ante la Real Sociedad-, no vengo a un equipo mediocre, sino a demostrar que podemos ganar cualquier título".

"Vengo sin imposiciones y con más tiempo para conocer y trabajar con los jugadores del que dispuse cuando entrené a Barcelona. Mi sueño es ganar un título de Liga en Europa y un campeonato continental. Me gustaría estar varias temporadas en el Atlético y que no me ocurra como en Barcelona, que me fui cuando había conseguido un plantel excelente, que al año siguiente ganó el campeonato".

Pero para cumplir sus sueños tenía que formar un equipo. Necesitaba refuerzos y, a diferencia de lo que le había ocurrido en Boca, los jugadores fueron llegando. La mayor adquisición fue la del delantero portugués Paulo Futre, a quien rápidamente Menotti bautizó como "el Maradona europeo". El artillero venía de ganar la Copa de Europa con el Porto FC de su país y sería el mascarón de proa del Atlético de Madrid.

Pero también llegaron Roberto López Ufarte, de la Real Sociedad; Andoni Goicoechea, del Athletic de Bilbao; Juan Carlos y Eusebio Sacristán del Real Valladolid; Joaquín Parra del Real Betis; Marcos, que retornaba del Barcelona: firmó el brasileño Alemao, y se sumaron Rivas, Armando, Juan Carlos Aguilera y Julián. De los jugadores de la temporada anterior quedaban Abel, Elduayen, Mejias, Tomás, Ruiz, Arteche, Rodolfo, Sergio, Quique Ramos, Landaburu, Quique Setien,

Marina y Pedraza. Y, a pedido suyo, llegó el delantero de Newell's Julio Zamora.

A las montañas

La pretemporada vio luz verde en el Parador Nacional de Segovia. Menotti hacía sus primeros diagnósticos sobre el plantel: "A este equipo le está sobrando habilidad, necesita un par de jugadores para recuperar la pelota".

Al pie de las sierras de Guadarrama, Menotti empezaba a moldear a su gusto un plantel con buena dosis de talento. Recuperado ya de la operación a la que había sido sometido en Buenos Aires, el Flaco volvía a fumar dos paquetes diarios de cigarrillos Parissiene.

Pero lo suyo no se construía sólo desde el trabajo en el campo de juego. También el discurso era un arma fundamental para el entrenador. Tenía que desbrozar el camino hacia el corazón de los jugadores, hacer que sintieran su fútbol, su manera de verlo, y convencer también a la afición y al periodismo crítico de que jugar bien y ganar era algo posible en aquel Atlético de Madrid.

Por lo pronto, comenzó por realizar frecuentes conferencias de prensa. Poco a poco fue logrando que los periodistas incorporaran sus conceptos, los naturalizaran. Se leía por entonces en los diarios y revistas de Madrid frases que hacían mención a los volantes picando al vacío, el pressing en la mitad de la cancha o la defensa marcando en zona.

Y para caracterizarse mejor, para diferenciarse del resto de los técnicos y demostrar que él, además, podía ser un estratega, citaba permanentemente a Napoleón, de quien decía fue el mejor técnico que hubo en la historia. "Mostrar al enemigo lo que el enemigo teme" y "defenderse sin renunciar a la victoria" eran algunas de sus frases predilectas.

Por entonces, en aquella etapa de preparación, Menotti sostenía ante los micrófonos que su fútbol se sustentaba en cinco o seis conceptos básicos. Y que su afán era desarrollarlos frente a sus dirigidos de modo tal que el mensaje llegara fácil y penetrara profundamente.

En un reportaje le explicó a El Gráfico que su estilo de juego, su manera de pensar el fútbol, era plasmable en España. "Hay jugadores. Lo que ocurre es que están encasillados. Agarran la pelota y enseguida levantan la cabeza para ver a quién se la entregan, y así pierden sorpresa".

"Ellos entrenan y entrenan, después juegan y juegan. Yo quiero lograr la síntesis, que trabajen conceptualmente. Les inculco todo lo que uno aprendió en cuanto a jugadas de distracción, que no las tienen muy claro. El jugador español no tiene la costumbre de distraer, de mostrarle al adversario una cosa y hacer otra, eso que es tan común en el jugador argentino".

Y mientras ensayaba entre las montañas de Segovia, desgranaba conceptos. Analizaba pro y contras. Se lo notaba feliz, entusiasmado con volver a las grandes ligas. Entonces, para que la idea quedara clara, comparaba el plantel colchonero con el Huracán del '73, su equipo emblema, su estandarte de buen fútbol.

"Arriba tengo dos hombres como Futre y Zamora. No tengo un volante como Fatiga Russo, por ejemplo. Por la derecha están Eusebio y Parra, que pueden asemejarse a Brindisi. Es claro que Miguel hacía 30 goles por año. Por la izquierda tengo a López Ufarte, a quien yo califico técnicamente como el mejor jugador de España".

Y decía: "A través del poco fútbol que hemos hecho me doy cuenta de que tenemos problemas para resolver. Hay poca recuperación de pelota y si individualmente no puedo resolverlo, le daremos respuesta táctica, usando trampas. Reduciremos los espacios para encontrar la pelota como me pasó en Boca. Estoy muy ilusionado. Claro, extraño un montón de cosas. Estoy desesperado, por ejemplo, queriendo saber cómo anda Boca. Estoy preocupado porque llamé por teléfono y me dijeron que habían perdido dos partidos de entrenamiento".

El Flaco caminaba, cansino, el césped de las canchas de entrenamiento. Hablaba con uno, bromeaba con otro. Le pegaba a la pelota, con la calidad que siempre había tenido para esas cosas. Poco a poco se iba metiendo en el grupo, y algunos jugadores ya daban cuenta de eso. López Ufarte era claro: "Si no jugamos bien con la libertad que nos da, nos tenemos que ir todos. Tiene ideas muy propias y puede revolucionar a un fútbol como el español. Ya lo demostró en Barcelona hace unos años. Jugar como quiere César es muy fácil. Es eso: jugar. Menotti es un señor, un caballero, un gran técnico".

El agua y el aceite

En aquel verano boreal de 1987 todo era optimismo. Si hasta se había dado la particularidad de que dos hombres por completo diferentes, como eran César Luis Menotti y Jesús Gil y Gil, presidente del Atlético de Madrid y alcalde de Marbella, estuvieran de acuerdo. Uno era un filósofo de la vida, un noctámbulo, un amante del fútbol bien jugado. Su voz de rayador soltaba versos de tango, orillaba la poesía. El otro era un empresario pragmático, un hombre apasionado por el dinero, un político corrupto.

Sin embargo, en esos días el romance era intenso. Y Menotti volvía a explicar, esta vez al diario As, las razones de su llegada a Madrid. "No podía negarme. Y mucho menos hacia un presidente, Jesús Gil y Gil, que sabe lo que quiere para el Atlético Madrid. Por eso acepté entrenar al Atlético, aunque sepa que otra vez estoy ante un desafío y vuelva a vivir en el vértigo".

El presidente, que acababa de ganar las elecciones y encabezaba el Club Financiero Inmobiliario, poderoso grupo desde donde conducía todo su imperio, devolvía las gentilezas. "La idea de contratar a uno de los mejores técnicos de la actualidad nació en el mismo momento en que elaboramos el proyecto para que el Atlético de Madrid volviera a su tradicional ubicación en el fútbol español. Luego de ganar las elecciones comprobamos que era posible una revolución. Los socios de la entidad ya estaban cansados de las mediocres campañas de los últimos tiempos. Queremos un equipo altamente competitivo, a la altura del Real Madrid o Barcelona, por eso traemos a Menotti".

Lo cierto era que el Flaco Menotti había sido la tercera opción en carpeta. Gil y Gil primero intentó renovarle el contrato a Luis Aragonés, un símbolo del club que conducía al equipo desde 1975. Pero el entrenador le pidió 600.000 dólares por una temporada, libre de impuestos, lo que elevaba la suma a 900.000 dólares. Demasiado caro para el presupuesto colchonero. Entonces buscaron al vasco Javier Clemente, pero éste había renovado su vínculo con el Espanyol de Barcelona. Recién entonces fueron por Menotti.

La mano derecha

En el entrepiso de un bar engarzado en la esquina de las avenidas Córdoba y Pueyrredón, Rubén Cano, quien fuera la mano derecha de Jesús Gil y Gil en aquellos años, cuenta su versión de la historia. Llega para refutar el archivo, para desmentir buena parte de lo que entonces salió publicado en los diarios. Tiene, cuando habla, un acento español del que no ha logrado desprenderse luego de haber

vivido 26 años en España. Decidió regresar al país en el 2001, poco antes de que la crisis hiciera estallar todo por los aires.

Cano, nacido en San Rafael, Mendoza, era un delantero con gol y manejo de pelota. El primer salto lo dio firmando para Atlanta, en 1970. Su buena performance en la Argentina lo llevó a fichar para el Elche en 1974, y dos años después llegó a lo más alto de su carrera al vestir la camiseta del Atlético de Madrid.

Por esa época, nacionalizado, hizo su debut en el seleccionado de España. Seis años defendió los colores del club colchonero, y se marchó disgustado en 1982 porque no le renovaron el contrato. De allí pasó a Tenerife, sin mayor suceso. Su último club, a los 37 años, fue el Rayo Vallecano, donde jugó una temporada. "No me fue mal, pero se me salía el hombro izquierdo permanentemente. Me operé, pero igual se seguía saliendo. Jugaba un partido y dos no". Entonces fue que le llegó la propuesta de Gil y Gil para sumarse a su campaña presidencial en la entidad colchonera, y Cano no lo dudó.

La muerte de Vicente Calderón, histórico presidente del Atlético de Madrid, abrió el camino para la renovación de autoridades. En el llamado a elecciones se presentaron cinco candidatos. Gil y Gil, según explica Cano, era el más capacitado de todos. De hecho, ganó las elecciones por una diferencia irrefutable.

"Jesús creó muchas ilusiones en la gente. Contrató a Paulo Futre antes de ganar las elecciones y lo presentó en un boliche como refuerzo del equipo en caso de que él triunfara. Fue su bandera. En ese entonces por el mejor jugador de Europa no se pagaban más de 2 millones de dólares. Jesús lo compró por 4. Hay que pensar lo que eso significa. Habíamos traído, por ejemplo, a Eusebio y Juan Carlos del Valladolid, ambos por 750 mil dólares".

Cano se instaló a trabajar junto a Gil y Gil en las oficinas ubicadas en la intersección de las calles General Mola y Alcalá, en Madrid. El sería la mano derecha del presidente, el principal asesor futbolístico en un club que soñaba con morderle, aunque más no sea, los faldones a la gloria.

Cano confiesa que Gil y Gil no sabía nada de fútbol, y rechaza la versión periodística que afirma que Menotti fue el tercer técnico de la lista al que fueron a buscar. El, que conoce las entrañas del proceso, lo recuerda puntillosamente.

Luis Aragonés, que había sido técnico del Atlético de Madrid durante muchos años, quería dejar el banco de los suplentes para convertirse en manager del equipo, rol que entonces cumplía Cano. El presidente, claro está, no lo aceptó y respaldó a su hombre de confianza.

"Fuimos amigos. Jesús era un ganador, un buen tipo de gran corazón. Honesto", recuerda Cano. Esa es su mirada, y habrá que respetarla. "Tenía una forma de ser muy difícil", dice del empresario inmobiliario de Marbella, quien supo crear el partido político GIL (Grupo Independiente Liberal), que aspiraba a convertirse en una tercera vía entre el Partido Socialista Obrero Español (PSOE) y el Partido Popular (PP).

No era sencillo decirle que no al presidente. Mucho tiempo después Menotti recordaría que Gil y Gil le pedía que multara a los jugadores por bajo rendimiento. O rememoraba aquella fiesta a la que lo invitó con todo el plantel. Había muchas mujeres en la residencia, y cuando el técnico se quiso ir porque jugaban al otro día, Gil y Gil le exigió que se quedara: "Todavía falta que venga Lola Flores". Pero ellos se levantaron y se fueron. "Eso te lo hacía pagar caro".

Es verdad también que Gil y Gil enfrentó múltiples causas penales y que terminó tras las rejas. "Jesús era un provocador, que decía muchas cosas para producir algo en el otro, y que reaccionara. Tenía un propósito. Terminó muy peleado con el periodismo", repasa Cano y aclara que por todo esto también su imagen quedó algo averiada.

Descartado Luis Aragonés, Rubén Cano recomendó a Menotti. "Fue el primero al que fuimos a buscar. Lo elegimos por su trayectoria. Se buscaba una persona idónea, con nombre a nivel mundial. Nadie podía discutir los logros futbolísticos de Menotti".

Dice Cano que él mismo lo llamó por teléfono a la casa y le hizo la oferta. Pero Menotti estaba trabajando en Boca y, antes de acordar, debían resolver ese tema. "Le dijimos que no queríamos tener problemas con Boca. Que nosotros ya habíamos hecho nuestra parte resolviendo el tema de Luis Aragonés, pero que él debía resolver el suyo". Cuenta que Menotti le contestó: "Yo lo arreglo personalmente. No hay problema".

La meteórica salida de Menotti de Boca ya era un hecho y el entrenador se instaló en Madrid, en un apart hotel ubicado frente a la estación Chamartín. La firma del contrato generó el primer problema: cuando Menotti llegó para rubricar el convenio les dijo que la suma debía ser libre de impuestos, lo que elevaba el monto ya que en España la carga impositiva llegaba al 42%. Pese a la tirantez de la situación, se llegó a un acuerdo. Sería nada más que el preludio de un rosario de desencuentros.

Problemitas

Durante la pretemporada empezaron a surgir los problemas. Cano confiesa que la relación entre Menotti y Gil y Gil fue traumática desde el primer momento. El estaba allí, de alguna manera, para amortiguar los encontronazos.

Lo cierto es que el Atlético de Madrid había cedido al delantero vasco Pedro Uralde, nacido en Vitoria, al Athletic de Bilbao, a cambio del defensor Andoni Goicoechea, considerado por The Times como el jugador más duro de la historia. Aquel que había quebrado a Diego Maradona, cuando el astro jugaba en Barcelona.

Con media sonrisa Cano recuerda: "El primer día Menotti llega y dice: El delantero centro que a mí me gusta es Uralde. Yo no lo podía creer. Hacía diez días que lo habíamos transferido. A Jesús eso no le gustó nada".

Pero hubo más. Menotti pidió llevar a Madrid a todo su cuerpo técnico, lo que implicaba desplazar a los profesionales que desde hacía mucho trabajaban en el club, además de un alto costo de mantenimiento de los nuevos. "Finalmente vino con Rogelio Poncini, y nosotros aceptamos separar del plantel a Angel Vilde, que entonces era el mejor preparador físico de España. Era el número 1 y se quedó haciendo nada en el Atlético de Madrid, así que poco después se lo llevó el Barcelona".

El tercer problema de la lista surgió cuando Menotti decidió realizar los entrenamientos sólo por la tarde. "Él decía que el jugador debía trabajar a la misma hora en que se jugaban los partidos. No era entendible, pero lo aceptamos", recuerda Cano. Y agrega que al entrenador no le gustaba hacer una pretemporada dura, pero que ellos sabían que resultaba necesario porque el campeonato era largo y corrían el riesgo de caerse físicamente en la segunda parte del torneo.

"Entrenar por la tarde cae mal. Y aunque los jugadores eran muy profesionales en su conducta fuera de la cancha, muchos de ellos era la primera vez que jugaban en un equipo grande. Si trabajás por la tarde le das la posibilidad de que salgan de noche y se acuesten a las 3 de la mañana. No es lo mismo si al otro día tienen que levantarse a las 8 para entrenarse", enfatiza Cano.

La frutilla del postre, lo que verdaderamente ofuscó a Jesús Gil y Gil fue la contratación de Julio Zamora, delantero de Newell's. El problema era que el Negro ocupaba plaza de extranjero y el Atlético de Madrid ya tenía a Paulo Futre y Alemao. "Entonces es que Menotti dice que lo prefiere a Zamora y que Futre no le gusta. ¡Pero el portugués era la nave insignia del Atlético de Madrid de Jesús Gil y Gil!"

A la cancha

Finalmente, la tarde del 16 de agosto de 1987 llegó la oportunidad de sacudirse la ansiedad de encima. El Atlético de Madrid pisaría el césped por primera vez de la mano de César Luis Menotti para dirimir el Trofeo Villa de Madrid, un partido amistoso que anualmente organizaba la entidad colchonera y que en esa ocasión tenía como invitado al Liverpool de Inglaterra.

El debut no fue el mejor. La Copa terminó yéndose a Gran Bretaña luego de que los Rojos derrotaran al local por 1-0. Al menos los futbolistas habían tenido la oportunidad de ganar minutos en una cancha, de empezar a ensamblar ese esquema nuevo que pregonaba el técnico; los hinchas comenzaban a ver algunos destellos de lo que Menotti quería para el equipo, y el entrenador podía a sopesar con mayor certeza el potencial de sus jugadores.

Dos semanas después el Atlético de Madrid debutó oficialmente en la Liga española derrotando como local por 1-0 al Sabadell. Luego vendría un empate 1-1 como visitante frente al Mallorca; goleada de 3-0 contra el Logroñés; inesperada caída por 1-0 ante el Celta de Vigo; y recuperación frente al Betis por 1-0.

Pero el primer gran duelo iba a tener lugar el 3 de octubre, con la visita al Camp Nou para enfrentar al Barcelona de Luis Aragonés. Aquella noche un terrible vendaval hizo que el cotejo se suspendiera cuando empataban 1-1 en el minuto 70. La cancha era un lodazal en el que la pelota se hundía sin reparos. El resultado, a esa altura, ya era una sorpresa.

En la reanudación, días más tarde, el Atlético de Madrid fue más punzante en el ataque con Futre y López Ufarte, y terminó por imponerse por 2-1. La victoria lo colocaba en el segundo puesto de la tabla de posiciones, apenas por debajo del Real Madrid. Luego vinieron un triunfo por 1-0 sobre la Real Sociedad, y un contundente 3-0 recibiendo al Valladolid.

A esa altura del campeonato, disputadas nueve fechas, lo que tanto pregonaba Menotti era ya una realidad en el Atlético de Madrid. El equipo trataba bien la pelota, jugaba al toque, había encontrado aquellas pequeñas sociedades que tanto remarcaba el entrenador, y además ganaba.

No podía llegar de una mejor manera a la fecha 10: la visita al Real Madrid en el Santiago Bernabeu. Fue esa, tal vez, la actuación más brillante de los colchoneros. La goleada por 4-0 en la mismísima Casa Blanca superaba hasta el más osado de los sueños. Ignoraba

Menotti, entonces, que aquel era su momento cumbre. Todo lo que vendría después sería un constante ir cuesta abajo, hasta el final.

"El recuerdo que yo tengo de ese partido es que salí cautivado de la charla técnica y cualquier cosa que me hubiera pedido Menotti se la habría hecho sin rechistar", cuenta a la distancia Roberto López Ufarte, que esa tarde de sábado marcó dos goles. Los restantes fueron anotados por Futre y Julio Salinas.

Era el clásico 105 y Menotti lo había ganado apenas dos días después de haber cumplido 49 años. Contaba luego, a manera de anécdota, que la noche previa en el hotel Foxa, lugar de concentración del Atlético de Madrid, le dijo a uno de los mozos, reconocido hincha del Real: "Traéme un café bien caliente porque sino en vez de tres, mañana les hacemos cuatro".

Luego reconocería ante El Gráfico que "mi ventaja es que aquí todos tienen un poco de miedo y yo no le temo a nadie. Creían que no iba a atacar y los mandé al ataque. Así de simple. Mi pretensión no era otra que ganarle al Real y jugarle de igual a igual sin complejos". No era poca cosa esa victoria. El Real Madrid venía de ganar la Liga y llevaba 9 partidos invicto en el campeonato, con 32 goles a favor y tan sólo 2 en contra.

La alegría era inmensa. Doce millones de españoles habían visto el clásico a través de Cadena 2. Menotti atendió entonces a la prensa y dijo: "Estamos 30 años adelantados, yo me siento así. Soy de una tierra que dio grandes jugadores".

En la puerta del vestuario, Jesús Gil y Gil también habló: "Dios a veces hace también sonreír a los pobres". Una vez adentro, el presidente del Atlético de Madrid sacó una chequera y le dio un millón de pesetas a los jugadores (8.700 dólares) y el doble a Menotti.

"Aspiramos a ser protagonistas de este campeonato. Queremos estar en la lucha por el título. Esto es sólo un triunfo importante, pero para ganar la Liga necesitamos regularidad. Todavía no hemos llegado al ideal de juego que yo pretendo. Hay cosas que mejorar y muchas", continuó Menotti. "Hemos dejado atrás a los dos grandes, Barcelona y Real Madrid, en sus propios terrenos, eso es lo importante".

La victoria suele desatar elogios fáciles y anestesiar la autocrítica. El arquero Abel, uno de los mejores en ese partido, dijo: "En cuatro años de Primera División nadie me habló tanto como Menotti, me contagió tanta confianza".

Andoni Goicoechea fue más lejos: "Me hizo ver lo equivocado que estaba. Me llamó, me habló y trato de cumplirle. Me pasé casi toda mi carrera tirándola para arriba, pero ahora Menotti me demuestra

que lo eficaz es jugar, y lo hago". Y Alemao completó: "Nunca me había entrenado como lo hago ahora en el Atlético, ni siquiera en Brasil se le rendía tanto culto al balón como hace Menotti".

La euforia era entendible por esas horas y se trasladaba a buena parte de las calles de Madrid. Como dice Cano, en aquel café de Córdoba y Pueyrredón: "El Atlético de Madrid es el equipo más popular, no por cantidad de hinchas, sino por el estrato social al que pertenecen. El Real, en cambio, siempre fue el equipo del gobierno. El del Atlético es un hincha muy sufrido, que siempre fue segundo del Madrid". Por eso el disfrute era desbordante.

Lo que vino después, en los días siguientes, fue una exaltación de la figura de César Luis Menotti. El técnico había vuelto a ocupar un lugar destacado en la escena internacional. Era lo que había ido a buscar a España.

"Los entrenamientos eran muy amenos, con mucho balón, pero también se ensayaban algunas jugadas tácticas", recuerda López Ufarte. Pese a su buen andar, Menotti tenía que terminar de ensamblar el equipo. Confiesa López Ufarte que "el sistema de achique costó muchísimo trabajo, fue difícil hacer entender a los defensores que era la mejor manera de defender. Hay que decir que la línea de atrás estaba compuesta por jugadores veteranos que siempre habían jugado de una manera más simple".

Estaban acostumbrados a pegarle de punta y para afuera, y Menotti les pedía control de pelota, achique de espacios, elegancia. Para algunos, eso era demasiado. Como diría Cano: "Goicoechea tenía 30 años, siempre haciendo lo mismo. ¿Qué le iba a enseñar?"

López Ufarte considera que el equipo había cambiado su estilo definitivamente. Y esto había traído aparejados triunfos varios, lo que conllevaba la algarabía de los hinchas. Pero el jugador sabe que el amor no es eterno. "Menotti nos transmitió mucha seguridad en nosotros mismos, dándonos confianza. Nos decía que saliéramos a jugar sin complejos, que disfrutáramos del fútbol. Al ganar todo eran alabanzas. La afición se volcó con nosotros, para ellos ya estaba la temporada salvada. Pero nosotros sabíamos que, en la consideración, eres tan bueno como el último partido que hayas jugado".

El Derrumbe

Los buenos vientos dejaron de soplar luego del receso navideño. "Existían todos estos pequeños problemas, que nadie los conocía, ni los hinchas, ni la prensa, sólo los que estábamos dentro del club –recuerda Cano. No era nada extraordinario, pero poco a poco fueron desgastando la relación entre Menotti y Gil y Gil".

Dice también que, para enero, luego de caer goleado inesperadamente por 5-1 frente al Athletic de Bilbao, la prensa empezó a comentar que el equipo se caía físicamente. Y, claro está, apuntó todos los cañones sobre el trabajo de Rogelio Poncini. Menotti se sintió molesto. Al mismo tiempo el Real Madrid, líder de la Liga, se alejaba en la tabla de posiciones. Cano mira la borra del café y reconoce que se habían generado desmesuradas expectativas con ese equipo.

López Ufarte coincide: "El problema de fondo fue que el Real Madrid se fue distanciando y eso no lo admitía Gil y Gil ni su entorno. Hay que recordar que se habían hecho muchos fichajes pensando en un proyecto a dos o tres años. Las polémicas ese año estuvieron a la orden del día. Intentamos aislarnos de ellas, pero no fue posible. Jesús Gil y Gil era un terremoto, no había término medio para él".

Lo cierto es que para febrero la situación era complicada. Menotti ya no tenía aires triunfalistas. "Somos un equipo más del fútbol español, con algunos buenos futbolistas y con mucho coraje. Todos los méritos que hemos hecho es porque poseemos más coraje que los otros", le dijo por entonces a la prensa especializada. "Mi tarea en este momento es meter al Atlético Madrid en alguna Copa europea".

Menotti insistía por entonces en que el plantel era corto, que apenas tenía 18 jugadores. Y que trabajaban en las divisiones inferiores, sin mayor éxito. En esos días lanzó su primera advertencia: "Mi contrato vence en junio".

La realidad es que en medio de la tormenta Menotti ya había sostenido en su hotel una serie de reuniones con Hugo Santilli, presidente de River, quien lo quería llevar a Núñez como mascarón de proa de un "gran proyecto" futbolístico. El entrenador no ocultaba los encuentros y le contó a El Gráfico que cenaron y conversaron de fútbol con el dirigente. "Parece que recién ahora cuenta con el dinero para concretar sus planes", confesó.

Sin embargo, aclaró que no está negociando ningún contrato con Santilli, y sobre todo remarcó que había que respetar a Carlos Griguol, quien entonces era el técnico de River. Pero algo se estaba cocinando a fuego lento. Por esos días volvió a comentar en El Gráfico que pensaba exigirle al Atlético de Madrid la renovación del contrato

por tres años, algo imposible si se tiene en cuenta la inquina que mantenía con el presidente. Y enfatizó: "Si no renuevo me vuelvo a la Argentina. Extraño mucho, pero allá todo es difícil, muy difícil".

En el Atlético de Madrid no miraban con malos ojos la salida de Menotti. Los resultados no eran los esperados, pese a la buena campaña que estaba redondeando el equipo. "Nosotros sabíamos de las reuniones que Menotti mantenía con Santilli, pero la verdad es que no le dábamos mayor relevancia", cuenta, con media sonrisa, Rubén Cano.

Sólo una sucesión de victorias categóricas podía volver a encumbrar a César Luis Menotti. Pero, por el contrario, las dificultades se multiplicaron en el plantel. En momentos decisivos se lesionó Goicoechea, bajó el rendimiento de López Ufarte, operaron a Setien y Juan Carlos, y Alemao pidió irse al Nápoli para jugar junto con Diego Maradona y Careca. Y por si todo esto fuera poco, Futre, el estandarte de Gil y Gil, había perdido capacidad de sorpresa y sopesaba ofertas millonarias del Barcelona, Juventus y Roma, club para el que finalmente terminaría fichando.

A fines de febrero el Atlético de Madrid cayó por 2-0 en su cancha frente al Barcelona. Luego le siguieron un empate sin goles contra el Real Murcia, otra derrota frente a la Real Sociedad y un opaco 0-0 frente al Real Valladolid. Gil y Gil disparó entonces con munición gruesa: "Mis jugadores cierran todas las discotecas madrileñas. No tengo profesionales, están más ocupados en sus negocios que en el Atlético. A fin de año hay nueve que seguro se van de acá. Mis jugadores no ponen en el campo lo que hay que poner".

A la ristra de malos resultados por la Liga se le sumó una eliminación categórica en la Copa del Rey frente a la Real Sociedad, que lo goleó por 5-0. Impulsivo, Gil y Gil abandonó los palcos rumbo al vestuario y en el camino hizo el gesto de que le cortaría la cabeza a todos los jugadores, Menotti incluido.

"Estos jugadores parecen cadáveres vivientes, no se pueden ni atar los zapatos. Sólo saben correr a la hora de venir a cobrar", les dijo a los periodistas que lo esperaban en los pasillos del estadio. Días después Menotti respondió a las críticas: "No leo declaraciones realizadas por gente que no es profesional y que no sabe nada de fútbol". El final estaba sellado, sólo era cuestión de tiempo.

Durante la semana los diarios deportivos cuestionaron con dureza al Atlético de Madrid. Un columnista afirmó: "El Atlético está mal preparado físicamente. Los últimos estudios aeróbicos fueron desastrosos. En el plantel no entrena nadie. La culpa es del presidente por no exigirle a Menotti que trabaje con un PF".

Futre detonó la bomba en el vestuario: "La verdad es que acá trabajo menos que en el Porto. Allá lo hacía en doble turno, pero eso no quiere decir que acá no se trabaje". El portugués, un delfín del presidente, intentaba recomponer su imagen luego de que fuera sorprendido en plena negociación con la Roma. Estaba por abandonar el barco sin previo aviso.

Alemao fue de los pocos que defendió al técnico: "Menotti es el mejor DT que he tenido en mi vida. Lo que dice Futre no es verdad". La crisis estaba desatada. Ya no sólo las críticas venían desde afuera, sino que ahora surgían desde el propio seno del plantel. De alguna manera, Menotti les dio a sus jugadores un mensaje final: "Señores: ustedes son los que tienen que ganar. Y lo tienen que hacer por ustedes mismos, no por nadie".

Paradojas del fútbol, el clásico con el Real Madrid en el Vicente Calderón se perfilaba como la batalla decisiva. Pero el Atlético llegó diezmado a ese 20 de marzo y, además, los rumores sobre el alejamiento del técnico recrudecieron.

El sábado los diarios afirmaron que Menotti había presentado la renuncia, pero la versión fue descartada. Gil y Gil, en la previa de un duelo clave, volvió a hablar: "No me pregunten si me equivoqué al comprar jugadores o no. Mi única equivocación fue dejar que se marchara nuestro PF Angel Vilda, le tendría que haber exigido a Menotti que lo mantuviera. Respeto al señor Poncini, pero necesitamos un PF. Yo soy un ganador, no acepto derrotas. Quiero ganar siempre en mi vida".

Menotti volvió a lanzar una advertencia: "No renuncio a mis compromisos. Trabajaré hasta cumplirlos. Claro, si en medio no ocurren otras cosas".

En el clásico el Atlético empezó jugando mejor. Como en el partido de la primera ronda, el achique de espacios resultó eficiente. Quizás el momento determinante fue cuando, igualado el cotejo en cero, López Ufarte marró un penal, que pegó en el poste izquierdo del arco defendido por Buyo.

Y allí todo se derrumbó hasta terminar en el 3-1 para el Real Madrid. Como si eso no fuera suficiente, Futre cometió adrede dos manos infantiles y se hizo expulsar. Dejó el césped llorando. De camino a las duchas recibió el consuelo de Gil y Gil, que había abandonado la platea para abrazarlo. "Pronto todo se solucionará", le dijo en un intento por calmar a su estrella.

En la puerta del vestuario, el presidente anunció el despido: "El señor Menotti no estará con nosotros el próximo año. Y mañana vamos a conversar para ver qué pasa. Esto está acabado. A lo mejor

mañana lo despido. Aquí todos dicen que soy el culpable, pero hay otro culpable. Menotti se va, se va del Atlético".

Los puentes estaban definitivamente rotos: "No lo entiendo al señor Gil. Esto no es una cuestión unilateral. ¿Quién le dijo a él que yo me quería quedar? Yo jamás le dije que quería continuar un año más. Yo no me quedaría a lo mejor ni por dos millones de dólares. No vine para salir campeón. El sabe que estamos dentro de los parámetros que nos trazamos a principio de temporada. Yo no firmé que íbamos a salir campeones".

Cano mira el tránsito intenso de la mañana porteña a través de los cristales del bar. "El tercer puesto no era positivo para Gil y Gil. Como mínimo él quería estar segundo y con chances hasta la última fecha. Dar pelea. Pero todo se terminó pronto porque el Real se cortó solo".

López Ufarte lo vivió y lo sufrió desde adentro del campo. "En ese partido, después de haber fallado un penalti y haber perdido con el eterno rival, la afición no aguantó más y mostró su descontento. Mi balance como jugador es que tuvimos una primera vuelta fantástica. Con respecto a Menotti, yo diría que no le dejaron hacer su trabajo. Aun así fue siempre fiel a sus principios".

El 23 de marzo de 1988 el presidente del Atlético de Madrid, Jesús Gil y Gil, y César Luis Menotti firmaron la disolución del contrato. Ya de regreso en Buenos Aires, Menotti hizo un extraño balance en un reportaje al diario Clarín. "Me fui bien hasta con el presidente, que es un tipo muy especial, imprevisible. Y especialmente me fui bien con los jugadores, salvo con Futre, a quien no le gustó esa declaración mía de que él no es Maradona. Justamente, hace unos años, Maradona se enojó porque dije que él no era Pelé".

Y agregó: "Lo que pasó con el equipo es que se habían despertado grandes expectativas y cuando le ganamos a todos los grandes afuera (incluida la goleada al Real Madrid) jugando muy bien, pensaron decididamente en que ya éramos campeones. Al perderse la chance empezaron las dificultades. Claro, se habían olvidado de que antes de iniciarse el torneo estaban felices de salir entre los cinco primeros y clasificar para la Copa UEFA. Y yo me fui con el Atlético tercero..."

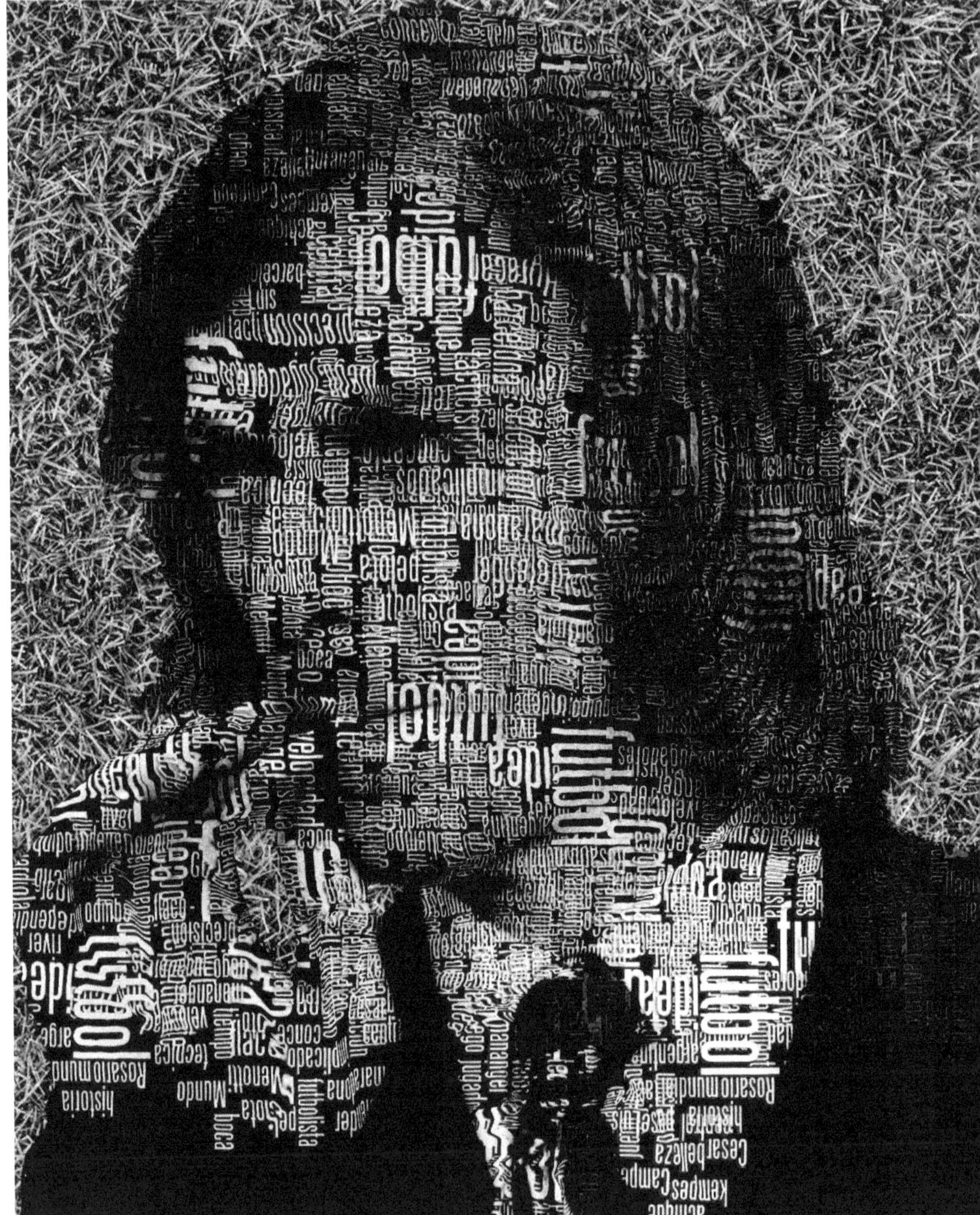

CAPÍTULO 9

PROMESAS INCUMPLIDAS

Hay técnicos que por su perfil parecen haber sido hechos a la medida de algunos clubes. En la fantasía del mundo del fútbol, César Luis Menotti era un hombre cortado a tijera para River Plate. El entrenador hacía un culto de la elegancia en el juego, la institución predicaba un estilo de galera y bastón. Eran el maridaje perfecto.

Sin embargo, tres veces había intentado River contratar a Menotti, dos bajo la presidencia de Rafael Aragón Cabrera, y en cada una de ellas había naufragado. Hugo Santilli encabezaría la cuarta misión, convencido de que el hombre era la figura ideal para su proyecto futbolístico repleto de estrellas.

Apenas tres años antes River había paseado su nombre por América y el mundo de la mano de Héctor Bambino Veira. Se había consagrado por primera vez campeón de la Copa Libertadores tras derrotar al América de Cali, y también había conquistado la Copa Intercontinental al batir al Steaua de Bucarest en Tokio. Nombres como los de Norberto Alonso, Enzo Francescoli, Oscar Ruggeri, Nery Pumpido, Antonio Alzamendi o Américo Gallego quedarían para siempre en la memoria del hincha.

Pero luego de la consagración llegó el tiempo del éxodo y el recambio. El club decidió dar un giro de 180 grados en la conducción. Se fue el Bambino Veira, con su pelo dorado y largo, su risa a carcajadas, las mil noches porteñas, las anécdotas infinitas, y llegó Carlos Timoteo Griguol, un veterano de gesto adusto, un sabio del fútbol con mucha prédica pero poco respaldo. Los hinchas lo verían como un técnico defensivo.

Ese River empalagado por la gloria entró en un cono de sombras. Y si bien es cierto que algunas figuras se habían marchado, no menos cierto es que habían surgido otras de la talla de Claudio Paul Caniggia y Pedro Troglio. Pero Griguol no le encontraba la vuelta al equipo y la disconformidad en las tribunas era evidente. Fue entonces cuando Santilli lanzó el Operativo Menotti.

Misión a Madrid

Sentado en los sillones de cuero, Hugo Santilli se apresta a contar para este libro la versión de los hechos. Piensa, recuerda aquella mañana en su departamento de Palermo, un piso en una torre desde la cual puede verse cómo se expande sin límites Buenos Aires, cómo el río marrón se parece a un mar. Hace calor y, parafraseando a Gabriel García Márquez, podría decirse que los rayos del sol entran como cuchillazos a través de la persiana.

La historia de la llegada de Menotti a River es larga, repleta de conversaciones, maniobras de ocultamiento, promesas y sueños grandilocuentes.

"River es una institución que tiene características diferentes con relación a la media del fútbol argentino. No solamente hay que buscar campeonatos, sino que además tiene que ganar jugando fino, jugando bien. Es un estilo de fútbol que viene de sus orígenes, de su historia, de sus raíces. Siempre ha sido una institución de fútbol ofensivo, pelota al pie, jugadores finos, de buen tratamiento de la pelota y por sobre todas las cosas, siempre buscando el arco contrario. Ergo, el técnico como los jugadores tienen que tener esa visión del fútbol", explica Santilli, de impecable traje, aún en la intimidad de su hogar.

"Nosotros fuimos a buscarlo a Menotti en un momento realmente importante de la historia de River, quizás en la más importante, porque en sus 107 años de vida River había logrado en la década del '80 los éxitos más trascendentes de su historia. Habíamos ganado el campeonato argentino, cuando era de doble rueda, por la máxima diferencia de puntos en el profesionalismo. Jugando un fútbol muy ofensivo, con un equipo en donde los tres de adelante hicieron 55 goles: la Araña Amuchástegui, Francescoli y Morresi. Después habíamos pasado a ganar la Copa de América, que era una tarea pendiente de 20 años, y la Copa del Mundo, la Intercontinental, en Tokio".

Pero la actualidad del equipo bajo la tutela de Carlos Griguol no era satisfactoria. Habían estado cerca de repetir, pero esta vez las cosas no se le habían dado como en partidos anteriores. "River perdió en ese año '87 la segunda Copa de América en un partido desafortunado contra Independiente, muy bien jugado por River. Funes erra un gol en la cancha de Independiente, íbamos ganando 1-0 y esto fue casi al terminar el primer tiempo, la pelota dio en el poste y perdimos por 2-1 tras dos contragolpes. Ahí queda marginado de lo que seguro era la segunda Copa Libertadores y la Copa del Mundo, que después ganó Peñarol, a quien River le había hecho tres goles, lo había liquidado. Así que si River le ganaba a Independiente estaba en la final".

"Nosotros habíamos creado en River Plate un clima victorioso, que se había transmitido a la hinchada, a la tribuna, al socio, y esa frustración generó algunas resistencias a la gestión de Griguol. Necesitábamos una vuelta de campana para cambiar esa visión. Y la figura era Menotti".

Entonces fue que Santilli decidió tomar un avión y viajar a Madrid. Tenía que convencer a Menotti, que quemaba sus últimos cartuchos en el Atlético, para que se hiciera cargo de River. La tarea no sería nada sencilla. El presidente llegó a la capital española en el vuelo de las 7.30 junto a su esposa Mara. La versión oficial era que estaba en Europa con el fin de contratar tres equipos de cartel internacional para disputar el cuadrangular Cincuentenario del estadio Monumental.

Creía Santilli que el primer movimiento había pasado inadvertido. El dirigente y su mujer se alojaron en el hotel Princesa Isabel, no muy lejos del Foxa, adonde residía César Luis Menotti y donde solía concentrarse el plantel del Atlético de Madrid antes de disputar los partidos. ¿Por qué semejante osadía? El responde: "Yo tenía una vieja relación con él, nos tratábamos, salíamos a cenar y hablábamos mucho de fútbol. Sobre los diseños, cómo veíamos a River y al fútbol argentino. Esas charlas que siempre con César eran apasionantes porque esencialmente es un ideólogo y un doctrinario del fútbol. El tiene conceptos muy definidos sobre el fútbol y sus características lo llevaron a imponer una escuela".

Pero lo que Santilli no sabía era que un periodista le estaba pisando los talones. "La prensa estaba muy dividida, con gente a favor de que fuera a buscar a Menotti y una prensa enojadísima con esa posibilidad. Entonces yo tuve que mantener esta gestión en secreto. Pero mi ida a España fue seguida por un periodista de *El Gráfico*, que era Aldo Proietto, y ya desde ahí se nos hizo muy difícil. Yo estaba en el Princesa Isabel y lo veo aparecer a Aldo desde atrás de una columna".

Entonces, reproduce el diálogo:

—¿Qué hacés acá?

—Si vos no nos decís lo que vas a hacer, venimos a buscar la información.

—Lo que yo vengo a hacer acá es pasear. Me lo merezco por todas las presiones que tengo en mi vida. Y además a hablar con amigos.

—¿Entre esos amigos está Menotti?

—Obviamente que está Menotti. Pero eso no significa nada.

Tras ser descubierto, Santilli decidió cambiarse de hotel y se fue al Orense 32. Por esos días César Luis Menotti desmentía ante la prensa cualquier tipo de contacto con River, sobre todo porque Carlos Griguol continuaba al frente del equipo. "Santilli no me ofreció nada. No fue como otras veces que llegó y me dijo: 'Quiero que seas el entrenador de River'. Y por distintas razones nunca coincidimos. Cuando él me buscaba, no podía aceptar su oferta. Ahora, claro, en junio termino mi contrato y en ese momento River será una posibilidad", le dijo Menotti a *El Gráfico.*

"Lo que no puede hacer Santilli ahora es lo que vos me preguntás: decirme que quiere cambiarlo a Griguol por mí la semana que viene. Eso no lo puede hacer. Si las circunstancias hacen que Griguol se tenga que ir de River, él buscará otro entrenador, pero no vendrá a buscarme a mí porque sabe que no voy a aceptar. Lo sabe él y lo saben todos. Creo que esto está muy claro. No, Santilli no va a venir, quedate tranquilo... él sabe cómo pienso yo y yo sé cómo piensa él. Si me llama lo voy a atender. El tiene toda la confianza del mundo para llamarme. Aún no tengo decidido nada. Junio está lejos todavía".

Más allá de la cortina de humo, la operación seguía su curso. Hugo Jinkis, representante y amigo de Menotti, mantenía veladas reuniones con Santilli. La noche del 22 de marzo el empresario cenó con el presidente de River y su esposa en el restaurante La Fonda, una parrilla donde sirven carne asada al estilo argentino. El técnico no fue de la partida.

El 23 repitieron el encuentro. Ese mismo día Menotti acababa de firmar su desvinculación del Atlético de Madrid. Tras la cena, Jinkis y Santilli acordaron los siguientes puntos: resolver el tema Griguol; crear el cargo de Director General de Fútbol; depurar y reforzar el plantel; conversar de ahí a junio por si sale otra oferta; guardar silencio y negar las negociaciones.

El 29 de marzo, satisfecho por la gestión, Santilli paseaba por París, escala previa a Berlín, adonde vería un partido amistoso del Seleccionado nacional. Allí volvió a toparse con *El Gráfico* y habló del futuro: "Si no es Griguol, el candidato más firme es Menotti".

A fuego lento

El acuerdo se negociaba a fuego lento, pese a que ambas partes negaban el contacto. Santilli insiste en refutar lo que dice el archivo. "No hubo nada de eso. Sí hubo una conversación tendiente a que si River se desvinculaba de Griguol y Menotti del Atlético, podíamos volver a hablar. Luego se desvinculó Griguol y ahí comenzamos la negociación con Menotti bajo la circunstancia de la transferencia de varios jugadores que nos obligaba también a conformar un nuevo equipo".

Ya de regreso en Buenos Aires, Menotti le dio una entrevista a *El Gráfico*, sentado en un café de Recoleta. Había vuelto a su medioambiente. Pero algo era distinto en él: ya no fumaba los cigarrillos Parissienne, sino que los había cambiado por unos cigarros negros fabricados en España con tabaco cubano.

Más allá de esto, era el mismo de siempre. "Mi intención es quedarme en Buenos Aires. Sólo volvería a Europa por mucho dinero", le contó a la revista. Entonces explicó que el técnico más cotizado era Nils Liedholm, de Roma, que ganaba 700.000 dólares por temporada. Y confesó que él le pidió el doble al París Saint Germain: "Fue una respuesta para que digan no, pero si la aceptan hago de nuevo las valijas".

Una semana más tarde se prestó al micrófono de *Clarín*. Reconoció entonces que mantuvo algún encuentro con Santilli, pero que ninguna de las charlas había sido determinante. Y reveló que el dirigente le preguntó por el danés Preben Elkjaer Larsen, por Julio Zamora y Jorge Valdano. "Tengo muchas ganas. Estoy libre, con una motivación bárbara y con la intención firme de quedarme en la Argentina", aseguró.

Menotti reveló también que recibió una oferta para dirigir al Fluminense de Río de Janeiro, con la chance de luego conducir al seleccionado de Brasil. "El próximo 2 de mayo le contestaré definitivamente al presidente Luiz Almeida Braga", dijo, y afirmó que a igual propuesta se quedaba en la Argentina. Pero que entre River y la selección brasileña, elegía la selección. "Me iría a conducirla ahora mismo, así, con lo que tengo puesto. Es como ganar el Oscar".

El tiempo pasa velozmente y el camino se va desbrozando de compromisos. El 7 de junio Griguol acordó su salida de River. Menotti y Santilli sellaron entonces un pacto de palabra, pero el entrenador le pidió no asumir al frente del primer equipo hasta que terminara el campeonato. El presidente aceptó la idea.

Mientras tanto, poco a poco se iba diseñando el plantel para la temporada venidera. La Comisión Directiva hizo su primer movimiento y contrató a José Luis Chilavert y Darío Siviski, ambos de San Lorenzo, por 600.000 dólares a pagar en cuotas, más los pases de Sergio Goycoechea y Néstor Gorosito. La transacción, sin embargo, quedaría deshecha algunas semanas más tarde.

"Una de las cosas que lamento es que hicimos la operación de Chilavert por Goycochea, operación que hubiera cambiado la historia. Hubiéramos traído un jugador en la plenitud, en su momento de extraordinario despegue. Y se frustró porque no pasó el examen médico Goycochea. Creo que si no el equipo de Menotti hubiera tenido el equilibrio que le faltó en la zaga", recuerda Santilli con un dejo de resignación. Y dice que el diagnóstico del arquero estrella del Mundial '90 era "artritis rematoidea en todo el sistema de las cervicales, algo que no le impidió continuar con su carrera. Y creo que no sufre demasiado de eso. Así que me parece que no hay que confiar mucho en los médicos tampoco".

Hubo también un incontenible proceso de éxodo. El mercado europeo es insuperable. "Se venía inexorablemente un cambio en el equipo. Ya sabíamos nosotros del interés de España por los jugadores, las ventas eran imposibles de ser paradas. Lo que allá valía un millón acá valía cien mil dólares. Allá se pagaba un millón de prima y acá cien mil. Era imposible retener a esos jugadores. Pensemos que las primas más caras que River pagaba, a Alonso y Ruggeri, eran de 120.000 dólares".

A fin de mes el acuerdo de palabra entre Menotti y Santilli era un secreto a voces, y el Flaco dio su primera entrevista como técnico de River, pese a que todavía no había firmado su contrato. Habló entonces con *El Gráfico* de un proyecto al que sólo podía caberle la gloria. Estaban condenados al éxito.

Por lo pronto, el entrenador sacó del arcón de los recuerdos un dato que muchos habían olvidado. Menotti había jugado en River. ¿Cómo? ¿Cuándo? En 1963 Rosario Central lo prestó al club de Núñez para que disputaran en Turín un partido amistoso frente a la Juventus de Enrique Omar Sívori. Fue apenas un cotejo, pero al entrenador le sirve para mostrar cierta identidad riverplatense, que claramente no tenía.

"Queremos ofrecer cosas para que el hincha goce. River va a ser generoso. Y va a ganar. ¿Cómo? Jugando bien cada vez que se pueda, jugando lindo. Como decía (Julio) Cortázar, la gente necesita tanto de la verdad y de la Justicia como de la belleza. El compromiso más grande que tengo en mi vida es no traicionar mi propuesta. Quiero

ganar siempre, pero para mí es muy importante cómo lograrlo. No quiero trampas".

También le dijo a la revista: "Quiero que mis jugadores sean felices, que es la mejor manera de hacer felices a quienes vayan a verlos jugar. Debemos lograr intensidad, fuerza, velocidad, jugar y jugar. Para mí la persecución del hombre condiciona su libertad. Orden sí, a muerte. El orden potencia la creatividad".

El plan de Menotti era claro. Quería contar con 20 jugadores profesionales: 16 de la Primera y 4 que trabajaran con 7 juveniles. Propuso, además, a Adolfo Pedernera –con quien lo unía una gran amistad– como secretario técnico.

"El plantel se entrenará por la tarde. Pero haremos trabajos individuales o de las pequeñas sociedades por las mañanas, siempre y cuando el calendario y las obligaciones lo permitan. La concentración será los sábados por la noche, después de la cena de cada cual en su casa". Y advirtió: el vestuario estará vedado para la prensa. "Es un lugar íntimo del grupo", enfatizó.

Por último, fijó el objetivo: "Tengo muy poco tiempo para armar un grupo totalmente nuevo. Pero ese es un problema interno. Arrancamos en septiembre y tres meses después, en diciembre, tengo la obligación de poner a River primero para participar en la Copa Libertadores".

Llegó la hora

El jueves 14 de julio de 1988 se produjo la firma oficial del contrato. César Luis Menotti llegó al Monumental vestido con un saco gris a cuadros, camisa blanca, corbata al tono y pantalón negro. Rubricó el acuerdo por 18 meses, hasta el 31 de diciembre de 1989, junto con el presidente Hugo Santilli y el vice, Osvaldo Di Carlo. También estaban Cayetano Rodríguez, Rogelio Poncini y Hugo Doree, parte de su equipo de trabajo que se completaría con Oscar Dean y el doctor Horacio Leali.

Había decidido que los entrenamientos se llevaran adelante en el Hindú Club. Allí convocó a los jugadores que tendría en cuenta para el nuevo ciclo. La lista comprendía a José Luis Chilavert, José Miguel, Jorge Gordillo, Jorge Borelli, José Tiburcio Serrizuela, Jorge Higuaín, Carlos Enrique, Daniel Oldrá, Ernesto Corti, Omar Palma, Gerardo Reinoso, Antonio Alzamendi, Jorge Da Silva, Germán Panicheli, Mario Bevilaqua, Ramón Centurión, Julio Zamora, Fabio Talarico y Gustavo Zapata. Luego se sumarían Oscar Ruggeri, Dario Siviski y Héctor En-

rique, que estaban con la Selección. Más tarde se concretarían los pases de Jorge Rinaldi, Milton Melgar, Angel Comizzo, Abel Balbo y Claudio Borghi.

En el estadio, bajo las órdenes de Cayetano Rodríguez, marginados del grupo, quedaban Alejandro Montenegro, Jorge Villazán, Rubén Dario Gómez, Mariano Dalla Libera, Carlos Candia, Sergio Miguez, Adrián Pasceri, Guillermo Nicosia y Héctor Vittor. Ya se habían ido Nery Pumpido, Sergio Goycochea, Nelson Gutiérrez, Fernando Kuyumchoglu, Pedro Troglio, Néstor Gorosito, Claudio Morresi y Claudio Caniggia.

Santilli se acomoda mejor en el sillón de cuatro cuerpos y recuerda. "Casi todos los refuerzos que llegan son pedidos por él, también en función de las posibilidades. Se van de River cuatro jugadores clave: Juan Funes, Nelson Gutiérrez y Ruggeri, los dos centrales, y se va Antonio Alzamendi, el otro punta. Nosotros trajimos a Abel Balbo y a Julio Zamora para reemplazar los dos puntas. Y a Higuaín y Passarella para los centrales. Esos fueron los más importantes reemplazos".

Ahí, como al pasar, el expresidente habla de lo que fue otra misión difícil: el operativo seducción para convencer a Daniel Passarella de que no dejara el fútbol y culminara su carrera en River. "El estaba jugando en Europa y su opción era seguir allí o dejar. Yo lo fui a buscar a Italia y él decidió continuar un año y medio más", sobre todo porque lo esperaba Menotti.

Pero la verdadera muestra de lo que Menotti podía generar en el mundo River ocurrió durante el primer entrenamiento del equipo, el sábado 19 de julio, a puertas abiertas en el estadio Monumental. El técnico llegó al club a bordo de un taxi Dodge 1500 desde Recoleta, junto con Cayetano Rodríguez. A las 15.08 pisó el césped y se paró frente a 19 futbolistas que lo aguardaban sentados en un semicírculo.

Santilli lo presentó con estas palabras: "Como ustedes saben, River es una gran institución y necesita un director técnico con el prestigio y la jerarquía de quien está a mi lado".

Ahora que ha pasado el tiempo, el otrora presidente puede sopesar mejor aquel fenómeno. "Nunca se vio en el fútbol argentino que más de diez mil personas vengan a ver un entrenamiento. Había una gran expectativa en el vestuario. Menotti es un subyugador por naturaleza. Yo siempre considero que las dos condiciones esenciales del técnico son su capacidad de motivar y aprovechar las características de los jugadores. En el primer rubro creo que Menotti es el número uno".

Y agrega: "Sus charlas con los jugadores, la ubicación de los jugadores dentro de la institución adonde están jugando, su descripción

de la historia y del peso y de la importancia de lo que están defendiendo, y de la pasión que representan. Eso lo hizo en el Barcelona y lo hizo en River, es un fenomenal motivador".

Ante los jugadores reunidos, Menotti despachó su carga emotiva y les dijo: "Todos estamos en un club con historia, ustedes como jugadores y yo como responsable del equipo. Debemos ser dignos de esa historia. No defraudar las lecciones que nos llegan del pasado. El hecho de que ustedes estén en este vestuario dice que han hecho méritos, pero de ahora en adelante habrá que respaldar esos méritos con rendimiento: nadie va a jugar por sus antecedentes, sino porque se ha ganado un puesto. Este es un excelente plantel y vamos a tratar de poner a River en los primeros planos; eso lo vamos a conseguir si somos felices, si disfrutamos con lo que hacemos. A partir de este momento, ustedes son parte de una propuesta de fútbol que sea digna de la historia de este club".

Entonces los dirigentes aplaudieron, los jugadores se pusieron de pie y Menotti les fue estrechando la mano, uno por uno, hasta que se dispersaron por el campo.

Poco antes, en los pasillos de ese estadio que él tan bien conocía, habló con los periodistas reunidos, mientras caminaba cansino rumbo a la cancha. "Scalabrini Ortiz dijo una vez: cuando a usted le hablan de economía y no entiende, pregunte; si no entiende, pregunte otra vez; si sigue sin entender, le están mintiendo. En fútbol no hay tanto misterio, no hagamos de la táctica y la estrategia algo difícil. El hincha sabe quién juega bien y quién juega mal, aquí la gente aprendió viendo jugar a (Adolfo) Pedernera, (Jaime) Sarlanga, (José Manuel) Moreno, (Enrique Omar) Sívori, Ermindo Onega, (Diego) Maradona..."

"Yo no voy a fracasar sólo porque River no sea campeón de cada campeonato que juegue. Voy a fracasar si traiciono mi propuesta. Quiero que River recupere a la familia, que hoy no viene a la cancha porque tiene miedo. Quiero que River llene la cancha, que tenga un profundo respeto por la pelota y que sea capaz de jugar los 90 minutos que dura un partido". Era un Menotti de pura cepa.

Después de la práctica el entrenador tuvo la ingrata tarea de decirle a Américo Gallego, aquella columna de la Selección del '78, que no sería parte del proyecto. El jugador ya había sido notificado por los dirigentes, pero quería escucharlo de boca de Menotti. "La Comisión Directiva lo dejó libre y yo no me opuse", confesó el técnico. Reunidos a solas en el vestuario, el técnico le espetó: "Nadie en el mundo juega con volante tapón".

El Tolo trató de ensayar una última maniobra de resistencia, una defensa final. Dijo que Passarella no iría a River si él, su gran amigo, no estaba en el equipo. Pero la suerte estaba echada y el club ya tenía casi cerrada la contratación de Sergio Batista, que por entonces también era pretendido por Boca, y que se entrenaba solo en el complejo de Ezeiza.

Primera Función

A esa altura, Menotti ya había desgranado frente a los jugadores una buena dosis de sus conceptos futbolísticos. Les había remarcado aquello de que gozaban de entera libertad para la jugada personal, pero siempre en beneficio del equipo, no para lucimiento propio. Y diagnosticó los primeros problemas del grupo: "Algunos, como Carlos Enrique, Reinoso, Higuaín y Alzamendi –que todavía no se había ido al Logroñés–, están para jugar ya mismo. Otros acusan falta de fútbol porque llevan varios meses sin actuar, como Zamora".

Las primeras funciones de ese River repleto de estrellas se dieron en partidos amistosos de carácter internacional. El equipo jugó dos veces contra el Verona de Troglio y Caniggia; luego frente a la Universidad Católica en Chile; Como, Udinese y Roma, en Italia; y Panathinaikos, en Grecia.

Por esos días se cayó el pase de Chilavert y Menotti recomendó comprar a Angel David Comizzo, quien por características era el arquero que mejor se adaptaba a su estilo de juego con presión sobre el terreno rival. Necesitaba un arquero que supiera jugar con los pies, por eso dejó en el banco a José Miguel y Oscar Passet.

Como la transacción del arquero paraguayo no progresó, también se frustró la contratación de Siviski. Menotti sostenía que le faltaba gente por el flanco derecho. En cambio, le trajeron a Claudio Borghi, a quien no había pedido. "Mi opinión fue favorable porque es un jugador de lujo. Pero también le dije a Borghi que está en el momento de las grandes definiciones: o se convierte en lo que todos esperamos de él, o no será nada".

En medio de marchas y contramarchas, finalmente Daniel Passarella se sumó al plantel. Menotti lo presentó a sus compañeros el 23 de agosto en el Monumental. Y dijo: "Esta es una presentación muy especial, distinta a todas, porque se trata de un hombre que ya entró en la historia del fútbol argentino. Daniel es uno de mis jugadores preferidos. Les pido disculpas por decirlo, pero realmente es así. Es un jugador con el que vivimos, juntos, una época de oro del fútbol

argentino. Por eso tengo hacia él un afecto particular. En esta cancha Daniel ha logrado, conmigo y con otro grupo de gente, un título del mundo y varios campeonatos que conforman su rica trayectoria. Ahora vuelve a ella para acompañarnos en este proyecto que asumimos ustedes y yo".

Los partidos amistosos se sucedían, pero el equipo no terminaba por aparecer. Tras un empate sin goles frente a Talleres de Córdoba, Menotti comentó: "Falta competencia. La gente se engaña, cree que River tiene el plantel del siglo, pero ojo que acá hay sólo 17 jugadores. Faltan dos o tres más. Nos es todo como parece desde afuera". Después de eso firmaron contrato Abel Balbo, Fabián Basualdo, Jorge Rinaldi y el Checho Batista.

A los futbolistas les dio una dura reprimenda: "Profesionales como ustedes no pueden agarrar diez pelotas y perder seis. Así no vamos a ningún lado. Yo mismo creo que si me prendo hoy en un picado, de diez pelotas no regalo más de cuatro. Y si no es así me daría vergüenza de que otros pudieran pensar que no sé jugar, que nunca fui jugador. Contra Talleres no podíamos hacer tres pases seguidos y es inaceptable que hombres que están en River no puedan conseguir eso".

Tras la gira, Menotti hizo su balance. Vio jugar a Passarella, que conformará la dupla central con Higuaín, y quedó conforme. Pero más contento se mostró todavía con el arquero Comizzo. "Lo de este chico es realmente importante, yo veo que el fútbol argentino está en presencia de un futuro gran arquero. Vive adelantado a la jugada, juega. No tenemos diez hombres de campo y un arquero, sino once jugadores". Pero aclaró que los refuerzos llegaron sobre la hora, y que a poco de empezar el campeonato el equipo estaba 6 puntos.

El Gran Debut

Después de tanto negociar el arribo al club, después de tejer con esmero un proyecto futbolístico, de ir acumulando tanta ansiedad antes del debut, de mucha prueba y error, finalmente podría decirse que la oportunidad de Menotti en River fue apenas un fogonazo. Una experiencia que se agotó a poco de comenzar.

Si bien el calendario del campeonato tenía 38 fechas previstas y una Liguilla Pre Copa Libertadores, el sueño duró tan sólo dos partidos. Eso, y nada más. Y se derrumbó como un castillo de naipes, pese a que River continuaría con su derrotero en el torneo, sin mayor suerte.

Ese año la AFA había decidido implementar una serie de modificaciones reglamentarias en la disputa del certamen con el afán de devolverle al fútbol algo de la emoción que los equipos no le estaban dando. Fue entonces que se ensayó, por única vez, la variante de otorgarle tres puntos al equipo ganador, con la salvedad de que los partidos empatados se dirimirían con remates desde el punto del penal. El vencedor se llevaría una unidad extra.

El 11 de septiembre de 1988 River debutó en el campeonato enfrentando a Platense en su cancha de Vicente López. Inesperadamente, perdió 2-1. Marcelo Espina y Ariel Boldrini anotaron para el ganador; Ramón Centurión había logrado el transitorio empate. Esa tarde la formación inicial elegida por Menotti fue con Comizzo; Basualdo, Borelli, Passarella y Enrique; Reinoso, Corti, Borghi y Palma; Centurión y Balbo. Suplentes: Passet, Serrizuela, Gordillo, Melgar y Bevilacqua.

Dos días después del primer revés, el entrenador lanzó las primeras críticas en *El Gráfico*: "No hubo pequeñas sociedades. No llegaron a construirse. Sólo asomaron jugadores dispersos que alcanzaron un desempeño sobresaliente, como los casos de Corti, Passarella y Comizzo". Y se excusó, tuvo que poner dos números 9, dos hombres que transitan el centro del ataque, porque Zamora se había desgarrado tres días antes del partido.

El golpe de gracia llegó una semana más tarde. River recibió a Boca en el estadio Monumental y cayó por 2-0, con goles de Alfredo Graciani y Walter Perazzo. El balance era negativo: dos jugados, dos perdidos. Y una inversión millonaria en nombres que tardaban en ensamblarse como un equipo.

Tras la caída que los alejaba de la punta y, por sobre todo, que sembraba de dudas el proyecto que encabezaba Menotti, el entrenador reflexionó: "River tuvo más que Boca. Pero insisto, no me quedo en las excusas. Faltó contundencia, y eso se paga. ¿Cómo? Con un centro de Tapia que le cae a Perazzo como un globo, y ellos nos hacen el primer gol. Y después con un pique de Graciani que no achicamos bien: en lugar de dejarlo off side por diez metros nos metió el segundo".

Sabía que el hincha empezaba a sentirse un poco molesto y le acercó su mensaje a través de *El Gráfico*: "Quiero decirle a la gente de River que no baje los brazos porque el campeonato es muy largo, sólo perdimos dos partidos". La revista había sido certera en su evaluación: "En River el grupo no existe. Hay un gaucho de cada pueblo".

Recién en la tercera fecha el equipo logró la victoria. Derrotó a San Lorenzo por 2-1, con goles de Higuaín y Balbo –empató transitoriamente el *Beto* Acosta–. Tenía 3 puntos y habitaba los últimos puestos de la tabla de posiciones. El equipo no terminaba de conformar al entrenador, que entonces implementó cambios. "No tuve tiempo de trabajar antes del campeonato, tranquilo, con los once que yo quiero... Ahora se va armando otra, ya está".

Vendrían entonces una sucesión de resultados varios, algunos triunfos, empates que luego no hallaron mejor suerte en la definición desde el punto del penal, alguna derrota. El campeonato avanzaba y River no terminaba de subirse al lote de punteros. El plan era ganar esa primera ronda para clasificarse a la Copa Libertadores, pero el objetivo estaba distante.

Ahora que todo esto ha pasado ya, Hugo Santilli tiene tiempo y mesura para hacer el balance futbolístico. "Hubo dos cosas que impidieron que Menotti fuera campeón con River. Una fueron los goles que no hizo ese fenomenal jugador que era Abel Balbo. Balbo, que era un goleador notable, en ese campeonato debe haber errado los goles que después hizo el resto de su vida. Para contar, un partido frente a Independiente en el que erró cuatro goles solo frente al arquero. En una, casi sin el arquero. Circunstancias naturalmente anormales en un definidor de esas características".

Y agrega: "Además, con el achique, la zaga de Higuaín y Passarella no era la ideal para esa cobertura, porque eran jugadores un poco veteranos para salir a cortar a la mitad de la cancha, achicando espacios. En definitiva, el equipo jugó bien, no ganó el campeonato, pero jugó buen fútbol".

Fin de ciclo

Los resultados no se daban y las críticas se volvieron punzantes. *El Gráfico* cuestionaba entonces que River compró 17 jugadores y la responsabilidad de armado la llevaba Juan José Borrelli, que tenía apenas 17 años. Menotti lo había puesto en la misma habitación que el Checho Batista para que el volante campeón mundial lo fuera formando.

Hacia el mes de noviembre River estaba a diez puntos de los líderes Boca y Racing. Al plantel lo envolvía la falta de confianza. "Si nos regalan un pato, seguro que se nos ahoga", comentaba el Negro Palma. En la semana circula el rumor de que Higuaín y Passarella habían tenido un enfrentamiento que casi termina a golpes de puño.

"Sí, es cierto, los técnicos dependemos de los resultados, pero de ninguna manera me siento inseguro en River. Yo nunca sentí inseguridad, en ninguna parte –comentó Menotti–. Todavía falta un poco para que diga éste es mi equipo. Algunos jugadores tienen que darse cuenta de que están en River, y que con esta camiseta hay que arriesgar, no se puede jugar a medias".

A comienzos de diciembre River empató 4-4 con Deportivo Mandiyú en el Monumental, luego de haber ido perdiendo 3-0. Menotti, entonces, lanzó una frase lapidaria: "No somos un equipo ofensivo, somos un equipo suicida".

El entrenador tenía claro, y lo afirmaba ante la prensa, que el equipo era una sumatoria de arrestos individuales, que no se recuperaba ante la adversidad, que era desprolijo y no tenía una línea definida de juego. En el entretiempo de algunos partidos comenzaban a bajar tímidos silbidos desde la tribuna.

Cuando llegó el receso estival, culminada la primera ronda del campeonato, River era el equipo más goleador con 31 tantos (24 de local): 18 los anotaron entre Da Silva y Balbo. Pero además tenía el arco más vencido: con 23 goles en contra. En 16 cotejos presentó 7 defensas diferentes. La compuesta por Basualdo, Higuaín, Serrizuela y Gordillo fue la que más actuó, cinco veces. Usó 23 jugadores y sólo 2 (Comizzo y Balbo) estuvieron en las 16 fechas. Definió 4 partidos empatados con remates desde el punto del penal, pero ganó uno solo.

Por esos días, el plantel se juntó a comer un asado en San Isidro, en la casa de Passarella. La idea, afianzar el grupo y decirse en la cara algunas cosas que no gustan. Se multiplicaban los rumores de malestar en el plantel, de cierta inquietud en los jugadores motivada por el constante cambio de nombres que Menotti ensayaba en sus equipos.

La inminente crisis exigía calma y reflexión. Menotti aprovechó los días de vacaciones y cruzó el Río de la Plata para descansar en Punta del Este. Entonces atendió a la prensa: "Frente a este River, más que expectativa se generó una ecuación equivocada: con este equipazo, si gana River es robo y si pierde la culpa la tiene el entrenador. Lo que yo digo es que este equipo no garantizaba absolutamente nada".

"Sigo apelando al achique porque al fútbol de zona hay dos maneras de jugarlo: o achicando para atrás o achicando para adelante. River tiene que correr el riesgo de ser ofensivo".

"Nunca se me cruzó por la cabeza la idea de irme, a mí me gusta pelear con lo que tengo. Pero ojo, se acabó la etapa de pruebas, llegó la hora de la realización, de la concreción. Este proyecto nunca

fue tan revolucionario como se dijo. Lo más importante a lograr es que consiga una línea, que juegue un determinado tipo de fútbol".

Y culminó: "No estoy arrepentido de haber vuelto. Yo ya recibí más cachetazos que Cassius Clay y estoy acostumbrado. De algo sí estoy cansado: de dar explicaciones".

De regreso a la Argentina, volvió a ponerse al frente del equipo que realizaba la pretemporada en la Villa Marista de Mar del Plata. Aunque le ganó a San Lorenzo por la Copa de Oro, los cuestionamientos recrudecieron. En ese contexto adverso, Passarella anunció que en junio dejaría el fútbol, víctima de reiteradas lesiones que lo tenían a maltraer.

Ya lo había advertido Menotti: se había acabado el tiempo para las pruebas. Era el momento de darlo todo, los últimos cien metros antes de llegar al disco. River jugó entonces la primera fecha de la segunda ronda del certamen frente a Platense. Como una pesadilla reiterada, esta vez perdió 1-0.

"Buscamos por afuera, por adentro, de arriba, de abajo. Tuvimos siempre la pelota, el rival apenas cruzó la mitad de la cancha, creamos ocho situaciones de gol, el partido fue nuestro de punta a punta y, sin embargo, perdimos", explicó el entrenador frente a los micrófonos que lo acosaban al salir del vestuario.

El filósofo Tomás Abraham escribió entonces: "Los primeros quince minutos mostraron a un River que hacía efectivo lo mejor que vi a los equipos de Menotti. Velocidad, destape, ataque con cinco o seis jugadores, iniciativa a cargo de elementos cada vez diferentes, aprovechamiento de los espacios laterales, juego a las puntas y subida de los marcadores, finalización de las jugadas con dos o tres pases certeros y un remate al gol, en fin, parecía que Menotti podía conseguir nuevamente el fervor de los amantes del fútbol con un equipo imparable. Sin embargo, las cosas no sucedieron así".

Plasmaba, en un puñado de líneas, el alma misma de lo que era aquel equipo sin rumbo. "River, como todos los equipos conformados por Menotti, se compone de un plantel pletórico de volantes de creación. Menotti supone que con varios de estos elementos, la dimensión místico religiosa que lo atrae está asegurada. Tomemos el complejo caso Borghi. Juega como Marlon Brando. Es un rebelde. Pasea por toda la cancha, hace la Gran Borghi, que es como la Gran Willy, pero con los pies. Se queja por lo que le pasa a su alrededor, no sabe lo que le pasa a él mismo".

En su derrotero final, aquel River de Menotti tuvo una de sus mayores alegrías al derrotar a Boca en La Bombonera por 4-3 en la definición con remates desde el punto del penal, luego de empatar sin goles. Los hinchas locales lo recibieron con un baño de insultos, pero el entrenador no se inmutó. Es más, reflexionó, hizo sociología de las hinchadas. "La pasión es la misma. La gente es distinta porque unos priorizan una cosa y otros otra. Yo pienso que la diferencia no pasa por una cuestión social, porque los que van a la tribuna de River son tan de pueblo como los de Boca. Son los escenarios los que condicionan las exigencias del público. Ir al Monumental es algo así como escuchar a la sinfónica en el Colón. El hincha de River hace balance jugada por jugada, el de Boca lo único que no perdona es la falta de entrega, y recién el lunes se pone a pensar si el equipo jugó bien o mal".

Hacia el mes de marzo una sucesión de victorias resonantes e inesperadas, por lo que entonces producía el equipo, más algún traspié del líder Boca, hicieron que River escalara en la tabla de posiciones. Estaba quinto, a sólo seis puntos de la cima, y la llama de la esperanza comenzaba a avivarse nuevamente en el pecho de los hinchas. Pero no durará demasiado. Ilusionar y defraudar serían una constante para este grupo que no terminaba de cuajar futbolísticamente.

Menotti, que intentaba plantear un juego vistoso, dotado de cierta generosidad para con el espectador, cuestionaba ahora a los rivales que no le dejaban hacer lo que él quería: "El fútbol cada día se parece más a la economía argentina. Si ponés un negocito y querés trabajar y producir, te fundís. Pero al que especula por la calle San Martín le va fenómeno".

Un periodista le hace notar que, si el campeonato terminara en ese mismo momento, quedaría flotando la sensación de que el River de Menotti fue un fracaso. El entrenador replicó: "Yo no fracaso nunca. Cuando un entrenador tiene una propuesta y trata de llevarla a cabo y la respeta, entonces no fracasa. Porque si no lo único que sirve es el campeón y los otros son todos unos boludos. Para la sociedad utilitaria del que vende es el que gana, esa es la teoría".

Hacia el mes de abril River se posicionó tercero, pero ahora el líder era Independiente –que ese año sería el campeón–, un equipo dinámico, ofensivo, conducido nada menos que por Ricardo Bochini. El plantel millonario empezó a deshilacharse: se fueron Da Silva y Gerardo Reinoso, y estaban lesionados Borghi y el Checho Batista. En los pasillos del Monumental circulaba la versión de que Menotti no duraría mucho tiempo más en Núñez.

Frente a esos rumores, el jueves 27 de abril de 1989, Menotti se reunió a cenar con Santilli, Mario Israel, Carlos Weimberg, Jorge Kosac (tesorero) y Hugo Jinkis en el restaurant Look de Costanera. "Yo quiero quedarme", dijo Menotti. La cena terminó a las 6 y quedaron

en seguir conversando. El contrato expiraba a mitad de año y el club podía prorrogarlo hasta el 31 de diciembre.

Suele decirse que tres son las patas que sostienen a un proyecto futbolístico: los jugadores, el cuerpo técnico y los dirigentes. En la cancha había quedado claro que los dos primeros factores tenían por delante una autocrítica por hacer. Los resultados no eran los esperados. Ahora faltaba escuchar la voz de los directivos.

En el amplio living de su departamento de Palermo, Hugo Santilli hace un mea culpa. "Creo que se dieron dos circunstancias: una es la falta de tiempo para trabajar, y la otra es que yo no lo pude acompañar como acompañé a los otros técnicos. Porque en aquel momento yo estaba dedicado a la política nacional y en agosto de 1988 yo confronto con Carlos Grosso por la intendencia de la Ciudad de Buenos Aires. Entonces pido una licencia en River que en el '89 se transforma en mi retiro definitivo".

"En todo ese período Menotti no contó con mi colaboración, y yo era un hombre de vestuario, un hombre que acompañaba mucho al plantel. Creo en la presencia del presidente acompañando al grupo humano, creo sustantivamente que los grandes resultados se logran en una conjunción muy profunda de cuerpo técnico, jugadores y dirigentes. Creo que esa pata le faltó a Menotti, sobre todo a la luz de la conformación de un plantel casi totalmente nuevo".

"Creo que hay un momento en que cuando los resultados no se dan, el técnico necesita el respaldo espiritual del presidente frente a los jugadores. Esto no es el respaldo por el mantenimiento del cargo, sino el respaldo motivacional. Eso es lo que yo no le pude dar a Menotti".

Y agrega: "Yo busqué con Menotti ese grado de excelencia que exige River, que no se pudo conseguir porque el plantel era demasiado nuevo. Hubo muchos cambios, no teníamos la columna vertebral armada como para que dos o tres jugadores nuevos entraran y rápidamente se adaptaran".

Menotti, por aquellos días, puso el dedo en la llaga: "En el club hubo una crisis por la salida de Santilli –a esa altura el presidente ya era Di Carlo–. Santilli era el estandarte, decidió su carrera política y ahora que está clarificada la conducción, de acá a diciembre tengo que hablar".

Igualmente, el técnico hacía planes para el futuro: "Para el próximo campeonato va a haber pretemporada con todos y no más de 20 jugadores, más los tres arqueros y algunos pibes de abajo". El 28 de mayo River cerró su participación en el campeonato perdiendo por 1-0 frente a Independiente, el nuevo campeón.

Poco después quedaría eliminado de la primera fase de la Liguilla Pre Libertadores frente a Argentinos Juniors, y pasaría a jugar la rueda de perdedores. Juan José Borrelli, entonces un juvenil, lloraba agachado en el césped. Doce días más tarde, inesperadamente, Menotti reunió al plantel en el centro de la cancha y, antes de comenzar el entrenamiento, les anunció que no continuaría en el cargo.

Pero no fueron sólo los resultados deportivos los que precipitaron el final de la gestión de Menotti en River. La economía del país se quemaba en las llamas de la hiperinflación y la renegociación del contrato exigía cifras nuevas.

Los dirigentes de River expresaban por esos días que el vínculo con Menotti, en el contexto hiperinflacionario, era impagable. "Se vivía en otra Argentina cuando se firmó el contrato", explicaban. Los números crudos dicen que Menotti ganaba 55.000 dólares mensuales, paquete que incluía el salario de sus seis ayudantes (un total de 15.000 dólares). De los 40.000 que quedan, 10.000 corresponden al salario de Menotti y 30.000 son de prima anual que se prorratea por mes. Se abonaba en australes según el tipo de cambio vigente en el mercado libre.

En diciembre de 1988 ese monto era de 680.000 australes (1 dólar =17 A); en junio, el sueldo ascendía a 3.600.000 A, y el paquete significaba 14.120.000 A. El vínculo contractual se había transformado en una bola de nieve.

En este contexto volvieron a reunirse, esta vez en el restaurante Clo-Clo. Ya no estaba su amigo Santilli, y en su lugar concurrieron Di Carlo (presidente), Weimberg (fútbol profesional), Mario Israel, y Kosac (tesorero). Pidieron antipasto como entrada y luego comieron pastas. Menotti tomó un vino Valmont, su favorito. Pagó River. La cena se extendió entre las 22 y las 5.10. Al finalizar, el mozo trajo champagne –obsequio de la casa–, pero no había nada para festejar.

River ofreció pagar hasta el fin del contrato. Luego negociar uno nuevo. Menotti dijo que no y que cobraría solamente hasta el último día que trabajó. Ese tema estaba zanjado. Pero las cifras de cara al próximo campeonato eran brutalmente realistas. Los dirigentes plantearon sobre la mesa una reducción contractual del 76%. La respuesta negativa no se hizo esperar. Era el final de un ciclo que prometía mucho y no dejó nada.

CAPÍTULO 10

BUEN FÚTBOL, POBRES RESULTADOS

Por aquellos días la Argentina se consumía en las llamas de la hiperinflación. El país era un caos y Carlos Menem, que había anticipado su asunción como presidente de la Nación ante un marco de severa crisis económica, aún no había hallado el mágico y ponzoñoso artilugio de la Convertibilidad.

El mundo estaba cambiando. En 1989 había caído el Muro de Berlín y se derretían ahora de manera inesperada los hielos de la Guerra Fría. El capitalismo, irrefrenable, extendía su manto triunfal.

Así estaban las cosas en 1990 cuando César Luis Menotti decidió cruzar el Río de la Plata y aceptar la oferta laboral de Peñarol de Montevideo. El desafío no era menor. El club, uno de los dos más grandes del fútbol de Uruguay junto a Nacional, iba a cumplir su primer centenario el 28 de septiembre de 1991, y la idea de los dirigentes era llegar a esa fecha en la cresta la ola.

Los preparativos eran grandiosos. La entidad había creado una comisión, encabezada por el ex presidente de la Nación, Julio María Sanguinetti, que organizaría los festejos. Pero, por sobre todo, el plan consistía en conformar un equipo competitivo que debería ser protagonista del campeonato local y los certámenes sudamericanos. Y al frente del mismo debería estar un entrenador de renombre: ése era César Luis Menotti.

El técnico había terminado su vínculo con River hacía casi un año y estaba en condiciones de afrontar una nueva empresa. Los dirigentes uruguayos le ofrecieron un contrato mediante el cual cobraría 5.000 dólares mensuales y una prima de 250.000 billetes verdes. Era, tal vez, el monto más bajo desde que había conducido a la Selección nacional. Sin embargo, aceptó igual.

Por momentos taciturno, Menotti buscaba tal vez aires de tranquilidad. El mismo se sentía un provinciano, un hombre nacido en una

ciudad grande como Rosario pero que marcha al ritmo calmo que impone el interior. Por eso es que lo seducía esa Montevideo sin prisa, de playa en el río y bares con artistas trasnochados.

El técnico llegó a la capital uruguaya el 28 de julio a las 14, procedente de Buenos Aires. En el aeropuerto lo estaba esperando una camioneta que lo trasladó hasta la sede del club Peñarol, donde lo aguardaba su presidente, el contador Pedro Damiani. Estaba todo listo para que se firmara el contrato.

Rubricado el acuerdo, el técnico se acercó hasta el salón de sesiones y enfrentó los micrófonos de una prensa ansiosa. "No vine a Montevideo de paso. Vengo a prestigiarme trabajando en una entidad gloriosa y del prestigio mundial de Peñarol. Además me siento muy, pero muy a gusto en Uruguay. Vengo seguido a Montevideo y Punta del Este".

Su equipo de trabajo estaría conformado por Angel Cappa y Rogelio Poncini como ayudantes, y Juan Duarte como técnico de las divisiones inferiores. Una de las primeras preguntas, dado el tenor del proyecto, consistía en saber cuáles serían los refuerzos. Menotti, entonces, fue contundente: no habría compras.

Sin embargo, circulaban rumores sobre la posible llegada de Fernando Redondo, en conflicto con Argentinos Juniors, y Rubén Paz, una de las prioridades para el entrenador.

Una semana después de asumir al frente del equipo, Menotti halló en el plantel lo que siempre buscaba en cada grupo: un pichón de Passarella. Su nombre era Paolo Montero. El entrenador confesó entonces: "Es Daniel a los 20 años".

Cada vez que el entrenador se hacía cargo de un equipo generaba en el entorno una onda expansiva de expectación que pocos han logrado igualar. El efecto Menotti también se palpaba en Uruguay. Tanto es así que al llegar anunció que alquilaría una casa en el barrio de Carrasco y produjo un boom inmobiliario. Comentaría Damiani, mucho después, que recibió 22 ofertas de propiedades, y que los precios sufrieron una estampida en el mercado local.

"La verdad es que no sentimos ninguna presión especial –cuenta Angel Cappa cuando recuerda su paso por Peñarol como escudero de Menotti–. El carisma de Menotti hizo que la gente estuviera con él desde el comienzo. Había total libertad para trabajar y en cuanto a las condiciones materiales, todas las posibles. Trabajamos y vivimos en las mejores condiciones".

Pero lo cierto era que el club no tenía los recursos necesarios para traer todos los refuerzos que, usualmente, el técnico solía pedir cuando llegaba a un nuevo club. Sí había, en las divisiones inferiores, una camada interesante de futbolistas como Gabriel Cedrés, Adrián Paz y el mismo Montero, que llegarían a trascender tiempo después. Pero por entonces aún eran sólo promesas.

Más allá de esto, insiste Cappa, el ambiente era distendido y cordial. "Yo trabajaba, además, con el equipo reserva, donde había varios juveniles y la expectativa era seguir al primer equipo en cuanto a los conceptos básicos para no sentir el cambio en caso de subir al primer plantel. Todo con mucha naturalidad y alegría".

El teléfono trae desde el otro lado del Río de la Plata la voz cavernosa de Jorge *Toto* Da Silveira, un periodista con 50 años de experiencia en el deporte uruguayo. Lo ha vivido casi todo en el fútbol oriental y recuerda con precisión lo que fue la experiencia de Menotti en Peñarol.

"A él lo trajo el contador Damiani, pero fue una idea del hijo, Pedro. Fue una gran idea también desde el marketing. No se pensaba que un técnico como Menotti podía venir a un fútbol tan empobrecido desde lo económico como era entonces el uruguayo".

Y agrega: "Llegó a una institución que no estaba bien, y logró algo muy importante, que Peñarol jugara bien al fútbol. Y lo hizo con jugadores que eran desconocidos, algunos de los cuales no volvieron a jugar, como el caso de (César) Silvera, un volante muy interesante. Al principio le faltó la gente que le permitiera conseguir eficacia ofensiva y así lograr los resultados que buscaba. Era un equipo muy juvenil, y él de allí logró sacar un delantero goleador como Adolfo Barán, que anotó los dos goles del clásico contra Nacional".

Luego de una serie de entrenamientos, el plantel mirasol hizo las valijas para encarar una gira europea de la mano de Menotti. El técnico volvía al Viejo Continente, pero ahora comandando un club sudamericano de irreprochable prestigio. Jugadores que, por su manera de sentir el fútbol, deberían comprender mejor el mensaje.

"En aquella gira jugamos siete partidos y ganamos seis en Europa. Ahí fue donde Menotti empezó a poner en práctica el achique. Los gallegos quedaban colgados. Pero acá los rioplatenses somos más vivos y en seguida le tomamos la mano", recuerda Barán, delantero y goleador de Peñarol, que atiende el teléfono en la privacidad de su hogar montevideano.

Es verdad lo que dice. Peñarol jugó su primer partido de aquella serie contra Real Madrid, por el 18° Trofeo Ciudad de La Línea, Cádiz, el 10 de agosto del '90. En ese cruce salió perdidoso, pero todo lo que vino después fue ganancia. En la ristra de amistosos derrotó al Cádiz del Bambino Veira por 2-0, y en el Trofeo 50 aniversario del Lérida, al local por 2-1. Los últimos duelos en suelo español los cerró

con victorias de 1-0 sobre Las Palmas y 2-1 contra Tenerife. En ambos cotejos anotó Adolfo Barán.

"Yo era un delantero grandote, pero sabía jugar bien con los pies también, a pesar de que mi fuerte era ir de cabeza. Pero a Menotti le gustaban los delanteros chicos y veloces. Así que cuando vino me sacó del equipo, yo era titular, y me mandó al banco de suplentes. Yo no le gustaba, pero de a poco me gané el lugar. Entraba y hacía un gol". Y eso, poco a poco, fue convenciendo al entrenador.

Lo cierto es que en Italia, Peñarol siguió paseando su estilo Menotti, ese de la presión en campo rival y achique de espacios en defensa. Y, además, se trajo otro título, la Copa de Bologna, luego de derrotar en la final al Feyenoord de Holanda por 3-2.

Pero lo más relevante era que el técnico estaba encontrando el equipo, que había diamantes en bruto en esa cantera de jugadores juveniles. Como bien lo remarca Barán, aquello de promover a los futbolistas de las divisiones inferiores "era algo raro para Peñarol. Menotti se la jugó por los botijas".

Más allá de los resultados auspiciosos, el plantel era inmaduro. Tan es así que Menotti decidió hacerlos practicar los primeros palotes del fútbol. "Cuando llegó lo primero que nos sorprendió fue que le preocupó mucho los errores que teníamos dentro de la cancha, que no dábamos bien los pases –dice Barán–. No se jugaba al toque. Así que los primeros días nos tuvo como en una escuelita de fútbol, enseñándonos lo básico. Hicimos dos horas de ejercicios de toque para que aprendiéramos a jugar corto".

De entrecasa

Después de aquella gira tan gratificante, Peñarol retornó a Montevideo para, ahora sí, poner los pies en la vida real. Debía hacerle frente al torneo local, con toda la expectativa que la llegada de César Luis Menotti había generado entre los hinchas. El técnico los correspondió, de alguna manera, diciéndoles que había llegado a Uruguay para ser 'primero o nada'.

Extrañas palabras las de Menotti, que no acostumbraba a lanzar frases de barricada. Lo de él era otra cosa y tenía que ver más con una visión poética del fútbol, con quitarle drama al juego y potenciar su belleza. Aunque, claro está, los resultados a veces lo hacían ensayar un aterrizaje forzoso.

El recorrido por el certamen uruguayo no fue el deseado. La victoria le fue esquiva en los primeros compromisos, pero pese a todo ha-

bía un reconocimiento generalizado: el equipo jugaba bien al fútbol, ofrecía algo distinto a lo que daba el resto.

"Me quedó una muy buena imagen de Menotti. Creo que acá en Peñarol se recuerda esa época como una en las que el equipo jugó mejor en su historia, desde lo futbolístico. Peñarol siempre se caracterizó por practicar un fútbol más al pelotazo, y cambió por un juego más de pelota al pie, de precisión", recuerda Barán.

Pero, una vez más, aquel sistema de reducir espacios avanzando sobre el campo del rival volvía a transformarse en un arma de doble filo. Como dice Barán, "jugamos al achique, como casi siempre juegan los equipos de Menotti. Pero el problema es que la defensa no terminó de tomarle la mano al sistema".

Las cosas no iban bien, Peñarol cosechaba algunos flacos empates y sufría lastimosas derrotas, incluido un 1-0 frente al eterno rival, Nacional de Montevideo. Entonces comenzó a circular el rumor de que el Real Madrid, que había despedido a su entrenador, tentaría a Menotti. Pero el técnico lo rechazó: "Ni loco me voy, ya me instalé en Carrasco y tengo confianza en Peñarol". Había otra cuestión de peso. Por contrato, si Menotti dejaba el club debía indemnizarlo con 190.000 dólares.

El equipo no terminaba de levantar cabeza, pero los compromisos se multiplicaban. A Peñarol le llegaba la hora de debutar en la Supercopa. En la primera fase dejó en el camino al Santos de Brasil, eliminándolo por penales.

El arquero Fernando Alvez, que por entonces era ya un veterano de 30 años, recuerda que en Vila Belmiro el partido había terminado empatado 2-2 –tras igualar 0-0 en Montevideo– y entonces no hubo más alternativa que definir el duelo desde los doce pasos.

"Cuando venía la serie de penales, y eso que yo ya tenía pasada bastante agua por debajo del puente eh, pero vino Menotti y me agarró la cara toda transpirada con las dos manos y me dijo: 'Fernando, estamos en sus manos'. Fue como si me metiera una inyección de ánimo. Luego atajé dos penales y ganamos. No me olvido más de la mirada del Flaco cuando me agarró la cara con las manos, no te lo olvidás por venir de quien viene".

En cuartos de final el rival no era menor: tuvo que cruzarse con Boca. El primer cotejo, en Montevideo, fue para los xeneizes, que se impusieron por 1-0 con gol de Blas Giunta.

Pocos esperaban que el conjunto *carbonero* pudiera revertir semejante situación. Pero lo hizo. Aquella noche en la Bombonera pudo verse el más depurado estilo Menotti en acción. Todo les salió bien

a los hombres de Peñarol. Tanto que terminaron imponiéndose por 2-0, con goles de Silvera y (Jorge Bomba) Villar.

Han quedado algunas grajeas simpáticas de aquel evento. Alvez recuerda las indicaciones que daba Menotti a sus jugadores. "En un momento César se mete en la cancha y le dice a Montero: 'Pero Paolo ¿qué le pasa a usted? No sea aburrido, salga jugando'. Lo tocó un poco en sus fibras. Y Paolo le tiró un caño a (Gabriel) Batistuta adentro del área, amagó a pegarle a la pelota y le encajó el caño. Y lo miró a César al banco. César se reía. Ahí fue cuando dijo que Montero era un pichón de Passarella".

Esa noche, misteriosamente, se cortó la luz en la mítica Bombonera. "Me acuerdo también que, cuando se quedó todo a oscuras y no se podía jugar, César nos decía: 'Uy, qué susto que tienen, nos cortan la luz porque le vamos a meter dos'. Son todas cosas que te terminan inflando", rememora Alvez, quien en la Argentina atajó para Deportivo Mandiyú y San Lorenzo.

Barán recuerda aquel triunfo que ya tiene un tono sepia: "Estábamos todos inspirados. Son esos partidos en los que todo sale bien. Me acuerdo que los más chicos, como Paolo (Montero) miraban a la tribuna y cantaban con los hinchas. El equipo estaba clarito ese día".

Menotti reflexionó luego de esa victoria resonante: "¡Llegué a la Argentina y me sorprendí! Los titulares de los diarios, toda esa tilinguería! Boca 1-Menotti 0. Por favor. Es una irrespetuosidad para una institución como Peñarol. Ganó el equipo mío porque jugó mejor, porque una vez le toca ganar y otra vez le toca perder. Lo demás es tilinguería".

Se lo notaba feliz, en su propia salsa. El triunfo le había tendido una mano, pero por sobre todo, había retornado a Buenos Aires, y la noche porteña lo estaba esperando, como si lo hubiera extrañado. Después de aquel partido cenó en un restaurante con Ricardo Bochini y Hugo Gatti. Eso era para él la síntesis misma de la felicidad. Entonces, relajado, soltó comentarios como éste: "Que Giunta maneje la pelota y (Diego) Latorre marque, espectacular. Así van a matar al fútbol".

Que las cosas le empezaran a salir bien era halagador, sobre todo porque a diferencia de otras oportunidades, en este club no había incorporado refuerzos de renombre. Todo se hacía con mucho sacrificio. Los juveniles sumados al plantel profesional llegaban en colectivo hasta el Palacio Peñarol, sede del club, y desde allí los llevaban en micro hasta el predio de Los Aromos, donde era la práctica.

"Me siento muy feliz, la gente me quiere mucho, lo noté en los momentos en los que no se ganaba y no se ganaba... La verdad es que me divierto. El fútbol en Uruguay todavía tiene mucho de barrio. Este es un grupo de pibes con mucho futuro. Adrián Paz, Montero, (Carlos) Sánchez, Cedrés, Blanquito (Néstor Blanco)..."

En las semifinales de la Supercopa, Peñarol se cruzó con Olimpia de Paraguay. Ganó por 2-1 el primer duelo en Montevideo, pero en Asunción tuvo su peor noche y cayó goleado por 6-0. El equipo paraguayo, que venía de perder la final Intercontinental frente al Milan, sería luego el campeón del certamen al derrotar a Nacional.

Cuenta un diplomático uruguayo con muchos años de residencia en la Argentina que luego de la goleada se encontró con Menotti en el aeroparque Jorge Newbery. El plantel había llegado desde Asunción y se quedaría un día en Buenos Aires. Menotti decidió partir antes. En el hall, el funcionario, hincha de Peñarol, se acercó hasta donde estaba el técnico. Lo saludó e hizo un comentario sobre la aplastante derrota. Menotti le respondió: "Sí, pero no sabés el baile que les estábamos dando".

La Revancha

Entonces, como si naturalmente el equipo se hubiera ensamblado, como si hubiera empezado a disfrutar de ese mensaje pregonado por su conductor, los resultados positivos empezaron a llegar. Luego de igualar algunos partidos, cosechó cuatro victorias al hilo, justo antes de la revancha contra Nacional.

El clima, como antes de cada clásico, era tenso. Durante la semana los hinchas del Tricolor habían empapelado Montevideo con afiches que hacían mención a la escasa fortuna de Menotti en los clásicos. Recordaban sus caídas contra River cuando dirigía a Boca, y sus tropiezos a manos de Boca, cuando conducía a River.

"Recuerdo la intensidad emotiva con que se viven ahí los clásicos -dice Angel Cappa–. Por eso hubo que rebajar la tensión y hacer hincapié en la necesidad de atender al juego, de disfrutar el partido y de no vivirlo desde la rivalidad, el enojo o cualquier otra cosa que no sea el deseo de jugar mejor que ellos y ganarles merecidamente. Había muy buenos jugadores y de experiencia, además de los jóvenes, y el asunto se entendió perfectamente".

Al comienzo Peñarol se mostró algo confuso, pero poco a poco entró en sintonía con su juego de toque y buen trato de pelota, y comenzó así a labrar una clara victoria por 2-0. Como le había ocurrido con el Atlético de Madrid, el clásico fue el punto cumbre de su pre-

sencia en Peñarol. Había llegado a la cima, pero ni él ni sus dirigidos lo sabían.

Fernando Alvez señala que "Menotti nos dijo en el vestuario, vamos a tocarles la pelota que ellos son, y nos dio una definición muy graciosa de lo que era el mediocampo de Nacional, que yo no lo puedo decir. Era gente muy lenta en el medio. Y que si le tocábamos la pelota ya estaba. Ganamos ese clásico por 2-0 y jugando el fútbol que a él le gusta, con un toque bárbaro".

Esa tarde, Fito Barán, que luego sería el goleador del campeonato, anotó los dos goles. "Había un poco de pica extra antes de ese partido porque la gente de Nacional salió a decir que Menotti nunca había ganado un clásico. Así que cuando les ganamos y termina el partido, recuerdo que Menotti vino, me palmeó la espalda y en joda me dijo 'Gracias, me hiciste ganar un clásico'. No teníamos chances de salir campeones ese año y ganar el clásico era lo único que nos quedaba. La gente recuerda eso del Peñarol de Menotti, el buen fútbol", dice el artillero.

Cuatro fechas más tarde Bella Vista se consagró campeón del torneo uruguayo y Peñarol se convirtió en líder absoluto en venta de entradas. El efecto Menotti había dado sus resultados: pese a no tener chances concretas de ganar el campeonato, una multitud había seguido al equipo que, por momentos, supo ofrecer el buen futbol que siempre pregona el entrenador.

Almorzando con...

Si el fútbol, en buena medida, define a Menotti como profesional, lo que está por afuera de ese mundo termina por completarlo como hombre. Lo que realmente lo diferencia del resto de sus colegas es, precisamente, su inclinación por lo artístico. Su pasión por una estética que, tal vez en un acto de soberbia bien entendida, intenta llevar al juego mismo. La poesía, el tango, la mesa con amigos, envueltos en pesadas cortinas de humo y regados por buen vino construyen a Menotti como ser. Montevideo, claro está, no fue la excepción.

"Para mí fue una experiencia de vida que nunca olvidaré. Montevideo es una ciudad maravillosa para vivir. La gente es muy amable, sencilla, y generosa. O al menos lo fue con nosotros. Y estar en Peñarol, un privilegio", rememora Cappa. "Además participé en innumerables tertulias de fútbol, hice amistad con cantantes populares, escritores, jugadores históricos. Lo repito, una experiencia inolvidable".

En el libro de las memorias quedará para siempre aquel almuerzo con Mario Benedetti. Técnico y escritor no se conocían personalmente, pero Menotti sentía una profunda admiración por esa pluma comprometida con la literatura, pero por sobre todo con la política y con la vida misma. El encuentro tuvo lugar en la casa que el técnico alquilaba en Carrasco.

"Yo también participé de aquel almuerzo –dice Cappa–. Lo fuimos a buscar a su casa y después fuimos a la casa de Cesar. Nosotros estábamos emocionados, pero a los pocos minutos uno ya tenía la impresión de estar con un amigo de toda la vida".

"Benedetti era un hombre sencillo, inteligente, cordial, y enseguida estábamos hablando como con cualquiera de nuestros amigos, de cosas simples de la vida cotidiana, de anécdotas, de fútbol, de política y de todo lo que se presentó".

Pero había un detalle: Mario Benedetti era confeso hincha de Nacional. Cappa bromea: "Se lo perdonamos teniendo en cuenta que nadie es perfecto". Y agrega: "Yo aproveché para aprender un montón de cosas y disfrutar de uno de esos momentos que a uno le quedan para toda la vida".

La Despedida

Atrás habían quedado las primeras experiencias. El equipo estaba acomodado en su estilo de juego, aunque no tenía refuerzos. Llegaba 1991, el año del centenario de Peñarol de Montevideo, y ése tenía que ser sí o sí un momento emparentado con la gloria deportiva. Si la expectativa en torno a un equipo conducido por Menotti era la misma, la presión por todo lo que encerraban los festejos se había redoblado.

Luego de hacer una breve pretemporada, el arranque surgió auspicioso. El 15 de enero Peñarol le ganó 3-1 al campeón Bella Vista en el primer partido válido por la Liguilla pre Libertadores. Pero Menotti, una vez más, iba preparando el terreno para su salida: "A fines de enero hay elecciones en el club y a mí nunca me gustó trabajar rodeado de clima político. Tendremos que definir la continuidad de mi proyecto con quienes asuman".

La puja política dentro del club generaba incertidumbre. El 5 de febrero el dirigente Washington Cataldi ganó las elecciones y se transformó en el nuevo presidente de Peñarol. Lo primero que hizo fue reunirse con Menotti y prometerle que cumpliría con la promesa de traerle jugadores para reforzar el equipo.

En la carpeta del técnico se acumulaban los nombres. Cataldi le dijo entonces que llegarían los colombianos Luis Carlos Perea y Bernardo Redín –ambos jugaron el Mundial de Italia– y Sergio Martínez, procedente de Defensor Sporting. Además, el entrenador pretendía a Sergio Vázquez y a Ariel Cozzoni o el Polillita Jorge Da Silva. Para agosto los directivos buscaban sacudir el mercado contratando a Enzo Francescoli y Ramón Díaz.

Pero el comienzo del campeonato de aquel año fue desalentador. Durante el empate 1-1 con Wanderers los hinchas comenzaron a mostrar cierto fastidio, y apareció colgada una bandera cuya leyenda marcaba el descontento: "Menotti, sos perdedor, andate ya".

Una semana después el equipo cayó por 3-1 frente a Danubio y los insultos arreciaron. La situación, de manera impensada hacía algunos meses, se volvió insostenible. Pero el técnico siempre tenía un as en la manga. Barán cuenta una anécdota que pinta al entrenador de cuerpo entero: "Cada vez que el presidente lo llamaba para echarlo le terminaba sacando cosas. Menotti hablando era terrible, siempre lo convencía".

Pero la derrota por 4-1 frente al humilde Huracán Buceo fue demasiado. Ese 27 de abril, tras la caída, Menotti presentó la renuncia ante el presidente de Peñarol y retornó a Buenos Aires. Una vez más, los resultados negativos echaban por tierra un proyecto futbolístico. Pero el plan de Menotti también tenía sus puntos débiles.

"Creo que era un desafío muy interesante. El problema fue que César creyó demasiado en su filosofía del fútbol y muchas veces no encontró los jugadores adecuados. Ese fue el problema mayor. No fue flexible. Por más que uno esté convencido de que su idea futbolística es lo mejor, muchas veces tiene que adaptarla un poco de acuerdo a las características de los jugadores", explica el Toto Da Silveira.

"No había fondos ni apoyo económico. Cataldi no podía conseguir dinero de ningún modo, el único que podía conseguirlo era Damiani. Fue un dirigente de grandes ideas, pero hasta la vida privada de Cataldi fue una calamidad, signada por los problemas económicos. Cataldi luego se va a Europa a buscar dinero para el club y está mucho tiempo fuera del país".

Alvez también tiene una explicación para este desenlace: "Él logró una cosa con el equipo, que no era técnicamente bueno, logró hacerlo jugar al fútbol. El problema que nosotros teníamos era que la línea de cuatro no entendió el tema del achique, entonces yo parecía un líbero. Pero cuando Peñarol recuperaba la pelota era un equipo espectacular, ¡cómo jugábamos! Ahí estaba el problema, que éramos

un equipo cuando defendíamos y otro cuando teníamos la pelota. Cuando la teníamos éramos un equipo de verdad".

Dos meses después, mientras descansaba en Madrid a la espera de presenciar la Eurocopa, Menotti le explicó a *El Gráfico* las razones de su alejamiento. "Lo que pasó en Peñarol para mí sigue siendo motivo de absoluta tranquilidad. Fui a cumplir una tarea y la tarea se cumplió. A mí no me dieron el McLaren de (Ayrton) Senna en Peñarol; me dieron un auto destartalado, viejo y me dijeron: corra. Corrí. Puse en la cancha un equipo joven, que ahora tiene siete jugadores internacionales A y siete jugadores internacionales juveniles".

"Los dirigentes sabían muy bien que el equipo necesitaba refuerzos. Expliqué con toda claridad la necesidad de reforzarnos con tres o cuatro figuras. A los cuatro partidos no vinieron las victorias y, bueno... Me fui. ¡Qué va a ser un fracaso!"

CAPÍTULO 11

EL FIN DE LOS RATONES VERDES

El teléfono sonó en el departamento de barrio Norte. César Luis Menotti atendió y, desde el otro lado de línea, una voz con tonada mexicana lo saludó con extrema cordialidad. La propuesta no se hizo esperar. El dirigente le estaba ofreciendo, ni más ni menos, la conducción de la selección de México.

Hacía ya una década que Menotti había dejado de dirigir al Seleccionado argentino y desde entonces había transitado por clubes diversos, alternando pasajes de éxito con polémicos portazos. Era ésta una nueva oportunidad para hacerse un lugar en el cartel internacional.

Los ideólogos de la propuesta tenían nombre y apellido: Francisco Ibarra, presidente de la Federación Mexicana de Fútbol, y Emilio Maurer, presidente de la Comisión de Selecciones Nacionales. Pero, detrás de bambalinas, estaba el poder de la televisión, que iba a pagar parte del dinero del contrato y que, así como dio su respaldo para la contratación, terminaría bajándole el pulgar apenas un año después.

Hay historias que pueden ser contadas desde el final. La de Menotti al frente de la selección mexicana tal vez sea una de ellas. Hay también balances numéricos que pintan una realidad, pero no llegan a la esencia misma de las cosas.

¿Qué podría decirse del paso de Menotti por México echando mano tan sólo a los números? El técnico dirigió su primer partido con el seleccionado mexicano el 20 de noviembre de 1991, y el último el 13 de diciembre de 1992. En total fueron 19 encuentros, de los cuales ganó siete, empató siete y perdió cinco. El equipo marcó 36 goles y recibió 21. Hasta ahí, nada especial.

Durante un año y 23 días, entre el primer y último cotejo dirigido por Menotti, el *Tri* se enfrentó a Brasil, Colombia, Uruguay, Hungría,

Bulgaria, Rusia, Rumania, Alemania y Croacia, y logró el récord de la mayor goleada internacional al batir por 11-0 a San Vicente. Las estadísticas muestran, pero también ocultan.

Los datos evidencian que el paso de Menotti por tierra azteca podría haber sido el de un técnico más en la historia, nada diferente. Sin embargo, todos coinciden en algo fundamental: en apenas un año el entrenador logró cambiarle la mentalidad al futbolista mexicano. Sepultó para siempre el mote de ratones verdes que tanto mortificaba a los jugadores, tras repetidos fracasos internacionales.

Ezeiza-Miami

Ahora urge ir al comienzo de esta historia. Menotti cortó la comunicación telefónica con la certeza de que, más allá de lo que implicaban las negociaciones, terminaría siendo el técnico del seleccionado mexicano. No dudó y, más temprano que tarde, se encontró sentado en un avión que lo llevaba a Miami.

En esa ciudad estadounidense arregló el contrato con Ibarra. Había dejado de lado la asistencia a la Copa América de Chile y una oferta tentadora del Grasshopper de Suiza. Las cifras de su nuevo vínculo eran un misterio. El, sin embargo, se encargó de desmentir que ganaría 1.800.000 dólares. Y le dijo a *El Gráfico*: "No hay ningún entrenador en el mundo, ni el Flaco (Johan) Cruyff en el Barcelona, ni (Rinus) Michels en Holanda, ni (Arrigo) Sacchi en el Milan que gane eso".

La clave de su contratación, como explica el periodista Omar Fares, no era tan sencilla. "Ibarra y Maurer fueron parte fundamental para su llegada. En 1991, tras la renuncia de Manuel Lapuente luego de perder en semifinales de la Copa de Oro contra Estados Unidos, ambos directivos, uno presidente de la Federación Mexicana de Futbol, y el otro de la Comisión de Selecciones Nacionales, decidieron invertir en un técnico que viniera a revolucionar al jugador mexicano, y pensaron en la figura de Menotti".

La llegada del técnico estuvo envuelta en la polémica. Como dice Fares, "se dividieron las opiniones, más porque en ese entonces el grupo de Televisa (la empresa de televisión más fuerte de México y de América Latina) había perdido el control de la selección y no transmitía sus partidos, por lo cual aprovechaba cualquier tropiezo para cuestionar a Menotti".

El técnico tenía por entonces 53 años y un nuevo desafío se le había presentado en el horizonte. "Creo que puedo armar un equi-

po competitivo, estoy convencido de su protagonismo porque lo ha demostrado en sus últimos partidos contra Argentina, también en el Mundial '86 perdiendo por penales con Alemania –le contó a *El Gráfico*, cuando regresó brevemente a Buenos Aires, antes de asumir el cargo–. Porque tiene buenos jugadores y excelentes condiciones de trabajo. Porque es un honor que a un técnico argentino lo elijan para dirigir una selección extranjera".

"A mí el lugar me agrada, yo trato de ir a países que tengan una identidad. Por eso fui a Uruguay. Son países que han luchado mucho por sus valores. Además mi vida no es demasiado complicada: teniendo una buena casa y un buen lugar de laburo, lo demás lo busca uno".

Todo, entonces, era esperanza: "México es un mercado importante, hay muchos jugadores argentinos, tiene buenos estadios, convocatoria. Mi ilusión es debutar en el Azteca y meter 100.000 personas".

Había por delante una tarea de reconstrucción. México había falsificado la planilla de un jugador juvenil en los Juegos Olímpicos de Seúl '88 y fue descubierto, por lo cual el equipo terminó expulsado de la competencia. Como reconocería el técnico Javier Aguirre: "Ahí México tocó fondo".

Menotti llegaba entonces con la tarea de formar un plantel de calidad y, sobre todo, reconstruir una imagen dañada. "Les pedí a los dirigentes varios partidos amistosos y me consiguieron diez enseguida. Los tuve que parar. Es un buen arranque, como a mí me gusta. Cuando digo que quiero hacer un buen mundial con México, no exagero para nada", le contó entonces a *El Gráfico*.

Y agregó: "Posiblemente haya que buscar bien para encontrar un par de defensores, pero por el resto se le puede dar guerra a cualquiera. Confío plenamente en la capacidad de los futbolistas mexicanos. Yo no voy a tomar semejante responsabilidad para ganar únicamente un par de amistosos. Mis objetivos son los de siempre: estar en la pelea, arriba".

Su primer acercamiento al futbolista mexicano resultó auspicioso. El 24 de septiembre de 1991 tomó circunstancialmente la dirección del seleccionado preolímpico y los suyos debutaron con una goleada por 6-0 sobre Surinam. "Por el momento estoy viendo fútbol y hablando con los entrenadores, recién el 14 de octubre convocaré a los jugadores", aclaró. Dentro de su programación, ya había decidido que se concentrarían en las instalaciones del Centro de Capacitación Guillermo Cañedo.

Por aquellos días Menotti vivía junto con su pareja en el hotel Holiday Inn Crown Plaza. Allí habló de su proyecto: "Si me llaman para

clasificar, si la hazaña es pasar a la segunda ronda, no cuenten conmigo. Los candidatos son siempre los mismos: Argentina, Brasil, Inglaterra, Italia, Alemania... Pero lo que se rompió es la hegemonía de los protagonistas, lo demostraron primero la Unión Soviética y últimamente los países africanos. En esa instancia quiero colocar a México, pero no con un fútbol miedoso, con un delantero solitario allá arriba y aguantando el partido hasta los penales. Yo no vine a dirigir ese México".

Y afirmó: "Mi equipo va a buscar el triunfo en cada metro del terreno. Donde caiga la pelota habrá siete mexicanos para pelearla. No tengo ningún Maradona, ningún (Marco) Van Basten, ni un Michel, ni un (Emilio) Butragueño, ni un Vázquez –Chupete–, pero en varios puestos estoy a la par de cualquiera. Quizás me falte un poco de definición".

El México de César Luis Menotti iba tomando forma. Tenía en la mira a Hugo Sánchez, veterano goleador fogueado en Europa, pero dudaba en convocarlo. La situación con el artillero no era sencilla, sobre todo por lo que se cocinaba tras bambalinas.

Tal como recuerda Omar Fares: "Televisa, como propietaria del club América, contrató a Hugo Sánchez, quien recién había terminado su etapa con el Real Madrid. Lo utilizaron como punta de lanza, ya que pese a ser veterano aún conservaba su olfato goleador y su opinión pesaba mucho. Hugo decía que hasta que no se fueran Maurer e Ibarra él no acudiría a un llamado de Menotti. El Flaco en realidad nunca lo llamó, sólo dijo que Hugo no estaba en condiciones para ser seleccionado, y él respondió: 'Que no me diga Menotti lo que a mí me falta, porque le voy a decir lo que a mí me sobra y a él le falta'. La verdad era una guerra de intereses muy fuerte".

Menotti no tendría a Hugo Sánchez pero, en cambio, descubrió la joya que siempre encontraba en todos los planteles que conducía: "Pichón de Passarella no tengo, pero sí uno de Gatti: se llama Jorge Campos".

Diez años después de su experiencia mexicana, los dirigentes que se habían jugado por él aún remarcaban la obra dejada por Menotti en aquellas tierras. "Menotti, sin conocer el futbol mexicano creó un sinnúmero de jugadores nuevos que en un momento dado no habían estado en la selección y les dio personalidad y seguridad para mostrarse, él dejó las bases sólidas para que tuviera seguridad el jugador", señaló Francisco Ibarra al diario *La Reforma* en diciembre de 2012. Y agregó: "Menotti fue un parteaguas en el fútbol nacional, creo que vino y cambió la idea del futbolista mexicano y creo que lo único que le faltó desgraciadamente fue tiempo".

Pura ilusión

Las fiestas navideñas hallaron a Menotti nuevamente en Buenos Aires. Su equipo, México, había goleado a Hungría por 3-0. "Le metimos un pressing bárbaro", comentó entonces el entrenador.

En enero se trasladó a Mar del Plata, su lugar en el mundo, para observar el desempeño del seleccionado Sub 23 –dirigido por Cayetano Rodríguez– que jugaría un amistoso con Argentina, que se estaba preparando para disputar el Preolímpico de Asunción. El resultado fue contundente: Argentina se impuso por 3-0 con goles de Diego Latorre, Walter Silvani y Eduardo Berizzo.

Alojado en el hotel Torres de Manantiales, volvió a encontrarse con *El Gráfico*. Estaba ilusionado: "Tengo un pichoncito de... Maradona. Salvando las distancias, eh. Ramón Ramírez, tiene 19 años. Un diez explosivo, muy hábil, muy potente físicamente. Trabaja mucho en la recuperación también".

Ramírez jugaba entonces en el Santos Laguna. "Como todo talentoso es resistido –insistió el técnico–. Intentaba siempre, a veces le salía, a veces no. Me encantó y se dio un caso muy similar al de Diego: lo llevé al banco de la selección mayor en un partido contra Hungría, lo puse cuando íbamos ganando por 3-0. En 15 minutos dio vuelta la opinión de todo el mundo".

A esa altura Menotti estaba poniendo los primeros ladrillos de algo que tenía más que ver con lo psicológico que con lo futbolístico. "Menotti logró la dignificación del seleccionado mexicano, de la playera tricolor. El convencer a sus jugadores del privilegio que representa vestir esa camiseta y de la obligación que tienen de defenderla en consecuencia", señala Roberto Gómez Junto, exfutbolista y ahora periodista deportivo.

Los jugadores experimentaban el Efecto Menotti, esa seducción que el técnico ejerce sobre sus dirigidos y que puede llevarlos a rendir mucho más allá de sus posibilidades reales. Gómez Junto resalta que "con los futbolistas la relación era excelente, y con la prensa creo que bastante buena, aunque tal vez hubo periodistas que de antemano lo rechazaron y que no estaban dispuestos ni a otorgarle siquiera el beneficio de la duda".

A la cancha

En su preparación para las eliminatorias de la Concacaf, con vistas al Mundial de Estados Unidos '94, México comenzó a codearse con los grandes. El debut fue un empate 1-1 contra Uruguay en el puerto de Veracruz, con la particularidad de que el partido casi se suspende debido a que días antes un huracán había azotado a esa ciudad costera.

Un dato marca el nivel de tensión dentro de la Federación Mexicana de Fútbol: tal era el conflicto entre las empresas televisoras que la selección no podía jugar en el estadio Azteca, que era propiedad de Televisa, enfrentada con la conducción que en ese entonces tenía el fútbol mexicano. Es decir, los dirigentes que habían contratado a Menotti.

Le siguieron otra igualdad 1-1 con Costa Rica; una victoria de 3-0 sobre Hungría; 4-0 a la Comunidad de Estados Independientes, ex Unión Soviética; otro empate ante el mismo rival; y un triunfo por 2-1 sobre El Salvador como visitante. Hasta que se topó con Brasil –que conquistaría el Mundial '94– en Los Angeles por la Copa Amistad y sufrió una aplastante goleada de 5-0. Las conclusiones no tardaron en llegar en el entorno de Menotti. "Estamos diez partidos atrás de Brasil", dijo Rogelio Poncini. México era el guapo del barrio en Centro y Norteamérica, pero cuando salía lo cacheteaban.

El ritmo de los amistosos era frenético. Menotti los había pedido para foguear al equipo, y los dirigentes cumplieron armándole una nutrida agenda de cruces internacionales. Los duelos se sucedían: 0-0 con Colombia; caída 2-0 frente a Rusia en Moscú; empate 1-1 contra Bulgaria en Sofía y victoria 3-2 contra Udinese en Udine.

Fue justamente durante aquella gira europea cuando las relaciones de poder cambiaron en el fútbol mexicano y Menotti, cuyos equipos tantas veces habían dejado al rival en offside, quedó en posición adelantada. El ex jugador Claudio Suárez recordaría, años después, ante la prensa: "Justo cuando estábamos en una gira por Italia, lo despiden a Menotti y nos dice: 'Quedé fuera de la selección, o más bien quedamos ya todos fuera de la selección y a ver cómo pueden regresarse porque no hay boletos de vuelta a México'. Esa vez la FMF nos dejó tirados a todos".

¿Qué había ocurrido para que el proceso terminara de forma tan abrupta? El periodista Omar Fares tiene la respuesta: "Todo pasó por el pleito de intereses entre las televisoras. Lo que sucedió es que Televisa había perdido el control al no poder colocar a Enrique Borja como presidente de la Federación Mexicana de Fútbol y se quedaron

los otros dirigentes. Entonces los derechos de las transmisiones quedaron en manos de Imevisión –hoy TV Azteca– que era conducida por José Ramón Fernández y que con el tiempo se hizo muy amigo de Menotti. A Maurer lo sorprendieron en algunos malos manejos y hasta a la cárcel fue a dar, lo que orilló a su renuncia del puesto junto con Ibarra. De esta forma, Menotti se quedó solo".

Lo cierto es que el plantel entero de México, con Menotti al frente, quedó varado en Europa, donde tenía aún varios partidos amistosos por disputar. Según Fares "eso pasó cuando asumió el control nuevamente el grupo de Televisa y pusieron como presidente de la FMF a Marcelino García Paniagua, y decían que los otros directivos no se habían ocupado de ese detalle de los boletos. Menotti dejó su renuncia sobre la mesa cuando estaba por arrancar la primera fase de la eliminatoria de la Concacaf rumbo al Mundial de 1994, pero decidió dirigir hasta el final de la fase y se fue".

Sin respaldo dirigencial, Menotti igual dirigió a la selección mexicana en la primera fase de las eliminatorias de la Concacaf, donde integró el Grupo A junto a Costa Rica, Honduras, y San Vicente y las Granadinas.

La experiencia fue un paseo para México: cosechó 4 victorias, 1 empate y 1 derrota, destacándose la goleada por 11-0 contra San Vicente. El equipo de Menotti pasó a la fase final junto con Honduras. Los esperaban Canadá y El Salvador para disputar el cuadrangular que clasificaría a un equipo directamente a Estados Unidos '94, y otro al repechaje. México lograría sellar su pasaporte, pero para entonces Menotti ya no estaba sentado en el banco de los suplentes.

CAPÍTULO 12

LAS SEGUNDAS PARTES NUNCA SON BUENAS

La segunda etapa de César Luis Menotti en Boca Juniors estuvo, como suele ocurrir en el fútbol, alumbrada por el fracaso del técnico anterior, en este caso Jorge Habegger. Pero, a diferencia de su primer ciclo, éste estuvo marcado por la frustración y el empecinamiento del técnico en aplicar un sistema de juego con escaso rédito: el achique de espacios.

Menotti vino entonces a poner paños fríos en una situación caliente, a dar vuelta la página de un capítulo para el olvido. Lo que encontró fue muy distinto a lo que había hallado unos años antes. El club se había puesto de pie desde lo económico y contaba con jugadores de renombre. Era un plantel rico, calificado para ganar el campeonato local y disputar la Copa Libertadores.

Pero se trataba de un grupo dividido, rémora de aquel duelo de Halcones y Palomas que había signado la etapa de Oscar Washington Tabárez. Por un lado estaban Alberto Márcico, Sergio Martínez, Alberto Acosta, Alejandro Mancuso, Sergio Saturno y Raúl Peralta; en la vereda opuesta se hallaban Carlos Mac Allister, Juan Simón, Esteban Pogany, Carlos Tapia y Alfredo Graciani. Pero el que despertaba resquemores y odios principalmente era el Colorado, acusado de filtrar información a la prensa.

La versión Habegger había caído por el peso de las derrotas. El profesor tenía vasta experiencia en el fútbol boliviano, pero era un auténtico desconocido en la Argentina y se había transformado en algo así como una apuesta revolucionaria de la dupla Antonio Alegre-Carlos Heller. Un pleno jugado en el casino, con los ojos cerrados.

Corría noviembre de 1993 y Boca marchaba séptimo en el torneo Apertura. Sendas caídas frente a Deportivo Mandiyú (2-0) y Belgrano (1-0) pusieron el ambiente al rojo vivo. El líder de La Doce, José Barri-

tta, entró al vestuario junto a su guardia pretoriana y exigió el cambio de entrenador. Los dirigentes le prometieron que habría novedades en 48 horas.

En la semana se rubricó la salida del profesor Habegger en la oficina de la calle Reconquista, el búnker de Heller en el Banco Credicoop. Fue entonces que se pusieron en contacto con César Luis Menotti. El técnico aceptó la oferta, pero impuso una sola condición: continuar trabajando en el Proyecto Alvarado.

El 23 de noviembre le dijo a la revista *El Gráfico*: "Lo que quiero dejar en claro para que el diálogo pueda llegar a buen destino es que Boca me permite continuar con el Proyecto Alvarado. Yo voy a luchar desde cualquier lugar para que Mar del Plata tenga un equipo en Primera División. Se lo pedí a Boca como algo inamovible y lo aceptaron".

¿Pero qué era el Proyecto Alvarado? Es sabido que Mar del Plata es la ciudad adoptiva de Menotti, algo así como su Montecarlo sudamericana. Por eso fue que, junto con su grupo de trabajo, encabezó el plan de llevar a Alvarado –uno de los dos equipos grandes de la ciudad, junto con Aldosivi– paso a paso hasta Primera División. Pero el camino era largo: el conjunto del Matadero estaba en el Torneo del Interior.

Menotti supervisaba al plantel y sus entrenamientos, pero puso como técnico a Cayetano Rodríguez en aquel torneo semiamateur al que afrontó con un plantel profesional compuesto por futbolistas de experiencia en Primera División. Entre ellos estaban Silvio Rudman, Juan Barbas, Hugo Musladini, Obdulio Trasante, Néstor Lo Tártaro y Claudio Rata Rodríguez, entre otros. El dinero para financiar esa aventura salía de las arcas de la empresa Telemarket SA, de la cual Menotti era director deportivo.

La experiencia naufragó por los malos resultados y porque, en un momento, Telemarket SA dejó de pagar los sueldos, comprometiendo a la figura de Menotti, que era miembro del staff. Aquel equipo profesional apenas si superó la primera fase del Torneo del Interior, y en la segunda quedó último, tras sacar el 33% de los puntos, relegado por equipos como Cipolletti y Deportivo Patagones.

"Menotti era el manager, y de acuerdo a los tiempos que tenía, presenciaba desde los entrenamientos hasta los partidos. Al poco tiempo sale la posibilidad en Boca y le dije: 'Me parece que no la podés desperdiciar'. Ya ahí sus tiempos estuvieron más limitados", explica quien fuera presidente de Alvarado aquel año, Bruno Filieri. "Era un proyecto hermoso".

Néstor Lo Tártaro recuerda que, en realidad, el técnico era Cayetano Rodríguez y que "contra los equipos grandes, en los amistosos, nos iba bien. Pero en el regional todo fue distinto. Pensábamos que porque veníamos de una división superior iba a resultar más fácil y fue durísimo". Y destaca que el proyecto naufragó de entrada: "Tiempo después nos enteramos de que los inversores se habían ido antes de comenzar el campeonato".

En noviembre del '93, con el Proyecto Alvarado en marcha, ensayando para competir en el Torneo del Interior del año siguiente, Menotti asumió en Boca y dejó a cargo del equipo marplatense a Cayetano Rodríguez, su fiel ladero.

Como destaca Carlos Babington, "si me apurás, digo que después de Menotti fue el mejor técnico que tuve. Y nunca logró nada. Cayetano era un tipo con una mala suerte terrible, pero es Menotti, quiere lo mismo que Menotti. Cayetano tuvo la grandeza de no renunciar nunca, a pesar de que le fue mal. En Huracán pudo haber salido campeón... Cacho, así le digo a Cayetano, tenía esa mala suerte. Pero siempre respetó una idea".

La primera semana de trabajo en Boca permitió contemplar cuál era plan del técnico, su chiche nuevo: el achique. Pero antes blindó el vestuario para evitar filtraciones. Urgía unir a un plantel que estaba claramente dividido y enfrentado.

En el Hindú Club, uno de sus lugares preferidos para entrenarse, Menotti puso en práctica su esquema. Colocó a Carlos Navarro Montoya en posición de líbero y aclaró: "Así me gustan los arqueros, anticipándose a los delanteros y saliendo a cortar con el pie". Y les pidió a los defensores que salieran jugando, que se olvidaran del pelotazo.

En la tercera práctica, tras 60 minutos de partido, los titulares derrotaron a los suplentes por 8-1, pero el arquero quedó mano a mano con los delanteros en seis oportunidades. Una advertencia de lo que podría ocurrir en el campeonato. "Jugar con el achique es arriesgado, pero si se ganan los mano a mano no hay de qué lamentarse. En tan poco tiempo no se pueden tirar tantos conceptos", explicó Menotti.

"Yo discutí mucho con el *Flaco* eso del achique. Yo no estaba de acuerdo. Yo digo que en el fútbol todos tenemos nuestro caprichito. Los que jugamos al fútbol, los que fuimos técnicos, no me quiero comparar con el Flaco, pero todos tenemos nuestros caprichitos", señala Babington.

"A veces te encaprichás con algo y lo llevás al extremo. ¿Te acordás que hacía el achique en la mitad de la cancha? Todos mano a mano eran... El estaba convencido... el argumento del Flaco, porque él siempre te explicaba por qué hacía las cosas, era que así ganaba 30

metros de terreno; que jugaba todo el tiempo en el campo contrario achicando. Yo le decía: pero *Flaco*, cada vez que te la tiran larga, queda mano a mano el *Mono* Navarro Montoya. Para mí fue un capricho que tuvo, que después lo abandonó, pero nunca reconoció que no era como decía él".

Y recuerda: "Una vez jugamos Racing y Boca en Mendoza, creo que por la copa de verano. Yo dirigía a Racing y él a Boca. Tenía al Turco García de 7 y al Piojo López de 11. Ese Boca te daba la posibilidad de decirles a ustedes pelotazo cruzado y nada más. Simón, de vuelta, y el Piojo López con 20 años, en tres piques lo destruyó. Tenés dos tipos rápidos, te regalan media cancha, tenés que tirarla cruzada y lo único de que tenés que cuidarte es de no quedar en offside. Nunca lo compartí eso. El se encaprichó, no le fue bien".

El debut en el Apertura se produjo el 28 de noviembre contra Newell's en la Bombonera. Boca se impuso por 2-0, pero lo más importante fue el abrazo que se dieron Menotti y Diego Maradona, entonces vistiendo la camiseta leprosa. El técnico dijo: "El abrazo con Diego me emocionó. Las discrepancias no alcanzan para cortar un lazo afectuoso de tantos años".

Aquella edición el torneo Apertura dejó su definición pendiente, apenas cuatro fechas, para marzo del '94. Boca llegó al verano con un mejor nivel de juego y habiendo hilvanado algunas victorias que lo ilusionaban de cara al futuro.

Durante los torneos de verano el Efecto Menotti pudo apreciarse con claridad. Los jugadores tenían otra actitud, el equipo jugaba a otra cosa. En aquellos meses Boca le ganó todos los clásicos al River de Daniel Passarella, que igualmente poco después se consagraría campeón del torneo Apertura.

No era un dato menor: era la primera vez que Menotti ganaba un Superclásico, ya que en su etapa anterior había disputado 4, con 3 empates y 1 derrota. Sin embargo, los amistosos estivales eran apenas el aperitivo del plato fuerte: la Copa Libertadores de América.

La Gran Frustración

En la edición '94 de la Copa Libertadores de América el sorteo ubicó a Boca Juniors en el Grupo 2 junto a Vélez –que se consagraría campeón continental–, Palmeiras y Cruzeiro. Era un grupo duro, pero todos los pronósticos indicaban que los *xeneizes* tenían con qué pasar a la siguiente instancia.

Sin embargo, el equipo nunca estuvo a la altura de las circunstancias. Debutó con un empate 1-1 en Liniers contra Vélez. Pero el mazazo que lo dejó tambaleando ocurrió el 9 de marzo, cuando en Brasil el Palmeiras lo goleó por 6-1. A esa altura Boca estaba último en la tabla de posiciones.

"Conozco la historia del fútbol, hay noches que son fatales", dijo Menotti al abandonar el vestuario. La defensa había tenido una actuación pésima, especialmente Diego Soñora, el ecuatoriano Raúl Noriega y Alejandro Giuntini. El técnico agregó: "Los goles que nos hicieron fueron con todos nuestros hombres en el área, con la defensa armada, no pasa por ahí el problema. Cuando jugamos al límite fue justamente cuando ellos no llegan a nada". El golpe se hizo sentir, pero algunos días más tarde, por el Apertura, Boca goleó a Racing por 6-0 y entonces los fantasmas parecieron alejarse.

La Copa Libertadores era para Boca y su gente una ilusión impostergable. Sin embargo, las derrotas sucesivas liquidaron cualquier esperanza. Los xeneizes terminaron últimos en el Grupo 2 –los tres primeros se clasificaban a octavos de final- luego de ganar un partido, empatar otro y perder cuatro. Tenían 7 goles a favor y 14 en contra. El sistema hacía agua.

Menotti ensayó entonces ante *El Gráfico*, el 12 de abril, una defensa personal: "No me banco esta eliminación porque no nos ganaron equipos superiores. Salvo Palmeiras un tiempo, nadie nos superó claramente. Se necesita tiempo de trabajo y yo no lo tuve. Llegué y en tres meses no sé cuántos partidos jugamos".

El torneo Apertura '93, que terminó en marzo del '94, quedó en manos del River de Passarella. El Boca de Menotti, con un plantel heredado de la gestión Habegger, finalizó cuarto luego de una interesante remontada.

Menotti le dijo a *El Gráfico*: "Yo no voy a ser mejor o peor ganando un título. En definitiva, hay tantos idiotas, pero idiotas totales, que han ganado campeonatos, que obtener uno no me va a hacer mejor de lo que soy".

Otra oportunidad

El inicio en el torneo Clausura fue prometedor. Boca ganó sus primeros dos partidos, frente a Estudiantes y Huracán. Se había reforzado con dos delanteros: el colombiano John Jairo Tréllez y el chileno Ivo Basay.

Pero luego cayó contra San Lorenzo, y empató 3-3 con Vélez un partido en el que se imponía por 3-1. Aquí quedó en evidencia que la paciencia del hincha xeneize pendía de un hilo. Esa tarde el técnico se retiró abucheado.

Después de un opaco empate en cero frente a Deportivo Español y en la víspera del Superclásico, Menotti les dijo a sus jugadores: "Muchachos, quiero que hablemos un poco. Boca no puede jugar tan mal como contra Español. Entonces, si ustedes no están convencidos del modo en que intentamos hacerlo, si piensan que cuidando el 0-0 les puede ir mejor, dejo la ropita y que venga otro a ocupar mi lugar. Pero yo entiendo el fútbol de una sola manera, jugar al 0-0 me pone loco, y además no lo sé hacer. Ustedes deciden".

Ningún jugador respondió, pero el plantel estaba quebrado. Había importantes diferencias entre los defensores y los delanteros. Los primeros decían que el sistema de achique los dejaba muy expuestos, y los segundos defendían un esquema que los ponía siempre muy cerca del arco rival. Las diferencias rebrotaban, acentuadas por la falta de triunfos.

El 30 de abril, en La Bombonera, Ariel Ortega y Hernán Crespo le dieron otro golpe al Boca de Menotti. River se impuso por 2-0 y agudizó la crisis. "No hay que dramatizar, tenemos que seguir adelante", dijo Menotti, que una vez más se fue silbado por los hinchas. Boca había perdido 6 de los últimos 8 puntos disputados.

Los resultados no se daban. En un café de Madrid, adonde Boca había viajado para disputar contra el Real Madrid la primera edición de la Copa Iberoamericana, Menotti le confesó a un periodista su preocupación porque los jugadores no le respondían.

En el mes de junio, tras perder por 1-0 con Newell's, Boca marchaba décimo en la tabla de posiciones. A esa altura, Menotti tenía en su haber los mismos números que el profesor Habegger: de 10 partidos, ganó 4, empató 4 y perdió 2. Ya había ensayado el achique con todos los jugadores de la defensa -Soñora, Simón, Carlos Moya, MacAllister, Giuntini y Noriega-, y recién pudo repetir una misma línea en los últimos cuatro cotejos.

"Los grandes equipos se ven en la adversidad y nosotros todavía no podemos reaccionar. Anímicamente estamos en uno de los peores momentos", advirtió entonces Menotti. El Clausura ya estaba jugado, pero pese a la crisis se hablaba de la conformación de un súper Boca para el Apertura '94.

Menotti dio el visto bueno para la salida de Simón, Tapia, Pogany, Saturno, Claudio Rodríguez, Graciani y Giuntini, entre otros. Y propu-

so ascender a Primera a los juveniles Sergio Sánchez, Favio Márquez, Héctor Franco, Emiliano Romay y Pascual Garrido.

Sobre el cierre del torneo, tras empatar con Ferro, la hinchada le cantaba irónica: "Si éste no es el fútbol, ¿el fútbol dónde está?". Menotti se quejaba del mal estado de la cancha. Se lo notaba nervioso, tanto que, inusual en él, insultó desde los primeros minutos del partido. Aquel campeonato fue ganado por Independiente. Boca quedó séptimo.

El Modelo M

El torneo Apertura '94 era entonces la oportunidad que tenía Menotti de conformar un plantel a su entero gusto, y diseñar a partir de esto un equipo con las características que él más valoraba. Se podían incorporar ilimitados refuerzos y Boca asentó en el libro de pases los nombres de Silvio Rudman, Roberto Acuña, Néstor Fabbri, Fernando Gamboa y Nelson Vivas. También se produjo el regreso de dos hijos pródigos: Walter Pico y Fabián Carrizo.

Carrizo, que había estado jugando en San Lorenzo, recuerda el reencuentro con Menotti en lo que también sería su segunda etapa en Boca. "Nunca cambió su forma de trabajar, siempre fue igual. Admiro a los que tienen unas tremendas convicciones y cuando todos van para un lado, esa gente sigue con su misma idea. Puede ser terquedad, pero de principio me despierta admiración. Es muy saludable para los tiempos que corren, que se va mucho detrás del dinero y el interés individual".

Recién en la cuarta fecha del campeonato Boca se encontró con la victoria. Fue 3-1 sobre el Deportivo Español. Antes había hilvanado una derrota y dos empates. "No hay responsabilidades individuales cuando el equipo colectivamente no funciona", argumentó el técnico.

A esa altura los hinchas le pedían al entrenador derrotar a Peñarol de Montevideo en la Supercopa para cruzarse con River. El sueño se hizo realidad. Boca se impuso por 4-1, con goles de Jorge Da Silva, Luis Alberto Carranza, Pico y Márcico, y pasó de ronda. En el torneo local las cosas seguían sin funcionar. Cada domingo era una nueva frustración.

La ilusión estaba dada en ganar la Supercopa, y para eso había que eliminar a River en cuartos de final. El primer cruce, en el Monumental, terminó igualado sin goles. El segundo se jugó el 13 de octubre en La Bombonera y fue empate 1-1 (Carranza y Enzo Francescoli).

En la definición desde el punto del penal Boca selló su pasaporte a semifinales. Esa tarde anotaron Márcico, Da Silva, Rudman, Acuña y Fernando Gamboa. En River convirtieron Francescoli, Gabriel Amato, Guillermo Rivarola y Walter Silvani. Navarro Montoya le contuvo el remate a Sergio Berti.

Del otro lado de la llave venía San Pablo, que había dejado en el camino al Colo Colo de Chile. El partido frente al *tricolor* paulista quizás haya sido la mejor expresión futbolística de aquel Boca de Menotti ese año. Le ganó por 2-0 con notable claridad a un rival que en diciembre último había vencido al Barcelona en la Copa Intercontinental y que tenía en sus filas a jugadores de la talla de Cafú, Palinha y Muller.

Esa noche Menotti recuperó algo del optimismo perdido. Estaba fascinado con lo que había hecho su equipo. Terminado el cotejo se fue a cenar con sus amigos Rubén Magdalena y Vicente Cayetano Rodríguez al restaurant Piégari, en la Recova de Posadas. Allí se lo escuchó decir: "Soy de Central hasta la médula, pero estoy viviendo este proceso de Boca como un hincha, y eso no es bueno, ya no me gusta".

En la revancha Boca cayó por 1-0, pero el resultado igual le permitió acceder a la final del campeonato sudamericano. El rival sería nada menos que Independiente, el campeón argentino, que había eliminado a Cruzeiro.

Los fanáticos dicen que las finales se ganan. Que no hay lugar para el análisis o el juego bonito. Aquel Boca de Menotti tuvo enfrente a un adversario repleto de figuras como Sebastián Rambert, Albeiro Usuriaga, Gustavo López, Daniel Garnero y Luis Islas, entre otros. La definición fue ajustada, pero esta vez la moneda no cayó del lado *xeneize*.

Boca empató 1-1 en La Bombonera y perdió el partido decisivo por 1-0. Fabián Carrizo, que por entonces alternaba como volante central con Alejandro Mancuso, recuerda que "en la Supercopa me quedó un sabor muy amargo. Pero a las finales hay que ganarlas".

El sueño se había estrellado y la actualidad era poco alentadora. Boca había perdido el torneo continental y en el plano local estaba lejos de la punta y mostraba un juego plagado de dudas. Pese a esto, Alegre y Heller le ofrecieron a Menotti renovar el contrato. El técnico les pidió negociar cuando terminara el campeonato.

Por esos días se cumplió un año de Menotti al frente de Boca. El balance, en materia de resultados, no era positivo. Pero el técnico tenía otra lectura: "Si yo dijera que es negativo me estaría mintiendo, para mí el balance ha sido positivo. El club hoy no tiene ninguna copa

que adorne sus vitrinas, que era uno de los objetivos. Pero para mí nunca debe ser el único", le dijo a *El Gráfico* el 22 de noviembre.

Consultado sobre su continuidad, respondió: "Ganas tengo, estoy muy bien; este es un club casi ideal, más allá de que se multiplican los insultos y los elogios. Boca es otra cosa. Y tenés todo, si te gustan las grandes peleas. Pero es un club fatigante".

El detonante tendría lugar algunas semanas más tarde. El 11 de diciembre, en el Superclásico, River, conducido por el Tolo Gallego, goleó a Boca por 3-0 (Francescoli, Ortega y Marcelo Gallardo). Fue demasiado para Menotti.

La imagen del técnico tras el partido lo decía todo y presagiaba el futuro desenlace del vínculo. Menotti, vestido con jean y camisa celeste, dejó el césped caminando lentamente, el saco colgando del hombro. El calor era intenso.

Al llegar al vestuario le dijo al vicepresidente Heller: "Carlos, me voy… a casa. Ya está". El dirigente respondió: "Ya está un carajo, vení que tenemos que hablar un rato largo y de cosas muy importantes". El micro los llevó, junto al plantel, hasta el hotel Nogaró.

Eran las 21.15 cuando Menotti y Heller se sentaron en la confitería del hotel para hablar del porvenir. La charla duró apenas media hora y ambos prometieron seguirla al otro día. El lunes, en una reunión ampliada de la cual participaron también Antonio Alegre, Jesús Asiaín y Osvaldo Spataro, y que duró cuatro horas, Menotti presentó su renuncia indeclinable.

Esa tarde tormentosa, mucho tiempo después, en su departamento de Caballito, Antonio Alegre terminó de dar para este libro su impresión de lo que fue la relación con el técnico. "No recuerdo un técnico mejor que Menotti. Tiene grandeza. Sabe lo que es el fútbol. Tiene una virtud muy grande, se hace respetar".

CAPÍTULO 13

ILUSIÓN, ABANDONO A LA ITALIANA Y REGRESO SIN GLORIA

Uno era el lirismo llevado al fútbol, el otro era el paladar negro. ¿Qué podía salir mal de la unión entre César Luis Menotti e Independiente? Si eran como esas parejas perfectas, nacidas para brillar. Casi que estaban condenados al éxito.

Hacía 20 meses que no dirigía cuando Menotti recibió la oferta para hacerse cargo del plantel del Diablo. El presidente del club, Jorge Bottaro, le acercó una propuesta seductora que el técnico vio con buenos ojos a partir de la identificación que los hinchas tenían con el fútbol vistoso. No podía fallar.

Mucho más interesante se volvió el asunto cuando ambas partes, entrenador y dirigentes, consensuaron una carpeta de refuerzos que contemplaba la llegada de José Albornoz, Guillermo Barros Schelotto, el Pibe Carlos Valderrama, el Rifle Fernando Pandolfi, y Mauricio Pineda y Hugo Guerra, estos dos últimos jugadores de Huracán. Y, también, existía la posibilidad de repatriar al Palomo Albeiro Usuriaga, quien quería dejar el Santos de Brasil.

Así las cosas, Menotti firmó su contrato con Independiente el 20 de agosto de 1996 a las 15 en la escribanía del vicepresidente del club, Alberto Fernández Arsuaga. El vínculo se extendería por un año y culminaría el 30 de junio del '97. Había, sin embargo, un dato que tal vez no fue tan tenido en cuenta en su momento: en diciembre había elecciones. Todo podía llegar a cambiar con otro presidente.

Lo cierto es que después de la rúbrica, Menotti se abocó a trabajar de cara al inicio del torneo Apertura, que comenzaba apenas dos días más tarde. Tenía de todo, menos tiempo. Por lo pronto, en la primera práctica pudo confirmar que había tomado la decisión correcta. Un grupo de alrededor de 200 hinchas lo ovacionó al pisar el césped,

pero uno en particular le regaló una frase que se le clavó como un aguijón: "Gracias por devolvernos la alegría".

Esa tarde Menotti atendió a la prensa luego del entrenamiento. "Yo vengo a desarrollar mi idea y espero que con el correr del tiempo puedan verse sus frutos. Lo que más deseo es que mis jugadores jueguen, así de simple, con todo lo que ese concepto encierra", resaltó.

"Lo que rescato es la buena predisposición de los jugadores, las ganas que mostraron en este primer día de trabajo. Pero está claro que no vienen de un buen momento y están un poco desencantados, aunque en lo anímico parecen estar bastante bien. Lo peor que les puede pasar es que duden de lo que tienen que hacer en la cancha: si deben gambetear o no, si deben saltar o no, si deben encarar o no".

Es cierto que el plantel arrastraba la frustración de haber culminado el torneo anterior en la duodécima posición, a 17 puntos de quien resultó campeón: Vélez. Al menos desde afuera daba la sensación de que la llegada de Menotti había servido de bálsamo luego de tanta desazón.

Dentro del grupo el Efecto Menotti se hizo sentir más temprano que tarde. "Simplemente utilizaba su verbo para que sus jugadores se creyeran superiores a los demás. Que, en definitiva, después adentro de la cancha lo éramos", describe Angel Matute Morales, un jugador fetiche que tuvo el técnico en aquel plantel de Independiente.

"Jugadores que yo pensaba no tenían la característica como para jugar en los equipos del Flaco, también se ilusionaban. Esos jugadores que los tildaban de picapiedra, después cuando jugaron en los equipos del *Flaco* se vio que tenían algún tipo de característica técnica. El te hacía creer que vos podías hacerlo. A veces uno se pone límites que son mentira. Cuando uno se topa con una persona como el Flaco, a veces los terminás rompiendo porque tiene razón, uno puede dar más siempre, sobre todo en lo técnico. Eso es a lo que apuntaba siempre el juego de él".

Morales había surgido de las inferiores de Independiente, pero había sido enviado un año a Platense para ganar experiencia. De regreso a Avellaneda se encontró con que el técnico Gregorio Pérez no lo tenía en cuenta. Estuvo meses jugando en la Reserva, algunas veces iba al banco de los suplentes. Estaba a punto de retornar al club de Vicente López cuando se enteró de la contratación de Menotti.

"Yo mismo decidí quedarme. Una por la admiración que le tenía y otra porque pensaba que él era el tipo que podía explotar más mi habilidad y mis características. Esto sin conocerlo. Creo que me llegó en el momento justo, tenía 20 años. En el segundo entrenamiento se acercó él a hablarme a mí y a partir de ahí se generó algo muy especial".

Matute Morales se había jugado un pleno, y le salió bien. Menotti no lo confirmó como titular, pero de alguna manera le hizo un guiño de ojo. "Te hace ver que vos vas a estar en sus planes, que sos un jugador que le interesa. En todos mis años como futbolista siempre se me vinculó a ese tipo de ideología, la de Menotti, la de Cappa y la de todos los que pregonaron siempre este tipo de juego".

Además de los entrenamientos de todos los días, de las prácticas donde el eje pasaba siempre por la pelota, Menotti iba moldeando en sus futbolistas una mentalidad ganadora. Aun cuando muchos creían que lo habían visto casi todo, la palabra del técnico en el vestuario surgía reveladora de nuevas verdades.

"A mí todo me llamaba la atención –cuenta Matute Morales–. Había tenido pocos técnicos y todavía no tenía la inquietud de entender el juego, sino que lo jugaba porque me gustaba. Cuando conozco al *Flaco* empecé a entender muchas cosas de mi posición, de cómo jugarlo ante diferentes adversidades. Empecé a comprender más lo que era el juego en sí. Pero su influencia no era sólo en lo futbolístico, sino también en lo humano".

En los primeros entrenamientos de cara al inicio del campeonato Menotti dejó en claro que había llevado a Independiente aquella receta de jugar con el achique. Esa táctica de presionar al rival muy cerca de su arco, lo que hacía que su equipo terminara caminando por la cornisa del contragolpe letal.

El equipo todo tenía que aprender a jugar de esa manera. Y si bien en algunas prácticas la defensa parecía estar fuera de punto, poco a poco logró entender la clave del mecanismo. "Lo tomo como una manera de jugar e incluso de vivir. Me parece que nosotros sacábamos más ventajas en el hecho de presionar arriba, robar la pelota y estar cerca del arco contrario, que el hecho de que nos picaran por afuera. Sacamos más réditos con eso que tirándonos todos atrás", resume Morales.

Una vez más en un equipo de Menotti, como había ocurrido con el Loco Gatti o con Angel Comizzo, el arquero se convertía en protagonista de cada partido.

"Los hacía mejorar mucho con el pie. El decía que el arquero era como el líbero del equipo. Aquel que lo entendía, como (Faryd) Mondragón, que no era un arquero que uno pensara fuera tan técnico, se ganaba el puesto. Manejaba los tiempos del equipo, era el último hombre. Era una forma de juego arriesgada. A veces al achicar tanto sobre el campo rival, el que tenía que salir jugando era el arquero", recuerda Matute.

Menotti creía contar en ese Independiente con los intérpretes adecuados para su partitura de fútbol vistoso. Aquel plantel que había visto pasar tres técnicos en menos de un año tenía una equilibrada mezcla de juventud y experiencia, talento y tesón. A las órdenes esperaban el debut jugadores como Faryd Mondragón, Claudio Arzeno, Jorge Martínez, Guillermo Ríos, Pablo Rotchen, Roberto Acuña, Jorge Burruchaga, Alfredo Cascini, Daniel Garnero, Angel Morales, José Luis Calderón y Francisco Guerrero, entre otros.

El Gran Debut

El 25 de agosto, en la primera fecha del torneo Apertura '96, Independiente goleó por 3-0 a Ferro. Quizás resultaba apresurado pensar que en apenas cuatro días de trabajo el técnico había podido hundir su mensaje en la esencia misma de sus futbolistas. Pero en la segunda fecha apabullaron por 4-0 a Newell's, y en la tercera batieron al campeón Vélez como visitantes por 3-2. Algo estaba cambiando en el lado rojo de Avellaneda.

Los titulares de los diarios se encargaban de remarcar cada vez la buena labor de Independiente, su juego vistoso, su dinámica letal. Los periodistas hurgaban en la caja de los adjetivos para poder describir mejor lo que era este reverdecer de un equipo hasta no hace mucho inexpresivo, apagado.

Pero ese torbellino ofensivo que era el Rojo de Menotti comenzó a perder envión. Rivales de poca monta le empataban sobre la hora, recortándole puntos en una carrera en la que había un rival de similar andar fulminante: el River de Ramón Díaz.

Recién en la undécima fecha, de un total de 19, Independiente se topó con la derrota. Fue por 4-1 frente a Platense y a la luz de lo que vino después puede considerarse que ese resultado ofició de bisagra en el campeonato. Aunque Menotti intentó calmar los ánimos, algo se había quebrado.

El equipo volvió a caer una semana después por 3-1 frente a Rosario Central, y le cedió a un River implacable la punta del campeonato. El certamen que coronó a los millonarios culminó el 22 de diciembre. Independiente quedó segundo y dejó la sensación de que también estaba para dar pelea en el próximo torneo.

Ese mismo mes hubo elecciones presidenciales en el club. La lista encabezada por Héctor Grondona se impuso por sobre las de Bottaro y Horacio Sande. Independiente tendría nuevo presidente y viejo entrenador. ¿Funcionaría la relación Grondona-Menotti de cara al futuro?

Inesperado adiós

Luego de la pretemporada en Mar del Plata, y de disputar los compromisos de verano, Independiente se puso a punto para disputar el torneo Clausura '97, que comenzaba el 22 de febrero. Menotti había sumado al plantel una dosis mayor de experiencia: trajo a Fabián Carrizo, aquel jugador al que hizo consolidar en Boca, en su primera etapa en el club de la Ribera.

"Yo recién para la cuarta fecha estaba para jugar. El titular era (Diego) Dorta, que se lesionó, así que entró (Raúl) Cascini, que había vuelto de Estudiantes e hizo una muy buena campaña. Jugó muy bien y hasta hizo un gol. Era lógico que César lo sostuviera", recuerda Carrizo, que terminó ocupando un lugar en el banco de los suplentes.

Lo cierto es que Menotti y sus jugadores seguían en buena sintonía, pero había factores externos que terminarían por complicar el desempeño del equipo en el campeonato. Propio de la desorganización del fútbol argentino, la AFA había decidido que el torneo Clausura sería postergado en junio, a cuatro fechas de su definición, para que los jugadores convocados a la Selección nacional pudieran disputar la Copa América de Bolivia. El desenlace quedaría entonces para el mes de julio. Había en esta medida un detalle de relevancia: buena parte de los contratos finalizaban el 30 de junio, el de Menotti incluido.

Pese a que el equipo intentaba jugar el mismo fútbol atildado de siempre, ése que tantos buenos resultados le había generado en el campeonato anterior, esta vez las cosas salían de manera diferente. Tanto que Independiente recién logró ganar en la cuarta fecha: un valioso 2-1 en el clásico contra Racing.

Sin embargo, había comenzado a crecer cierto murmullo de descontento. Esta vez los triunfos eran esporádicos y se sucedían los empates con sabor a nada. El presidente, Héctor Grondona, que había decidido respaldar el proyecto Menotti, fue contundente: "Creo que definitivamente Independiente está jugando mal. Todos lo sabemos. Con esta definición no estoy descubriendo nada. Lo veo como hincha del tablón. En la otra cara de la moneda está el gran poder ofensivo que poseemos".

Corría marzo y Grondona, que llevaba apenas tres meses de gestión, se encontró con la sorpresa de que Menotti estudiaba ofertas para dirigir en Europa. "Cuando surgieron los rumores me reuní con Menotti y fue muy claro: me dijo que la relación con el Real Madrid había sido anterior a su llegada a Independiente y que lo único concreto era que iba a llegar a Buenos Aires un emisario de la Sampdoria".

Menotti salió a la palestra. Primero descartó tener negociaciones con el Real Madrid, donde el italiano Fabio Cappello había firmado contrato por dos años, y luego afirmó: "Hasta el 30 de junio por lo menos, no. Lo que sí tengo es la posibilidad de dialogar con los dirigentes de la Sampdoria de Italia después de esa fecha y luego hacerlo con los de Independiente". El problema era que el torneo Clausura terminaba el 13 de agosto.

La tensión se acentuó cuando el 3 de abril la Sampdoria oficializó la contratación de Matute Morales en 4,5 millones de dólares por cinco años. A esa altura los dirigentes de Independiente negociaban un imposible: lograr que el jugador se quedara en el club para disputar las últimas cuatro fechas del campeonato.

Pese a la volatilidad del equipo, en la última fecha antes del receso Independiente goleó por 6-0 al escolta Colón y quedó apenas a un punto del líder River. Como recuerda Morales, "era el momento justo para que el equipo pudiera salir campeón".

Con la suspensión del campeonato local y el desarrollo de la Copa América en Bolivia llegó el 30 de junio, y con él la finalización de algunos contratos y la concreción de transferencias. Independiente no perdió sólo a Morales, sino que también vendió a José Luis Calderón, Roberto Acuña y Pablo Rotchen.

Podría creerse desde la condición de hincha que los jugadores lamentaban la partida prematura. Pero el fútbol profesional no se permite este tipo de lamentos. "No se charlaba el tema de que nos íbamos –recuerda Morales–. A mí me compran faltando seis o siete fechas. Yo pensé que iba a seguir hasta el final, pero la Sampdoria me tenía que presentar a mí y al Flaco".

Dice Morales que ambos negociaron para prorrogar sus contratos, pero que el seguro internacional que Independiente debía pagar era muy alto y desistieron. "Para mí era importante irme siendo campeón con Independiente, pero no se pudo. Yo me fui antes para hacer los estudios y los papeles correspondientes".

"Fue uno de los mejores planteles en lo futbolístico y en lo grupal que yo integré. Era la alegría de ir a entrenar y de concentrar. No nos interesaba si concentrábamos uno o dos días porque la pasábamos

muy bien. Me veía a mí y veía a mis compañeros que la pasábamos bien adentro de la cancha. Llegábamos al fin de semana sabiendo todo lo que teníamos que hacer, y tranquilos. Hemos perdido partidos, como contra Platense 4-1, pero siempre salíamos de la misma manera".

El 3 de junio, al otro día de haber vapuleado a Colón, Menotti anunció su partida de Independiente para dirigir a la Sampdoria de Italia. En la misma jornada, Grondona le acercó un contrato firmado, a manera de gesto para que el técnico se quedara. El esfuerzo fue en vano.

Es más, Menotti se fue denunciando la política que llevaban adelante los dirigentes en el club. Le dijo a *Clarín* ese día: "Me voy de Independiente porque no le sirvo al proyecto del club. No me alejo por una razón de plata. Hay cuestiones de fondo que hacen no sólo al fútbol, sino a la realidad general, que impiden seguir trabajando de la manera en que pretendo. No culpo de esto a Independiente, que quede absolutamente claro".

Y añadió: "Por supuesto que Italia es un desafío y que me entusiasma. Dirigir allí fue mi berretín cuando era más joven. Pero a mi edad veo las cosas desde otra perspectiva, le doy otra dimensión más real".

"Independiente tiene un proyecto responsable de sanear sus finanzas y cumplir con los jugadores, y esa realidad no coincide con la mía, yo no tengo que pagarles a los jugadores. Es un proyecto en el que no quiero entrar. Yo ya no estoy para andar de reunión en reunión para que les paguen a los jugadores primas atrasadas o para tratar problemas parecidos".

Sin Menotti como técnico –los dirigentes contrataron a Ricardo Gareca como reemplazante–, más las ausencias del conductor Morales y el goleador Calderón, Independiente fue otro. En las últimas cuatro fechas finales, tras el receso, sólo ganó un partido, perdió dos y empató el restante. Y le dejó a River la posibilidad de conquistar el bicampeonato.

"Su ida en ese momento, la de Menotti, también golpea –recuerda Fabián Carrizo–. Teníamos todo para ganarlo, era un placer ver jugar a ese equipo. Me sentaba en el banco a disfrutar de los partidos. Pero yo no soy quien para cuestionar decisiones. Era entendible, él quería dirigir en Italia".

Algunos años después Menotti le contaría a *El Gráfico* las particularidades de su salida de Independiente. "¡No lo dejé, me echaron! Se lo dije a Héctor Grondona delante de todos: 'Me estás echando'. Si faltan cuatro partidos y me vendés a Acuña, Calderón y Matu-

te Morales, es obvio que perdemos el campeonato y que de algún modo me estás empujando. Si se quedaban esos tres, yo no me iba. 'Los tengo vendidos en 19 millones de dólares', me dijo Grondona. Por eso me fui a Sampdoria, después llegó Gareca, y pobre Flaco, perdió con cualquiera. Era un problema de orgullo, me pareció raro que no aguantaran hasta agosto, cuando empiezan los torneos en Italia. Estaba claro que no me querían".

Italia, ida y vuelta

El 6 de junio de 1997 César Luis Menotti desembarcó en Génova para cumplir un antiguo sueño: dirigir en el fútbol italiano. Ese mismo día les dijo a los medios: "Tras 30 años de carrera finalmente dirigiré en Italia. Es una enorme satisfacción, aquí están los clubes de mayor prestigio y los grandes campeones".

"Entrené en muchos países, pero no pude hacerlo en Italia, algo que fue siempre mi sueño. Ahora voy a poder hacerlo. Tengo orígenes italianos. De Como era la familia de mi madre, y de Florencia la de mi padre".

En cuanto a la conformación del plantel, Menotti señaló: "A lo mejor se va algún jugador, pero no creo que se desprendan del resto. El presidente Enrico Mantovani tiene una excelente relación con los aficionados y no tiene la intención de renunciar a un equipo competitivo, que juegue bien, que atraiga y logre el puesto más alto posible en la clasificación y participe en las competencias europeas".

Menotti había llegado a la Sampdoria para reemplazar al sueco Sven Goran Eriksson. Su contratación significaba también haberse impuesto en la consideración de los dirigentes por sobre dos figuras de prestigio: el serbio Radomir Antic y el uruguayo Oscar Tabárez.

El acuerdo se había cocinado a fuego lento. Hacía ya varios años que Menotti mantenía una relación cordial con la familia Montovani, dueña de la Sampdoria. Y si bien algunas veces habían jugado con la idea de que el entrenador pudiera trabajar en el club, las conversaciones nunca llegaron a buen puerto.

Hasta que un día el mítico Paolo Montovani, el padre de aquella familia millonaria y gestor del único *scudetto* ganado por la Sampdoria en su historia –en la temporada 1990/91–, decidió dar un paso al costado y le dejó las riendas del club a su hijo Enrico.

Enrico Montovani era por ese entonces un joven yuppie graduado en Economía y Relaciones Internacionales en las universidades de Ginebra y Boston. El heredero era un muchacho excéntrico que

buscaba no sólo dar un golpe de efecto en la Sampdoria, sino cambiar también el formato del mismísimo fútbol italiano. Uno de sus planes era, entre otros, implementar el tercer tiempo, a la manera del rugby, para fomentar la amistad entre las hinchadas.

El joven Enrico quería hacerse notar. Tanto que lanzaba mensajes sociales a través de inscripciones en la camiseta de la Sampdoria, hasta que fue multado por la Federación Italiana luego de protestar por los ensayos nucleares de Francia en el Atolón de Mururoa.

Lo cierto es que la Sampdoria necesitaba un técnico y fue Filippo Montovani, hermano de Enrico, quien tuvo la brillante idea de llamar a Menotti. El dirigente tenía 32 años y era no sólo un fanático del fútbol argentino, sino también de la noche porteña.

La presentación tuvo lugar una tórrida noche de verano en el Palazzo dello Sport. Alrededor de 30.000 hinchas se dieron cita para recibir a los jugadores y el cuerpo técnico. Uno a uno los futbolistas fueron subiendo al escenario, anunciados por un locutor. La algarabía era incontenible y llegó a su punto máximo sobre el final, cuando César Menotti apareció con una bufanda de la Sampdoria enroscada al cuello.

Días más tarde le dijo a *El Gráfico*: "La gente de Sampdoria me hizo sentir maravillosamente bien. Tengo un trabajo duro por delante". Por lo pronto Menotti contaba con un plantel donde destellaban algunos valores, tales los casos de Juan Sebastián Verón, que había llegado el año anterior procedente de Boca; el goleador alemán Jürgen Klinsmann y el delantero Claudio Bellucci, comprado a Venecia.

Era un grupo en construcción que sentía y mucho la partida del talentoso Roberto Mancini, que tras jugar 14 años en la Sampdoria -donde ganó un scudetto, cuatro Copas de Italia y una Recopa- había emigrado a Lazio. El técnico igual se mostraba seguro: "Su marcha es dolorosa pues artistas del balón como él nacen uno cada diez años. Pero tendremos un plantel joven, que apuntará a hacer un buen campeonato liguero y una buena Copa UEFA". Además, recalcó las virtudes del delantero juvenil Vincenzo Montella, de quien dijo tenía un estilo sudamericano.

Menotti no contaría con Mancini, pero había llevado de Independiente a Angel Morales, un enganche en el que depositaría la misión de hacer funcionar el equipo en ofensiva. Matute estaba llamado a ser el reemplazante de un futbolista histórico. Casi nada. "Había mucha expectativa. Yo llegaba para reemplazar a Mancini, que era un ídolo del equipo. Así que sabía que se iba a hacer duro", explica el volante.

La familia Montovani no tardó en hacerlo sentir cómodo. Lo invitaron a su casa en las montañas, una mansión con canchas de fútbol, tenis y básquet, más una piscina. "Era algo que hacían con todos los jugadores nuevos", recuerda Morales.

Hecha la presentación y con el plantel completo, la Sampdoria viajó hasta la localidad de Cogne, en los Alpes, para realizar la pretemporada. En el hotel Miramonti el técnico se abocó a diseñar el trabajo de cara al inicio del campeonato, y sorprendió a más de uno, entre ellos al periodista Stefano Zaino, corresponsal del diario *La Repubblica* de Roma.

"Yo era uno de los sorprendidos por la manera de trabajar de Menotti –cuenta en un reportaje vía mail para este libro–. Durante la preparación de verano hizo trabajar al plantel sólo en la cancha y con prácticas de pelota. Cuando le pregunté por qué no había llevado al plantel al bosque para hacer subidas y bajadas, me contestó: la cancha es plana, ¿por qué deberían correr hacia arriba y hacia abajo?".

Matute Morales hace una mueca parecida a una sonrisa cuando recuerda lo que fue aquella pretemporada. "Nos fuimos a la montaña, pero la montaña estaba de paisaje, nada más. Yo pensé que Menotti los iba a sorprender para bien. Muchas veces lo que queremos los jugadores, por ejemplo, cuando vamos a Mar del Plata, es no ir a la arena. Ellos tenían la costumbre de ir a la montaña, necesitaban ir. Con el tiempo, cuando fuimos hablando, me decían que ellos necesitaban hacer ese tipo de entrenamiento. Que no estaban acostumbrados a tener tanto tiempo la pelota en los pies".

En los Alpes se estaba viendo un Menotti auténtico. "Los italianos están acostumbrados durante la pretemporada a correr por las montañas. El profe, en cambio, en el primer entrenamiento hizo un trabajo con pelota. Y cuando terminó eso hicimos un picadito. No lo podían creer. Se asombraban todos".

Lúdico, descontracturado, Menotti solía convertirse en uno más luego de las prácticas. Y usualmente desafiaba a sus futbolistas, como aquella tarde en que le apostó un café a Klinsmann y Sinisa Mihajlovic a ver quién estrellaba más veces la pelota en el travesaño. Los días de la Sampdoria en la montaña eran surrealistas.

La dura realidad

Pero la realidad a la hora de competir por los puntos podía ser muy diferente. El inicio del torneo italiano fue, sin embargo, venturoso para el conjunto genovés, que se impuso con esfuerzo por 2-1 sobre

Vicenza. En la fecha siguiente la Sampdoria igualó 3-3 con Brescia; venció 2-0 a Atalanta; igualó 1-1 con Juventus; perdió 3-2 con Udinese y empató 1-1 con Piacenza.

El equipo desplegaba su juego arriesgado, siempre al límite, tal vez demasiado extremo para el gusto italiano, y no cosechaba tantas victorias como las esperadas. "Menotti es muy claro para los jugadores que lo quieren entender –repasa Morales–. En Italia la mayoría de los jugadores no lo entendían, pero había muchos que tampoco lo querían entender. En sí la idea que quiere el Flaco es un juego de arriesgar mucho, y fue al fútbol italiano, donde nadie quiere arriesgar y todos quieren cuidar su lugarcito. Nadie quería ser tan audaz de hacer lo que él quería".

El primer golpe duro tuvo lugar en la Copa UEFA. El equipo tenía como objetivo ese año avanzar en el certamen continental, en el cual hacía algún tiempo que no participaba, y quedar entre los seis primeros de la Liga italiana para clasificarse a las competencias europeas de la temporada siguiente. Sin embargo, quedó eliminado frente al Athletic de Bilbao en la primera ronda.

En Génova la Sampdoria cayó por 2-1, y en Bilbao perdió 2-0, luego de que el arquero se hiciera expulsar tras cometer una infracción como último hombre. El esquema del achique estaba arrojando sus funestas consecuencias.

A partir de allí nada fue igual en el grupo. "Había mucha ilusión con la Copa UEFA, porque hacía mucho que no entraban. Se tiraban a ganar todo, Copa y campeonato", recuerda Morales.

Tal como explica el periodista Stefano Zaino, "la relación con el plantel en el comienzo fue buena. Pero luego de las primeras derrotas la situación cambió. Los jugadores comenzaron a decir que no estaban trabajando en la dirección correcta, que tendrían que haberse entrenado más y mejor durante la pretemporada, sobre todo en la parte física y táctica".

En cuanto a los hinchas, "querían ver ganar a su equipo, como todos los simpatizantes. Así que estaban entusiasmados al principio, también porque Menotti habló mucho y produjo cierta euforia con sus comentarios. Pero luego la situación empeoró".

La Sampdoria no era en la cancha lo que muchos esperaban y, ya fuera de la Copa UEFA, recibió el golpe de gracia en la Liga italiana. Primero cayó 3-0 como local frente al Milan, con tres tantos convertidos en los últimos 15 minutos, lo que denotaba cierto cansancio físico de los jugadores que no lograban cerrar un resultado; y luego perdió 3-0 como visitante con Lazio.

Zaino saca sus propias conclusiones del Experimento Menotti en la Sampdoria: "No conocía el fútbol italiano, tampoco a los otros equipos, sólo amaba atacar, pero en Italia es muy importante defender. Así que ganó algunos partidos, pero luego perdió otros con resultados muy pesados. El último cotejo, por la octava fecha frente a Lazio en Roma, la Sampdoria cayó goleada por 3-0. Muchos jugadores, como Mihajlovic, estaban preocupados porque el equipo no era capaz de defenderse".

Las cosas estaban decididamente mal y nada parecía que fuera a cambiar en lo inmediato. La salida del técnico parecía inminente para todos, menos para él. De hecho, Stefano Zaino remarca que su despido tuvo ribetes de comedia.

"Menotti quería que le trajeran otros jugadores que él había tenido en Argentina, como Alfredo Cascini y Roberto Acuña, ambos de Independiente. Pero Montovani dijo que no. Dos días después de la derrota contra Lazio el técnico fue hasta el edificio principal de la Sampdoria para reunirse con el presidente. Eran las cuatro de la tarde cuando ingresó. Menotti estaba convencido de que le iban a traer a esos jugadores. Pero cuando salió, a las 10 de la noche, había dejado de ser el técnico del equipo".

Matute Morales cree que había algo en la esencia rústica del futbolista italiano que lo hacía impenetrable al lirismo de Menotti. "Para aplicar ese esquema en Italia tendría que haber llevado ocho jugadores de Independiente. Los jugadores, la mayoría, son los que te dan el otro 70% de la idea que tiene un técnico. Un técnico puede tener una idea, pero si los jugadores no la quieren..."

"Los jugadores no recibían ni querían recibir la idea de Menotti. Tampoco hacían el esfuerzo por adoptarla. Para ellos el cambio era muy drástico. Había tipos que habían hecho mucho dinero jugando de la otra forma".

"Pasa siempre que cuando no se dan los resultados, los jugadores que no están identificados con esa idea restan su apoyo. Y pasa más cuando se trata de alguien que viene a cambiar el estilo de juego. Hubo un poco de fuerza de los jugadores para que el Flaco no siguiera. Era muy reconocido en el ambiente, pero yo sentía que no les llegaba a los jugadores. Yo jugaba en la misma posición que en Argentina, pero no sé, al menos a mí no se me dio. Yo no me sentía como en la Argentina".

Menotti había dirigido apenas ocho partidos de Liga, dos de Copa UEFA y uno de Copa Italia. Su inesperada salida dio paso al regreso del técnico Vujadin Boskov, el mismo que había logrado el scudetto del '91. Los futbolistas respiraron aliviados. Todo había vuelto a la normalidad. "Yo veía un entrenamiento de uno y de otro. Y uno parecía un entrenamiento de fútbol, con el Flaco, y el otro un entrenamiento de basquetbolistas. Normalmente se hacían los calentamientos con la mano, se juega mucho al básquet. Eso nunca lo entendí, como ellos no entendieron al Flaco", concluye Angel Morales.

Lejos estuvo de ser traumático el despido para Menotti. A los pocos días recibió un llamado desde Buenos Aires. Héctor Grondona lo estaba esperando con un contrato firmado para que reasumiera la conducción de Independiente. El técnico no lo dudó ni un instante, pero antes se tomó unas vacaciones.

Como recuerda Zaino, "como técnico no tuvo éxito en dejar una buena imagen, pero seguro que dejó grandes recuerdos como hombre. Le gustaba mucho Génova. Pienso eso porque después de cesar como técnico se quedó hasta que finalizó el verano. Se tomó su tiempo antes de regresar a la Argentina".

De vuelta al Rojo

Aquello de que segundas partes nunca son buenas puede aplicarse por completo al retorno de Menotti a Independiente. Desde enero de 1998 hasta octubre de 1999 dirigió en tres campeonatos, y en dos de ellos no logró que el equipo terminara por encima de la décima posición.

Recién en el Clausura '99, con el retorno de José Luis Calderón como artillero –anotó 17 goles–, Independiente finalizó quinto. Pero en el Apertura siguiente el equipo volvió a mostrarse sin rumbo. Perdió los dos primeros cotejos y el empate 2-2 frente a Argentinos Juniors fue el detonante de la partida.

En la madrugada fría del 23 de agosto el presidente Grondona recibió a los principales miembros de la Comisión Directiva en su casa. El descontento era incontenible pero el mandamás del *Rojo* quería convencerlos de la necesidad de respetar el vínculo contractual que caducaba a fin de año.

En horas del mediodía de esa misma jornada, en la sede de la avenida Mitre, Grondona encabezó la reunión final a la que asistieron también los vicepresidentes Juan Torres y Eduardo Tortorelli, el secretario general Oscar Martínez y once representantes. Por mayoría decidieron rescindir el contrato de Menotti, quien fue notificado en su domicilio y aceptó el veredicto sin objeciones.

Pero la salida del técnico no sería indolora. Independiente debería abonarle antes de fin de año, cuando culminaba el mandato de Gron-

dona, la suma de u$s 1.400.000 como indemnización. Seis meses después, en junio de 2000, la empresa Leontina SA, que manejaba los intereses de Menotti, embargó al club por u$s 300.000. Era sólo una parte del total de u$s 800.000 que la entidad le adeudaba al entrenador.

Otra oportunidad

Las negociaciones se encaminaron, la deuda se achicó. Pasaron los años y por aquello de que donde hubo amor, cenizas quedan, un día Menotti volvió a ser convocado para dirigir Independiente. Corría el mes de diciembre de 2004.

Frente a los micrófonos, en la presentación, Menotti fue el de siempre: "Vuelvo con el sueño de pelear el título, de ser campeón, porque lo contrario sería no saber en el club en donde estoy parado. Así lo deben comprender también los jugadores. Esto es Independiente y no podemos plantearnos otro desafío".

"El fútbol es, antes que nada, eficacia. Ojalá que en la búsqueda de eficacia lo podamos hacer con orgullo, con categoría, con un equipo que muestre dentro del campo de juego cuáles son las necesidades pasionales del hincha. No soy hincha de Independiente, soy de Central. Pero tengo una historia maravillosa con este club, una relación afectiva. Este es el momento justo para mi regreso".

La vuelta de Menotti podía leerse también en clave política. Independiente tendría elecciones presidenciales en 2005 y Julio Comparada, titular del Departamento de Fútbol y principal candidato, quería llevarlo como su estandarte a los comicios. Claro, para esto hacía falta que el equipo fuera protagonista en el campeonato.

Sin embargo, hacia fines de abril el Independiente de Menotti apenas si había logrado 9 puntos en igual cantidad de presentaciones. Tenía anotados 12 goles, pero le habían convertido 14. Fue entonces que Comparada le pidió que abandonara el barco, antes de que se hundieran todos.

Como una historia de nunca acabar, Menotti volvió a Independiente en 2009, esta vez para oficiar como asesor, integrándose al Consejo de Fútbol. Lo recibió Américo Gallego, que era el técnico. Su otrora 5 preferido en la Selección del '78, el mismo al que había marginado del plantel de River cuando dirigió al Millonario en 1989. "Menotti es el mejor. Lo tuve como entrenador y es el mejor", dijo el Tolo.

El despido de Gallego por malos resultados le permitió a Menotti hacer su último pase mágico en Independiente: fundar un proyecto colocando como técnico a Daniel Garnero. La experiencia naufragó, como tantas otras, y Menotti terminó yéndose del club, una vez más. La renuncia, ahora, sería para siempre.

CAPÍTULO 14
EL REGRESO A CASA

"Yo a Central le debo todo. Tanto como a Rosario. Vuelvo a mi casa, eso me genera optimismo y ojalá pueda devolverle a este club todo lo que me dio en la vida. Nunca me sentí con tanta responsabilidad desde lo afectivo". Marzo de 2002 transitaba la mitad de sus días y César Luis Menotti, por entonces de 63 años, regresaba a Rosario Central, el club que había dejado casi cuatro décadas antes. Con buenas intenciones asumía el desafío de poner de pie a un equipo que había recorrido con más pena que gloria el torneo Apertura 2001, primero bajo las órdenes de Juan José López en una campaña en la que ganaba y perdía con cualquiera; luego con el interinato de Daniel Teglia en un manotazo de ahogado de los dirigentes.

Atrás habían quedado los años en los que los canallas se ufanaban de participar frecuentemente en certámenes internacionales. Tanta copa jugada, tanto sueño acumulado con la histórica Conmebol de 1995 como máximo motivo de orgullo, derivó en un llamativo descuido de la actuación del equipo con las competencias locales. El promedio comenzó, poco a poco, a transformarse en un motivo de preocupación. Las derrotas se hicieron más comunes de lo recomendable y la crisis golpeaba también a las puertas del club.

La comisión directiva encabezada por Víctor Vesco estalló en pedazos y Juan Carlos Campagna tomó transitoriamente las riendas del club. No había demasiado dinero para refuerzos, tampoco las esperanzas de un futuro mejor acompañaban los días de Central. La derrota por 3-1 a manos de Unión en Santa Fe dejaba al equipo en el último puesto de la tabla en ese Clausura 2002 en el que Teglia no conseguía poner de pie a un conjunto en extrema agonía.

El 15 de marzo, Campagna anunció la contratación de Menotti. Teglia estuvo una fecha más al frente de Central y se despidió con un triunfo por 2-0 sobre Estudiantes. Llegaba el Flaco, un hijo pródigo que tenía en sus manos una tarea muy complicada.

"La idea principal es armar una estructura con las inferiores que pueda sostener el trabajo con los profesionales. Pero acá, en lo inmediato, debo formar un equipo. Es un plantel limitado que no escapa a la realidad de nuestro fútbol", explicaba el nuevo DT, consciente de que el tiempo tampoco estaba a su favor.

Más allá de las precarias condiciones en las que afrontaba el reto, el entrenador aprovechaba para levantar nuevamente la bandera de su inalterable ideología futbolística. Avisaba que sus planes eran concretos. A los jugadores debía "enseñarles a jugar. Que correr no es más importante que jugar. Pero en el trabajo de aprendizaje entraremos todos, porque yo todavía no lo sé todo más allá de tener 40 años en esto. El fútbol, y en eso soy un afortunado, me da la posibilidad de asimilar cosas nuevas como futbolista, porque si hay una cosa que un entrenador nunca pierde es su condición de jugador".

A Menotti no se le pasaba por alto que uno de los mayores problemas que atravesaba Rosario Central en esos días era que había dejado de creer. Entonces, viejo zorro del fútbol, apelaba a una cuestión intrínsecamente unida al más popular de los deportes: el amor por la camiseta. Y el técnico decidió hacer gala de ese sentimiento para intentar contagiarlo en jugadores, hinchas y dirigentes para que se formara un vínculo a partir del cual naciera un nuevo club. "Siempre fui hincha de Central. Hincha de bandera, de atrás del arco, desde que mis padres me llevaban a los seis años a la cancha", dijo Menotti, quien añadió que Central le permitió "ser lo que soy, porque yo empecé aquí y tengo una relación de cariño desde que era un niño. Eso trae otras consecuencias. Guste o no, uno es generador de alegrías y de tristezas, y dirigir en un lugar donde uno tiene pertenencia es mucho más llevadero".

Hernán Castellano, arquero suplente de ese equipo, recuerda aquellas horas. "Creo que fue una de las pocas veces en que estaba contento sabiendo que venía otro técnico, porque generalmente es porque al anterior le va mal. Todo el plantel estaba muy contento con su llegada", explica el Rifle, hincha fanático de Central, que entendía perfectamente el significado de la presencia de ese hombre en ese momento de la institución.

El ex guardavalla cuenta que conoció a Menotti cuando jugaba en Gimnasia y Esgrima de Jujuy, en la primera etapa del DT en Independiente. Concentraban en el mismo hotel -el Continental-, y por las noches el entrenador se quedaba conversando en largas sobremesas con sus ayudantes. Todos los jugadores, incluido el propio Caste-

llano, lo miraban de lejos y se morían por compartir ese momento. "Nosotros decíamos '¡qué lindo poder quedarse en una charla de él!' Cuando él habla acapara toda la atención de la mesa, y por su tono de voz y la manera de expresarse es muy lindo poder escucharlo. No había podido hablar nunca con él, sólo para saludarlo y decirle que era un admirador de él. Moría porque algún día me pudiera dirigir. Gracias a Dios se dio", narra con satisfacción.

Más allá de ese impacto inicial, de ese amor a primera vista forzado por las circunstancias y por la magnética personalidad del entrenador, Central debía salir a la cancha porque, se sabe, cuando la pelota comienza a rodar, se terminan las palabras.

Laureano Tombolini; Paulo Ferrari, Leonardo Talamonti, Mariano González, Germán Rivarola; Diego Erroz, Daniel Quinteros, Emiliano Papa; Luciano De Bruno; Federico Arias y Luciano Figueroa fueron los once escogidos por el exconductor de la Selección para el debut. El rival fue Nueva Chicago en Mataderos, por la octava fecha del torneo, y como si la historia le tuviese deparado un final feliz -o un principio feliz- Central se impuso 1-0 con gol de De Bruno, un mediocampista exquisito de los que siempre gozaron de la predilección de Menotti.

Marcelo Quinteros, el Chelito César Delgado y Javier Cappelletti ingresaron en el transcurso del segundo tiempo de ese partido disputado el 23 de marzo de 2002. La fecha quizás no vaya a quedar como un mojón en la historia, pero seguramente para Menotti no debe haber sido un día más.

"Cuando él agarra Central faltaban seis o siete fechas para terminar el campeonato. Debutó contra Chicago y ganamos 1-0. El día que debutó le tocó jugar con una camiseta alternativa, y él pensaba; '¡Qué mala suerte, justo debuto y juego con otra camiseta!'", evoca Castellano, sumando una anécdota más para ilustrar el cariño del entrenador por el elenco *canalla*.

El *Rifle*, quien a lo largo de su carrera protagonizó varios incidentes por su condición de simpatizante de Central poco afecto a la mesura, dice que como hincha a Menotti le tiene un respeto "impresionante". Y que una vez había leído un reportaje que le hicieron al *Flaco* en el cual había dicho que nunca dirigiría Central por el compromiso y la responsabilidad que significaba con sus sentimientos. "No sabía si iba a poder aguantar el no poder cagar a patadas en el culo a un jugador que no estuviera corriendo", acota este cordobés oriundo de Marcos Juárez que tras un paso de cuatro años por Gimnasia de Jujuy había vuelto a Central en 2001 de la mano de Jota Jota López.

Si bien el primer paso había sido exitoso, la presentación de Menotti como DT de Central en el Gigante de Arroyito terminó en derrota por 3-1 a manos de Boca. Dos goles de Héctor Bracamonte y uno de Rolando Schiavi hicieron posible el triunfo de los xeneizes. Rivarola descontó para los dueños de casa. A ese traspié le siguió una racha de dos caídas más (2-1 con Banfield como visitante y un duro 3-0 contra Vélez en Rosario).

Sin duda iban a ser los resultados los que permitirían establecer un juicio sobre la labor del veterano entrenador, pero en el día a día el plantel recogía enseñanzas y gestos que no podían medirse por la fuerza de victorias, empates o derrotas. A Castellano le impresionó la forma didáctica que tenía Menotti de hacer comprender su mensaje. Y, particularmente, le llegaba ese mensaje: "Todos los técnicos quieren jugar bien, pero son muy pocos los que te enseñan cómo se hace para jugar bien. En el primer entrenamiento que hicimos con él en la Ciudad Deportiva de Granadero Baigorria, paró dos equipos de 12 o 13 jugadores por cada equipo, porque sobraban. Lo hizo en la mitad de cancha. Y a los cinco minutos paró todo. Dijo: 'La cancha hay que usarla de ancho a ancho, y de largo a largo. No se puede concentrar todo en el medio'".

Seducido por ese afán del entrenador por ver el fútbol como una expresión que puede acercarse al arte, el exarquero de Central ponderaba el hecho de que el DT rosarino se la pasaba "siempre haciendo hincapié en que los partidos de fútbol eran muy lindos cuando se jugaban a un toque; un poco menos lindos cuando se juegan a dos toques; y horribles cuando el jugador necesita tres toques para dominar una pelota". Y agrega: "El mensaje llega fácil, es muy claro. No tenía problemas en volcarte todo lo que sabía".

Después llegó una contundente victoria por 4-1 sobre Independiente en Avellaneda con dos goles de Figueroa, uno de Cappelletti y otro de Delgado. Matías Vuoso descontó para el Rojo, que en ese Clausura marchaba en la penúltima posición con apenas 10 puntos en 12 partidos. Central sumaba sólo tres unidades más.

El siguiente escalón fue una igualdad sin tantos en el clásico contra Newell's en Arroyito. Otros tres empates (1-1 con Belgrano, 0-0 con San Lorenzo y 2-2 con Colón) confirmaban que a las huestes de Menotti les costaba encontrar el rumbo. De hecho, el torneo se cerró con una victoria por 2-0 sobre Gimnasia y Esgrima La Plata en Rosario y derrotas por 2-0 con Chacarita y por 3-2 con River en el estadio canalla.

El certamen se cerró con el elenco auriazul en la 16° posición, con 20 puntos, cinco más que Independiente, que ocupó el último pues-

to. Aunque había esquivado la Promoción por nada más que cinco unidades, el promedio se percibía preocupante pero no tanto como para generar demasiada inquietud.

El balance estaba lejos de ser positivo, pero nadie se atrevía siquiera a pensar en señalar con un dedo acusador a un entrenador que era poco menos que intocable. Por eso, con Menotti a la cabeza, Central puso manos a la obra para encarar el Apertura 2002.

Para ese certamen se alejaron el Torpedo Arias (fue transferido a Vélez), Héctor Banegas (Deportivo Español), Cappelletti (Junior, de Colombia), Tombolini (Colón), Líber Vespa (Arsenal), Ricardo Canals (libre) y los juveniles Javier Becerra, Cristian Campestrini, Hernán Ferri, Javier García, Alvaro Méndez, Fabián Pérez y Pablo Vacaría. Y por pedido de Menotti se sumaron al plantel el defensor Juan Pablo Cárdenas (Unión), los volantes Gustavo Barros Schelotto (procedente de Racing) y Cristian Pino (Talleres de Córdoba) y el delantero Martín Mandra (Nueva Chicago).

La pretemporada se realizó en Salta, donde los trabajos se diseñaban junto con el preparador físico Fernando Signorini. "Tenían la misma filosofía de vida", desliza Castellano, transformado en arquero titular ante la partida de Tombolini. Así fueron pasando muchas jornadas en las que las tareas con pelota y los amistosos eran moneda corriente. Al igual que había sucedido cuando dirigía a la Sampdoria, Menotti desestimó la posibilidad de efectuar la puesta a punto en las montañas.

"Lo bueno que veíamos en él es que las presiones del fútbol, con los hinchas, los dirigentes y todo, no lo afectaban. Nadie le iba a cambiar su forma de pensar, menos un periodista. Siempre nos decía que los jugadores éramos muy permisivos y muy tontos por el lugar que le dábamos al periodismo. Cualquier tipo podía defenestrarte", explica el Rifle en una muestra de que el difícil momento que atravesaba el equipo no le hacía temblar el pulso al DT.

Para aplacar cualquier crítica que pudiera recaer sobre el equipo y, como suele suceder en un deporte en el que los números gobiernan al mundo, sobre el entrenador, nada mejor que un buen comienzo en el torneo para aventar cualquier fantasma.

En la jornada inicial del Apertura Central le ganó 1-0 a San Lorenzo en Arroyito, con un gol del Chelito Delgado faltando cinco minutos. Castellano revive ese partido y dice que "él (Menotti) gritó el gol y dijo que desde el Mundial '79 no festejaba un gol, porque él en el banco era muy tranquilo y medido". Y, entonces, la anécdota surge en forma casi natural. El Rifle, cuando le tocaba ser suplente, no se distinguía por la calma con la que seguía los partidos. En realidad, le

sucedía todo lo contrario. Por eso menciona, con una sonrisa en el rostro, que en las fechas finales del Clausura 2002, cuando los buenos resultados brillaban por su ausencia, siempre gritaba y alentaba a sus compañeros, en su doble rol de futbolista e hincha, y que eso desconcentraba a Menotti y por eso éste lo mandaba a calentar en el segundo tiempo con el resto de los jugadores de campo, algo que normalmente no se hace con los arqueros.

Para el DT, el hecho de que el gol del triunfo haya sido de Delgado tenía un sabor especial. Cuando Menotti formó el equipo, el Chelito era suplente, recién empezaba. Mandra había sido traído especialmente por el técnico y se acopló bien. Delgado entraba en el segundo tiempo y la rompía. "Se notaba que era mejor jugador que Mandra, con otro estilo. Y un día Menotti le dijo delante de todos que siguiera así, que ningún técnico nunca le había ganado la pulseada a un jugador. Que él se iba a terminar imponiendo como titular por su propio peso", relata Castellano.

"Si vos jugás bien, bien, bien, el técnico nunca te va a dejar en el banco", ratifica el exguardavalla en procura de avalar las palabras del técnico al por entonces joven Delgado. Menotti siempre llevaba chicos de las inferiores para trabajar con el plantel superior y por esos días el *Chelito* irrumpía con fuerza e iba comenzando a conformar una dupla con Figueroa que le daría muchos goles a Central.

No sólo Delgado había sorprendido al técnico. En el fondo hacía un tiempo que se venía destacando Daniel Díaz, el *Cata*, de quien Castellano recuerda que Menotti comentaba que cuando lo veía jugar "siempre le decía que no entendía cómo se habían llevado a dos o tres marcadores centrales (Javier Muñoz Mustafá y el *Colorado* Mauro Cetto) y no a él. 'Es un fenómeno. Yo no sé cómo no lo vienen a buscar', decía".

Un impresionante 6-1 sobre Lanús como visitante se antojaba como la prueba de que el trabajo del DT daba sus frutos. Castellano; Ferrari, Díaz, Talamonti, Papa; Marcelo Quinteros, Daniel Quinteros, Pino, Pablo Vitamina Sánchez; Mandra y Figueroa fueron los artífices de esa espectacular victoria que se selló con goles de Ferrari (dos, uno de penal), Marcelo Quinteros (dos), Figueroa y Delgado, quien había ingresado en reemplazo de Mandra.

Una semana más tarde un 5-2 sobre el Gimnasia platense en Rosario hacía que el público canalla se rindiera a los pies del entrenador. La caída por 2-0 a manos de Olimpo en Bahía Blanca no alcanzaba para frenar la catarata de elogios que recibía el equipo, que se recuperó aplastando 4-0 a Racing con tantos de Ferrari, De Bruno, Delgado y Figueroa.

Luego llegó uno de los días más esperados de ese Apertura: se disputaba el clásico en el Parque de la Independencia. Con la misma formación que había dado cuenta de Lanús, Central superó 2-0 a Newell's merced a los goles de Figueroa y el pibe Gustavo Arriola, que había sustituido a De Bruno.

"Recuerdo mucho la charla técnica previa al clásico. Hacía 22 años que Central no ganaba en la cancha de Newell's, y lógicamente todos los jugadores de inferiores queríamos estar en ese momento", rememora Castellano. Como si el duelo se hubiese jugado ayer nomás, sostiene que entraban en la cancha pensando que tenían que ganarlo sí o sí y que se presionaban tanto que nunca se les daba. Y como el ABC de ese equipo –y de ese técnico– pasaba por jugar, jugar y jugar, Menotti hacía lo imposible por desterrar cualquier atisbo de presión que el equipo pudiera sentir: "Nos dijo que era solamente un partido de fútbol, que jugáramos tranquilos y que no le importaba el resultado. 'Lo único que les pido y sueño –dijo– es que les demos un baile bárbaro'. Y con esas palabras salimos, les dimos un baile impresionante, les ganamos 2-0 y si hubiésemos estado finitos en la definición les hubiésemos hecho cinco o seis goles".

Nadie podía haber imaginado esa situación seis meses antes, pero Central, el Central de Menotti, lideraba el torneo Apertura con 15 puntos, uno más que Independiente y dos más que River. Cinco triunfos, una derrota, 18 goles a favor (3 de promedio por cotejo) y 5 en contra eran la comprobación estadística de su fulgurante rendimiento.

La vida era color de rosas para el entrenador, que gozaba nuevamente de los elogios de la crítica especializada y con un equipo que respetaba con una fidelidad incuestionable su ideología futbolística. Podía sentir que su éxito sobre los que veían a ese deporte como una actividad casi científica en la que la creatividad no tenía lugar, se percibía abrumador.

Castellano revela que mucho tiempo después se encontró con Menotti y que el DT le recordó ese clásico diciendo que había sido uno de los momentos más importantes de su vida. "Aunque él no lo representaba dentro del vestuario, ni durante el partido. El tipo era inmutable. Estaba al margen del festejo", advierte y hasta se toma un tiempo para enumerar todo cuando pasa por la mente de un futbolista y que a veces no le permiten ser consciente de lo que está viviendo: "Cuando uno entra a la cancha hay un montón de cosas que juegan en la cabeza del jugador. Hay que renovar el contrato, que hace dos partidos que venís perdiendo, que quieren echar al técnico, que te quieren echar a la mierda a vos".

Pero justo cuando Rosario Central creyó que tocaba el cielo con las manos, el destino se empecinó en hacer que cayera de golpe. Los empates 1-1 con Vélez y 0-0 con Chacarita en Arroyito, más el traspié por 2-1 con Colón en Santa Fe que se dio entre esos partidos, fueron el prólogo de un día aciago para el conjunto de Menotti. En la décima fecha, River dio cuenta 5-2 de los canallas y definitivamente los alejó de la lucha por el título. Estaba al frente Independiente, con 23 puntos, y Central marchaba quinto, con 17, pero en plena decadencia.

"Arrancamos muy bien, pero después el equipo perdió confianza porque perdimos un par de partidos totalmente injustos porque no sabíamos enfriar los partidos. Teníamos mucho ritmo e íbamos todo el tiempo para adelante, pero no nos sabíamos defender", justifica Castellano.

Un 2-2 con Huracán no sirvió para ahuyentar las dudas que generaba ese equipo que pasó de ser incontenible en ataque a no saber defenderse. Vesco había reasumido como presidente del club y empezaba a manifestar a viva voz su disconformidad con la labor de Menotti, a quien la verdad es que nunca lo había querido en el cargo, pero debió aceptarlo porque la contratación se dio cuando él se había alejado de la comisión directiva.

Arsenal le propinó un duro 4-1 al equipo y el 2-2 con Talleres en Rosario no bastó para apagar el fuego que empezaba a consumir al DT. Luego llegó un traspié 3-1 frente a Independiente y la despedida se produjo después de la caída 2-1 con Estudiantes en Arroyito.

"Perdimos algunos partidos, perdimos confianza, después él se peleó con el presidente y se terminó todo. Los jugadores lo bancábamos a muerte. La gente también. Nunca tuvo un problema con los hinchas. Lo que nosotros pensábamos era que estábamos perdiendo la oportunidad de seguir con un tipo reconocido a nivel mundial. El tipo iba a seguir siendo Menotti y nosotros no íbamos a seguir siendo los mismos. El está arriba de todos. Eso es lo que más sufría. Yo me quería morir", indica Castellano sobre las traumáticas horas finales de Menotti en el club.

"Se tuvo que ir porque perdimos dos partidos seguidos y había un problema político grande en el club. Con el presidente Vesco nunca se habían llevado bien. Nos defendió a muerte cuando no cobrábamos y les dijo a los dirigentes que, si no nos pagaban, él se iba. Siempre se portó muy bien con nosotros", sigue el Rifle. Incluso revela que cuando echaron a Menotti, él, como referente del plantel, fue consultado por los medios rosarinos y dijo que antes que el DT se tendrían que haber ido muchos dirigentes.

El amor incondicional entre Menotti y el club que lo vio nacer estaba siendo puesto a prueba como nunca. Las declaraciones cruzadas entre el técnico y el presidente Vesco ocupaban los diarios locales y los de circulación nacional.

Los directivos ni siquiera le permitieron acercarse para despedirse del plantel. El último contacto con sus dirigidos se dio el 3 de noviembre, el día de la derrota contra los pincharratas. Intentaron que renunciara, no lo lograron y se vieron forzados a despedir al DT, quien les reclamó judicialmente el pago de los 700 mil dólares de su contrato. Vesco le reprochaba su frase 'Rosario Central es mi vieja' y Menotti le replicaba que lo había cesado un dirigente de segunda línea porque el presidente no se había atrevido a hacerlo personalmente. Si hasta para sucederlo optaron por Miguel Angel Russo, un entrenador que se encontraba en las antípodas futboleras del Flaco...

Al margen de los pobres resultados del último tramo del torneo, Castellano cree ver una mano negra de los árbitros que conspiró contra ese equipo. "Fue una vergüenza cómo los referís lo cagaban. Era con alevosía", acusa y recuerda que en el partido contra Estudiantes Gabriel Brazenas expulsó al Changuito Cárdenas a los 5 minutos de juego.

El paso de Menotti por Central fue breve, de marzo a noviembre de 2002, e incluyó 27 partidos, con 8 triunfos, 10 empates y 9 derrotas. Pero para hombres como Castellano el balance va mucho más allá de los números. Para el Rifle, el fútbol que pregona el DT rosarino puede ser aplicado aún y no está pasado de moda. "Al contrario", asegura. Y va más allá al aclarar que "es una gran mentira cuando dicen que no trabaja con pelota parada, o lo de la ley del offside. El no nos decía que tiráramos el achique, sino que achicáramos con relación a la pelota. Jamás le dijo a un jugador 'haga la ley del offside'. Decía que el defensor, cuando la pelota sale rechazada, tenía que avanzar para reducir espacios. Es una cosa lógica en el juego".

Precisamente hace hincapié en un punto que despertó mucha controversia en los tiempos en que los elencos de Menotti no recogían buenos resultados: el excesivo apego al achique, es decir al adelantamiento de los defensores para dejar fuera de juego a los atacantes rivales. El argumento del DT era que así plantaba un equipo más corto y con mayor presencia en el campo del adversario.

Sin margen para la discusión, el entrenador influyó notoriamente en la carrera y en la vida de muchos futbolistas. Y Castellano es uno de esos. Jura que jamás había pensado en dedicarse a la dirección técnica, pero que esa situación cambió gracias al DT: "Me entusiasmó el hecho de poder volcar todo lo que él me enseñó". Durante va-

rios años trasladó sus conocimientos a los arqueros de las divisiones inferiores de Central.

Recuerda también que Menotti tenía la pegada intacta, y que durante las prácticas ensayaban penales. El técnico le indicaba a qué punta le iba a tirar y el arquero debía volar hacia allá. Así y todo, le pegaba tan bien que siempre era gol. También marca que el Flaco se caracterizaba por trabajar tanto con el equipo titular como con los suplentes: "Trataba a los dos iguales. Generalmente, el jueves cuando se da el equipo, el técnico quiere que los titulares goleen, o al menos ganen. Menotti quería que los suplentes también jugaran bien e hicieran goles".

Y fuera de la cancha acota que se sintió impactado cuando el técnico le contó el día que el Che Guevara se encontró con el presidente Arturo Frondizi (había concurrido a una cumbre en 1961 en Montevideo e hizo un vuelo fantasma a Buenos Aires). Preguntó cómo había salido Central. Y cuenta que Menotti estaba orgulloso porque habían ganado 1-0 y él fue titular en el conjunto canalla.

Para Castellano la figura de Menotti no admite discusión y mucho menos el legado que le dejó al fútbol: "El respeto hacia el jugador de fútbol, que se ha perdido mucho. Siempre nos decía que se ponía muy mal cuando un técnico encasillaba a un jugador, diciendo que éste o aquel sólo pueden meter o marcar".

CAPÍTULO 15
UN FUGAZ AMOR A LA MEXICANA

El último equipo que dirigió César Luis Menotti fue Los Tecos de México. Era la tercera vez que el técnico desembarcaba en territorio azteca, ésta vez empujado por una corazonada. Ya había conducido a la selección nacional y oficiado como asesor del Puebla, y a esa altura de su vida, con 68 años, luego de tantas marchas y contramarchas, la oportunidad se le antojó clave.

"No lo podría explicar, ésta es una decisión importante en mi vida, pero a veces no se sabe, es como cuando a uno le preguntan ¿por qué te casaste? Será porque me enamoré, no sé, fue rápido", contestó Menotti cuando se le consultó por las razones que lo habían llevado a ponerse el buzo de técnico de aquel equipo a todas luces humilde.

Menotti se hizo cargo de Los Tecos en agosto del 2007, una vez más para apagar un incendio. Sucedió en el cargo al también argentino Darío Franco, un entrenador al que tres derrotas contundentes al hilo lo eyectaron del cargo.

Como siempre, llegó con las valijas repletas de florido discurso, con mucho de poesía y bastante más de inflador anímico. El equipo marchaba último en la tabla general y había logrado tan sólo un punto en los últimos cuatro cotejos. Su poder de fuego también era limitado: apenas dos goles en cinco partidos.

No bien tuvo contacto con la prensa, Menotti fue claro en el mensaje: "Acá no hay varita mágica, acá hay aplicación, voluntad, deseo, trabajo, conocimiento. Hoy ni siquiera hay un futbolista capaz de llegar a una institución y decir, señores acá estoy yo para resolver los problemas. Esos eran los (Alfredo) Di Stéfano, los Pelé, los (Diego) Maradona, los (Johan) Cruyff. Hoy más que nunca se necesita un equipo y horas de trabajo y de ensayo hasta encontrar eso, un equipo que sea respetado, que maneje esta representatividad con orgu-

llo, que disfrute y viva la posibilidad de generar tristezas y alegrías en un campo de juego. Necesito jugadores dispuestos a eso".

¿Pero adonde había llegado realmente Menotti? Los Tecos Fútbol Club era la evolución del equipo armado originalmente por la Universidad Autónoma de Guadalajara, el nido de la más rancia derecha mexicana. Una entidad fundada en 1935 por un grupo de estudiantes que habían sido financiados por la derecha estadounidense para construir la institución educativa, y que tuvo en sus aulas a Alberto Fujimori, expresidente de Perú.

Fue en 1971 cuando Los Tecos se convirtieron en un club profesional gracias al empeño de quien pasó a ser su propietario, el empresario Antonio Leaño. El mismo que contrató a Menotti para sacar a su equipo de lo más profundo de la tabla. Un club de derecha y un técnico de izquierda, amalgama que a veces sólo el fútbol puede hacer posible.

"La idea había rondado en la cabeza del presidente Antonio Leaño desde hace algunos años, pero no pasaba de ser un candidato que tenían entre muchos. Se da el cese de Darío Franco en la jornada 3 del Torneo de Apertura 2007 y al parecer ya lo tenían apalabrado desde unos dos meses antes porque Jaime Ordiales, el que fue auxiliar de Menotti, observaba los partidos de Tecos desde la tribuna", explica el periodista Omar Fares.

"Al traer a Menotti también se quiso romper con una vieja costumbre que tenían en Tecos que era que al cambiar de técnico llamaban al peruano Julio César Uribe, al uruguayo Eduardo Acevedo, o al chileno Carlos Reinoso. De hecho, en muchos medios de comunicación de México esto ya era motivo de burla porque jugaban a las adivinanzas y decían: 'De seguro van a llamar a Uribe'. Pero al contratar a Menotti sin duda sorprendieron al medio futbolístico mexicano y al internacional por lo que sigue representando a nivel mundial".

Elegido para revolucionar el escenario del fútbol mexicano, Menotti firmó un contrato por lo que restaba del torneo Apertura y su continuidad en el Clausura. Según el diario *Record*, el técnico cobraría u$s 850.000 anuales, contra los u$s 100.000 que percibía Franco. Leaño tenía planes de largo plazo y había apostado fuerte por el entrenador rosarino.

Según Fares, "lo que cambió de inmediato fue el trato con el jugador. Con la facilidad de palabra que caracteriza a César Luis los fue convenciendo poco a poco para superar sus limitaciones. Trabajó mucho en los detalles como el achique, el toque de primera intención, el engaño al adversario, la jugada sorpresiva. Darío era muy frío con los jugadores y poco afecto al trabajo de cancha. Franco prefería

realizar más cascaritas que preparar el partido contra el siguiente rival".

El Efecto Menotti no tardó en producir resultados. Aquel equipo descoordinado, con poco gol y escaso manejo de pelota, comenzó a ganar partidos: primero 2-1 a Chiapas, luego 3-0 al Monterrey y más tarde 3-2 al Morelia. Tras ese cotejo el técnico destacó: "Estamos entrenando para eso, creo que nos falta un poco de reacción porque cuando nos meten el gol nos desordenamos un poco, pero nos sobrepusimos. En el segundo tiempo fuimos protagonistas. Lo único que quiero es que mi equipo no sea vulgar y que tenga una participación en los 90 minutos y sea honorable, es lo que quiero".

Sin embargo, de los nueve partidos restantes del campeonato apenas logró ganar uno –contra Santos por 3-1–, sufriendo goleadas contundentes. Tras caer por 3-2 frente a los Tiburones Rojos de Veracruz, Menotti emprendió el viaje de regreso a la Argentina. Era diciembre y tenía previsto pasar las fiestas con los suyos y diseñar los trabajos de pretemporada.

La campaña de Los Tecos había sido decididamente mala en el Apertura. Pero había algo más que resultaba un incordio para César Menotti, una singularidad del fútbol mexicano: la regla 20/11.

El aluvión de futbolistas extranjeros que año tras año soportaba el fútbol azteca había llevado a que los dirigentes de la Federación Mexicana de Fútbol instauraran una extraña norma: era obligatorio alinear futbolistas juveniles menores de 20 años y 11 meses, los cuales debían sumar 765 minutos en el campeonato. En caso contrario, el equipo era sancionado con la pérdida de 3 puntos.

Menotti estaba en franco desacuerdo: "Por un lado, el fútbol es tan complejo en organización y por otro se exige jugar con jóvenes. No creo que me corresponda discutirlo, hay entrenadores que nacieron acá y tienen mayor experiencia, pero yo no puedo estar en el banco pensando en mi equipo, en los jóvenes, en los minutos, en los cambios, yo cuando estoy en el banco quiero ganar el partido y trato de analizar y poner al jugador que resuelva problemas y ahora también tengo que pensar en sumar minutos, es bastante complejo para el entrenador, aunque yo no creo que sirva demasiado para promover jóvenes".

Fares recuerda que "desde un inicio Menotti no estaba conforme con la regla y no la entendía muy bien. Su argumento era que no se podía forzar el debut o la inclusión de un novato sólo por decreto, ya que esto debía ser por mérito propio del jugador, por su calidad, y sobre todo en un equipo que estaba en problemas de descenso y

que requería de sacar resultados con gente experimentada. Lo que es verdad es que le enfadaba mucho el tema".

Así las cosas, Menotti viajó a la Argentina, pasó las fiestas y luego se trasladó a Mar del Plata para esperar al plantel. Había decidido que los trabajos de pretemporada se realizaran en La Feliz, su ciudad favorita. Esto, claro está, detonó la polémica en los medios mexicanos.

"El escándalo fue grande, porque todo hacía suponer que sólo se trataba de facilitarle las cosas a Menotti y no de buscar realmente el lugar más adecuado para la preparación del equipo", rememora el ex futbolista y actual periodista, Roberto Gómez Junco. Sin embargo, pese a todo, Menotti no había hecho nada distinto de lo que hacían otros técnicos. El mismo Darío Franco había elegido Argentina como lugar de pretemporada, y Américo Gallego hizo lo propio cuando dirigió al Toluca.

Durante dos semanas el plantel de Los Tecos se entrenó en Mar del Plata y disputó algunos partidos amistosos. Mientras tanto, el club iba cumpliendo con algunos pedidos de refuerzos, tales los casos de Juan Carlos Valenzuela y Alonso Sandoval.

Todo iba bien de cara al torneo Clausura, hasta que el presidente Antonio Leaño dio luz verde para la venta del delantero argentino Emanuel Villa al Derby County de Inglaterra. El ex Huracán era a todas luces el jugador preferido de Menotti. Un artillero eficiente en un equipo que no tenía gol. De allí a la renuncia hubo tan sólo un paso.

Menotti volvió a México y tras una charla de tan sólo 10 minutos, firmó su desvinculación. Luego se trasladó al estadio Tres de Marzo para despedirse de los jugadores. Faltaban nada más que tres semanas para el inicio del campeonato.

"Cuando hay desacuerdos creo que lo mejor es, mirándose a los ojos, darse la mano y desearle a este club lo mejor", dijo entonces Menotti a los medios. Y agregó: "Vine acá con un enamoramiento y me voy porque a lo mejor se ha perdido ese enamoramiento. De los chicos que me ha tocado dirigir destaco su generosidad, su entrega y su disposición para con el cuerpo técnico".

Roto el contrato, el presidente Antonio Leaño dio su versión de los hechos: "Definitivamente hemos terminado con la relación, él se va, no hubo ninguna sincronía en lo que faltaba en los refuerzos y lo demás. Hemos tenido algunas limitaciones para los jugadores que se pretenden y bajo esas condiciones él ha decidido marcharse y hemos finalizado en buenos términos. Deja la cuestión contractual, pero sigue la amistad con él y hará una asesoría con quien se quede al frente del equipo".

"La partida de Villa se puede tomar en cuenta como otro de los motivos de su salida, porque fue un delantero al que Menotti ayudó mucho, de hecho, el propio Villa comentó que le agradecía a Dios que le hubiera puesto en su camino al Flaco, porque con él había aprendido demasiado en ese corto tiempo –destaca Omar Fares–. Y es cierto, al final de cada entrenamiento se quedaba con él para que practicara el remate de cabeza o el tiro a la portería hasta perfeccionar su puntería".

Según Fares, la renuncia fue sorpresiva. "Los motivos en sí nunca quedaron muy claros porque su última rueda de prensa fue un monólogo ya que él solicitó que no le hicieran preguntas. Son muchas las versiones que apuntan a que él no solicitó al medio de contención uruguayo Marcelo Pato Sosa, al delantero chileno Sebastián *Chamagol* González, ni al mexicano Rafael Márquez Lugo. Menotti pedía o exigía a Gonzalo Bergessio, quien se quedó en San Lorenzo. Otro motivo, pero eso sólo es una suposición, es que Menotti –al igual que muchos técnicos– le había solicitado al presidente Leaño que era necesario mandar a la banca a su hijo Juan Carlos, quien era defensa central y capitán del equipo, y al no aceptar la petición se agregó una razón más para la renuncia".

Del paso de Menotti por Guadalajara queda la fría estadística, un historial que dice que dirigió un total de 13 partidos, con 5 victorias, 1 empate y 7 derrotas, obteniendo una efectividad del 41%. El equipo terminó último en el Grupo 1, a 17 puntos del primero, Toluca. Cosechó 24 goles a favor y sufrió 38 en contra.

Pero el balance, desde lo futbolístico, puede ser diferente. Para Fares "fue una buena experiencia, tomando en cuenta el corto tiempo que estuvo y por las condiciones en las que recibió al equipo, que sobre todo estaba muy golpeado anímicamente. Además logró lo que muy pocos técnicos: le dio un sello al equipo, es decir un fútbol agradable que convocó a muchos aficionados a su estadio, y de lo cual es algo que carece este equipo. Como siempre, sus detractores dicen que sus resultados fueron pobres. Cuestión de enfoques".

Roberto Gómez Juncos coincide: "El balance es positivo porque no había margen para hacer mucho más con ese equipo y en tan poco tiempo, y porque incluso su intempestiva salida envió un mensaje de dignidad en un futbol mexicano, acostumbrado a técnicos que doblan las manos ante las arbitrariedades de los dirigentes".

CAPÍTULO 16

MENOTTI VS. BILARDO, EL DUELO ETERNO

La Plata, 2 de mayo de 1965. En el estadio ubicado en la esquina de la avenida 1 y la calle 57 Estudiantes y Boca empatan 2-2. Para el fútbol argentino pasó como un partido más correspondiente a la cuarta fecha de ese certamen que finalmente quedaría en manos del equipo xeneize.

Ese día, Carlos Salvador Bilardo, con 26 años recién cumplidos, y César Luis Menotti, camino a los 27, estuvieron frente a frente por primera vez en una cancha de fútbol. El Narigón, vistiendo la camiseta de Estudiantes; el Flaco, con la de Boca. En ese momento nadie podría haber imaginado que esos hombres dividirían las aguas del más popular de los deportes y que durante años serían los representantes de dos escuelas tan diferentes como enfrentadas.

Buenos Aires, 3 de noviembre de 1996. La Bombonera es el escenario del esperado duelo de estilos. Boca, dirigido técnicamente por Bilardo, de 57 años, se mide con Independiente, cuyo técnico es Menotti, de 58. Ese partido fue mucho más que un partido. Se constituyó en una auténtica demostración de virtudes y defectos de ambas corrientes ideológicas, expuestas profusamente por diarios, revistas, radios, canales de televisión y los primeros sitios web dedicados a la información. Todos estaban ávidos de exhibir con minuciosos detalles cómo era el fútbol desde la óptica de cada uno de los afamados técnicos.

Para las estadísticas, Independiente se impuso 1-0 con un gol de Francisco Panchito Guerrero. El Rojo se aseguró así la posibilidad de seguir cerca de River, el líder del certamen, mientras que los xeneizes prácticamente empezaron a despedirse de la puja por el título. El campeón fue el fantástico equipo millonario conducido por Ramón Díaz en el que brillaban con luz propia Enzo Francescoli y Ariel Ortega secundados por grandes jugadores como Julio Cruz, Marcelo Salas, Sergio Berti, Roberto Monserrat, Celso Ayala y Eduardo Berizzo, entre otros.

Menotti se retiró victorioso en el último capítulo de una rivalidad encarnizada que hoy tal vez se antoje antigua y pasada de moda, pero que durante varias décadas dominó la escena futbolística.

Ese enfrentamiento nació en 1983, pocos meses después del fracaso de la Selección argentina en el Mundial de España. La AFA decidió no renovar el contrato de Menotti y el presidente Julio Grondona optó por darle un abrupto cambio de estilo a la conducción del equipo nacional. El elegido para suceder al rosarino fue Bilardo, el alumno más calificado de la escuela inaugurada en la década del '60 por Osvaldo Zubeldía, quien llevó al éxito a Estudiantes con una filosofía futbolística amparada en la aplicación de la táctica, el estudio de los rivales y la búsqueda del triunfo aprovechando todas las ventajas que el reglamento pudiera ofrecerle.

Ese golpe de timón tiraba por la borda la concepción menottista que interpretaba el fútbol como una actividad creativa en la que la capacidad individual del jugador tenía la última palabra. Pero, curiosamente, no fue ése el detonante de la guerra declarada entre los dos entrenadores, quienes paradójicamente, no tenían una mala relación en ese momento.

Pese a sus contrapuestas visiones del fútbol, no eran enemigos. Pero se transformaron en generales de dos bandos irreconciliables poco después de la llegada de Bilardo al Seleccionado.

Corría 1983 y el Flaco había sido contratado por el Barcelona, mientras el Narigón vivía sus primeras horas al frente del equipo albiceleste. Pactaron una reunión en esa ciudad española para intercambiar impresiones sobre aspectos relacionados con la Selección. Además de cuestiones vinculadas con la organización del trabajo, surgieron comentarios sobre futbolistas que habían estado bajo las órdenes de Menotti y a quienes Bilardo parecía tener en sus planes.

El flamante DT albiceleste le pidió a su experimentado antecesor algunos conceptos puntuales sobre ciertos futbolistas. Menotti le explicó que Alberto Tarantini, defensor campeón del mundo en 1978, "cuantos más quilombos tiene con la mujer, más corre y mejor juega. Citalo a él y a diez más. Es un fenómeno en todo sentido"; respecto del arquero de Boca, Hugo Gatti, le recomendó "llamalo, dame bola, es el mejor" y hasta le anotó el teléfono del Loco en un trozo de papel; y finalmente, sobre Enzo Trossero, a quien había llevado a España '82, planteó reservas: "No te va a servir. Es un león de lunes a sábado, pero los domingos es un gatito".

Bilardo dejó el cónclave que para él era secreto y se encontró con que la prensa argentina estaba al tanto de todas y cada una de las palabras que el ex DT de la Selección había pronunciado en ese encuentro. Furioso, poco después, cuando anunció su primera lista de convocados, incluyó a Trossero, pero desestimó de plano a Tarantini y Gatti, quienes de hecho jamás volvieron al conjunto nacional.

"Este es una risa. Viene, me vuelve loco a preguntas, le fundamento todo lo que le conviene, va allá y hace todo al revés. No algo, todo", se quejó Menotti no bien se enteró de los primeros citados por su sucesor. Para el rosarino, hombre de un ego de proporciones descomunales, esa decisión constituyó un insulto. Ignoraba que Bilardo no sólo tenía sus propias ideas, sino que además poseía una personalidad tan fuerte como la suya.

Desde ese momento, cada uno se situó con más firmeza en los dos extremos del camino. Los primeros partidos de la Selección de Bilardo dejaban gusto a poco, por el juego y especialmente por los resultados (ganó sólo tres de las 15 presentaciones iniciales y fue eliminada muy rápidamente de la Copa América de 1983). Entonces, Menotti encontró allí un blanco fácil y disparó con munición de grueso calibre, gastando un cargador tras otro, para minar la imagen y el trabajo de su sucesor. El Narigón, con un discurso mucho menos cautivador que el del Flaco trataba de explicar, pedir paciencia, contrarrestar esas balas que picaban cerca y que cernían dudas sobre el nuevo ciclo prácticamente desde su inicio.

En la batalla surgieron aliados muy oportunos. Detrás de Menotti desfilaba un sector de la prensa encolumnada con sus ideas que no tenía el más mínimo escrúpulo a la hora de abrir fuego sobre el recién llegado entrenador albiceleste. A Bilardo lo defendían otra porción de los medios de comunicación que simpatizaban con su visión del juego y los que no habían tenido una convivencia sencilla con el anterior técnico del Seleccionado en sus ocho años de gestión.

El bando menottista incluía a los diarios *Clarín* y *La Razón* y a la revista *El Gráfico*. Los bilardistas más notorios se encontraban en el programa radial Sport 80 (con los periodistas Víctor Hugo Morales, Marcelo Araujo y Fernando Niembro como cabezas visibles) y los diarios *La Nación* y *Crónica*.

Para hacer visible cuán notoria era esta partición mediática basta reparar en el testimonio del periodista Carlos Ferreira, quien cuenta que cuando el rosarino dirigía a Huracán él trabajaba en *Crónica* y que veía seguido al DT, pero nunca le hizo una nota "porque el Flaco no encajaba en el estilo del diario, mucho más popular". *El Gráfico* llegó a sacar una edición especial previo al partido entre Boca e Independiente de 1996 con un título de tapa más que llamativo: "Menotti vs. Bilardo – Por qué se odian".

Para hacer todavía más cruenta las acciones en el campo de batalla comenzaron a aflorar todo tipo de argumentos que resultaron provechosos para ahondar la grieta entre ambos técnicos. Así surgieron datos y más datos que permitían dejar en claro cuán diferentes eran esas personas. Algunos bastante ridículos, pero se dice que en el amor y en la guerra todo vale, y en esta particular guerra sin amor esta situación se hizo evidente.

En un excelente trabajo para el portal español *elenganche.es*, el periodista Rodolfo Chisleanshi se adentra en el terreno de las diferencias y cita una que parece haber marcado desde la cuna las distintas formas de ver la vida que caracterizaron a estos dos personajes. Bilardo nació en La Paternal, un barrio con una homogénea población de clase trabajadora, con un gran porcentaje de extranjeros que fueron instalando el concepto de cultura del trabajo, esfuerzo y respeto por las normas. Menotti, en cambio, llegó a este mundo en Fisherton, en los suburbios de Rosario, tierra en la que por un lado estaban los empleados del ferrocarril, ingleses e irlandeses, acostumbrados a ser los dueños de la última palabra; y del otro se encontraban los inmigrantes, en su mayoría italianos, que no gozaban de los privilegios de los trabajadores del tren y que rápidamente desarrollaron una conciencia de clase que los llevó a combatir a esos terratenientes. De eso se nutrió el Flaco desde muy pequeño.

Así, por ejemplo, también se conoció la asociación de Menotti con las ideas de la izquierda luego de una etapa juvenil vinculada al peronismo que hasta le valió que su casa fuera baleada, mientras Bilardo no se comprometía políticamente. Claro que el rosarino quedará marcado para siempre por haber sido funcional a la utilización política del fútbol que hicieron los militares durante el Mundial del '78.

Ambos incursionaron en las lides político-partidarias: al Flaco lo tentaron con la candidatura a gobernador de Santa Fe en 1995 y el Narigón encaró una particular campaña electoral para ser presidente de la Nación en los comicios de 2003, aunque no llegó a competir formalmente. Y, por si fuera poco, ambos estuvieron cara a cara en la puja por acceder a la Secretaría de Deportes durante la presidencia de Eduardo Duhalde.

Menotti siempre presumió de ser un intelectual de izquierda y se jactó de haber entablado profundos debates con personajes de ese ámbito. Bilardo decía que hablaba con cualquiera que se acercara a dialogar con él. Discursivamente, el rosarino se floreó con un estilo depurado y el Narigón, pese a su título de médico, exhibía una forma

de expresarse mucho más precaria que la de su adversario futbolístico.

El Flaco hasta trataba de denigrarlo en el campo de la música: él se declaraba admirador de Joan Manuel Serrat y Mercedes Sosa y le reprochaba al Narigón ser fanático de Los Wawancó...

El colmo de esa contienda eterna se dio con la forma en que se descalificaban mutuamente. Para Menotti, Bilardo era un "enano mental" y el Narigón tildaba de 'rabanito' al rosarino.

Si hasta protagonizaron una insólita disputa en 1994, cuando la empresa Telemarket se hizo cargo del fútbol de Alvarado y puso al frente a Menotti. En ese tiempo, Bilardo también tenía un proyecto para trabajar en las divisiones inferiores del fútbol marplatense, pero su contrincante se le adelantó y no pudo soportarlo.

En una entrevista con los periodistas Marcelo Araujo y Paulo Vilouta en radio La Red, el Narigón se despachó a gusto: "Si el fútbol de Mar del Plata quiere hacer algo, tiene que trabajar desde abajo. Pero ahora resulta que viene un paracaidista de afuera y quiere algo en un mes. No me extraña, es gente que viene de México mintiendo, de acá de Uruguay, de Peñarol, mintiendo, y la van a seguir igual, con el mismo cuento. Es una lástima que haya caído Mar del Plata en esto".

Tras darle vida al poco feliz calificativo de 'rabanito', Bilardo se quejaba, decía que vivía en Mar del Plata en invierno, cuando no iba nadie y a la cancha asistían 500 personas. Dijo que habló con empresarios para fomentar su proyecto y que tenía el apoyo de Torneos y Competencias. Y afirmó: "Me interesa el fútbol amateur porque es el futuro y eso quiero imponer en Mar del Plata. Y aparece una empresa que me apoya, que me entiende... Pero aparece este otro proyecto que no tiene ningún futuro, porque quieren armar una cabeza, un equipo de Primera División sin ponerle una buena base".

Sus virulentas críticas apuntaban a que se diera por tierra con el desembarco de Menotti en Alvarado: "Ese proyecto no sirve. Lo puede hacer sólo el Milan, que dice 'quiero a éste, éste y éste' y gana el campeonato. Y así y todo no está garantizado. Que lo hagan en Mar del Plata bien, y al otro año no tienen nada: porque pierden y se le va toda la gente. Necesitan una base sólida".

Como era de esperar, Menotti entró en escena para refutar los dichos de su enemigo. "Bilardo, pobrecito, me da lástima que diga una tontería total justamente él, que vino a Mar del Plata a buscar trabajo, a prometer pavadas", aseguró y relató que en 1979 "cuando yo estaba más cerca de los dirigentes del fútbol, les pedí un decreto para que la ciudad tuviera un equipo en la competencia grande", intentando demostrar que siempre había tenido planes para Mar del Plata.

En cuanto al proyecto en el club de la ciudad balnearia, explicó que "en el caso de Alvarado, la gente que lo apoya entendió que había que llegar a un acuerdo con los organizadores del fútbol de verano como una manera de recuperar la inversión. Porque en Alvarado hay una apuesta de riesgo de quien contrata jugadores y de quien además tuvo que pagar alrededor de 250 a 300 mil dólares de sueldos atrasados. ¿Y si queda afuera del Regional qué pasa?".

Por supuesto no dejó pasar la oportunidad para ametrallar a Bilardo sin piedad: "Yo lo único que le agradezco al fútbol es que otra vez haya dado muestras de su generosidad y lo sacó de la medicina. Porque no me quiero imaginar un diagnóstico hecho por él. Por eso el fútbol es sabio". Y terminó de descalificarlo aludiendo a la inexistencia de su plan para mejorar el fútbol juvenil marplatense: "¿Dónde está su idea, su proyecto? Cuando nosotros presentamos el nuestro en Mar del Plata no había ninguno anterior. Lo demás es todo verso".

Dos formas de ver el fútbol

Por supuesto en la cancha también habían sido diametralmente opuestos tanto cuando jugaban como cuando dirigían. En su informe, Chisleanschi explica que "Menotti mostró enseguida su fidelidad a la célebre escuela futbolística rosarina. Mediocampista ofensivo (a veces también delantero) tan elegante como lento, de pegada excelente y andar displicente, el porte, la clase y el estilo le acercaron a jugadores de su misma estirpe tanto como le llevaron a desechar otras cualidades más cercanas al sacrificio, y a no ajustarse a las normas escritas o tácitas que obligaban a su cumplimiento. Así se identificaría y crecería junto a Federico Sacchi, uno de los defensores más elegantes que pisó las canchas argentinas; o a Miguel Angel Gitano Juárez, delantero de Rosario Central a quien el Flaco siempre consideró su maestro, su mentor, casi su ideólogo. Y no tendría problemas en desafiar a Antonio Rattín, el histórico caudillo de Boca: 'Lo único que hace falta es que para jugar bien al fútbol también haya que correr' afirman que le respondió durante un partido que los xeneizes perdían y en el que el capitán le exigía más entrega física. Seguramente por esto apenas dejó huella en la Bombonera, pero a cambio se dio el gusto de jugar junto a Pelé en el Santos brasileño".

Por el contrario, "las virtudes de Bilardo iban por otro lado. Más cercano a lo que hoy llamaríamos un volante mixto, aunque con más marca y despliegue que llegada, asomó a Primera División en San Lorenzo, pero se curtió en los duros campos del ascenso con el De-

portivo Español. Y cayó en el lugar perfecto para sus cualidades: el Estudiantes de La Plata de Osvaldo Zubeldía, primer equipo que iba a romper la hegemonía que los grandes argentinos (River, Boca, Independiente, San Lorenzo y Racing) detentaban desde el arranque del profesionalismo en 1931, y que se ganó a conciencia el odio de todos sus rivales por su estilo amarrete y su inclinación a caminar por la cornisa del reglamento".

Como entrenadores basta con acudir a las palabras de los propios líderes de estos bandos en pugna para empezar a marcar la cancha de las diferencias. "Un futbolista es un intérprete privilegiado de los sueños y los sentimientos de millones de personas", solía decir Menotti para que no quedaran dudas de que, desde su óptica, al jugador había que concederle la libertad necesaria para explorar las tierras de la creatividad futbolera. "La gente cuando va a un concierto pide otra canción más; el hincha cuando va ganando pide la hora", afirmaba Bilardo para resaltar el valor del resultado como objetivo, en desmedro de los métodos empleados para alcanzarlo.

Aunque cueste creerlo, a pesar de su proclamada tendencia a brindarles libertad a sus dirigidos, Menotti se destacó por su organización, una virtud que se creería más común en Bilardo. Ferrerira explica este punto recurriendo a una lectura que el filósofo y escritor Tomás Abraham hacía de la labor del DT campeón del mundo en 1978: "Lo de Menotti es gracioso. Tiene un discurso romántico, pero nadie trabaja como él'.

En ese sentido, Ferreira remarca que en los entrenamientos "a los jugadores los mataba. Es mentira eso que dicen que no trabajaba. Algunos llegaban a pedir por favor que terminara. Yo he tenido que cubrir prácticas desde las 10 hasta las 18. Había mucha disciplina y rigor. El preparador físico, Ricardo Pizzarotti, era muy exigente. Menotti dividía la cancha con banderines en diversos sectores y los hacía practicar piques de cinco metros, de diez, de veinte. Con pelota, sin pelota".

Para el periodista Enrique Macaya Márquez, uno de los analistas más profundos del fútbol argentino, el trabajo del rosarino fue mucho más puntilloso de lo que sus detractores se atreverían a referir. "Menotti fue para el fútbol argentino, más allá del gusto o predilección que tiene por un fútbol que se basa más en los recursos técnicos que en las especulaciones tácticas o estratégicas, el responsable de que Argentina haya entrado seriamente en la competencia internacional y sobre todo en el trato con la Selección argentina. Experimentó cuando tenía que experimentar, buscó la manera de hacerlo. Luchó por ello, lo consiguió. Trabajó a lo largo del país para buscar

una selección. Y más allá de la discusión o de las opiniones diferentes que pueda haber sobre la calidad de las individualidades que él pudo elegir en su momento, fue la planificación curiosamente lo que le dio mejor resultados. La competencia, con la velocidad y con el estilo de los europeos, el ganar experiencia en la contienda, ganar experiencia con su juego, pero precisamente enfrentando a aquellos que tenían estilos diferentes y que Argentina tardaba mucho en poder conocer y tardó mucho en conocerlo, por dos razones: una por desconocimiento total de lo que sucede en otros lados y otra por falta de experiencia que subrayaron ese desconocimiento total". En ese sentido, no duda en afirmar que la planificación fue el gran mérito del Flaco: "Eso está claro. Fue el más importante en ese aspecto. Está bien que Argentina venía de fracaso en fracaso y había que hacer algo diferente, pero no siempre por hacer algo diferente se puede hacer algo bien o bueno. Y él lo hizo".

En la misma línea, Ferreira considera "revolucionario en el '74 hablar de un proyecto a cuatro años, integrador, que abarcaba a todo el país, de largo alcance. Menotti rompió con la mala palabra que era la Selección. Antes nadie quería ponerse la camiseta. Llegaba el momento de las convocatorias y algunos se escondían debajo de la cama". Y destaca que "otro gran paso fue abrir la Selección a todo el fútbol argentino, tanto que formó la columna vertebral del equipo campeón con hombres del interior como Luis Galván, Osvaldo Ardiles y Leopoldo Jacinto Luque".

Macaya Márquez reconoce que existe algo que podría definirse como "el fútbol de Menotti". "Hay un estilo que emparenta mucho más a aquellos que tienen la tendencia a hacer un fútbol más técnico con predilección por el manejo de la pelota, de todas maneras, mucho menos riguroso en el trabajo defensivo –no quiero decir que no defienda– que, a otros, caso Bilardo, les ha dado grandes resultados", explica.

También acepta que es posible hablar de la marcada diferencia entre ambas formas de interpretar el juego. "Se puede dividir. Pero curiosamente, esa división desaparece cuando los dos privilegian el jugador por sobre el sistema. Menotti privilegiaba el jugador más allá de que en el '78 haya puesto a (José Daniel) Valencia y no a Maradona, pero privilegiaba el jugador esencialmente, el manejo de la pelota, la técnica. Por supuesto que para desarrollar la técnica tenés que tener también velocidad, tenés que tener atención, tenés que tener inteligencia y todos los atributos que tiene que tener un jugador y sobre todo a nivel del seleccionado, pero más allá de esto lo de Menotti también iba acompañado por un discurso. El discurso de

Menotti convencía mucho a sus jugadores. El fútbol de Bilardo iba acompañado por la disciplina, y cuando digo disciplina no digo que hay que portarse bien, sino que hay que ajustarse a determinadas normas de trabajo. Y eso le daba también muy buena respuesta a través de los jugadores. Y cuando hablo de privilegios que tenía uno y otro por la calidad del jugador, está claro que Bilardo lo primero que hace es depositar en Maradona, y darle a Maradona, la gran responsabilidad de demostrarle al mundo que era el mejor en un campeonato del mundo", indica. Y se permite una aclaración sobre la libertad de la que gozó Diego en el equipo argentino que ganó el título del mundo en 1986 a las órdenes de Bilardo: "Esta es una familia donde para que uno descanse, diez laburan".

Claro que, así como reconoce dos estilos bien marcados, también es capaz de postular que ambos han dejado un legado para el fútbol argentino. "El de Menotti todavía uno lo escucha, lo siente: el trato de la pelota, manejarse con muy buena técnica, en general buscar ese tipo de respuestas a través del manejo del balón. Y el de Bilardo, el manejo de los espacios".

Si este deporte fuera tan sencillo de analizar, se estaría ante la tentación de suponer –como se esbozó en el apogeo de la guerra entre ambos técnicos– que el ideal sería defender como lo hacían los equipos de Bilardo y atacar como lo hacían los de Menotti. Incluso Claudio Borghi, cuando asumió la dirección técnica de Boca en 2010, se declaró partidario de esta visión. Macaya Márquez se opone a esta idea: "Si el fútbol fuera jugar nada más con la pelota y no con jugar con los espacios, eso sería cierto. Lo que pasa es que vos jugás con el espacio también. Si atacás con mucha gente te restás espacios. Entonces vos tenés que tener gente habilitada para eso, con la capacidad técnica como para poder jugar en lugares muchos más poblados. Yo creo que la primera selección de Menotti, con la incorporación fundamentalmente de Ardiles, me pareció que tenía una explosión y un cambio de velocidad a partir de la mitad de la cancha que no se lograba fácilmente".

Como resultado de ese pensamiento, duda de que existan semejanzas entre las concepciones futbolísticas de ambos entrenadores: "No creo en el trazo gordo, en un trazo no detalladamente fino. Porque ahí podemos encontrar coincidencias en la elección de un arquero. No coincidencias que los igualen en muchas cosas. Y después ellos se ocuparon de acentuar particularmente las diferencias". Sobre este último aspecto cree que el rol del periodismo fue determinante: "El periodismo se encolumnó y empezó a hacer fila detrás de uno y detrás de otro sin terminar de entender lo que tenía uno y lo que

tenía otro. Era una cuestión de gustos superficiales, si se quiere. Porque, claro, lo de Menotti era mucho más lindo, pero estoy hablando del Menotti del '78, estoy hablando de Menotti previo al campeonato. Estoy hablando de todo lo que probó y de todo lo que hizo, y no estoy hablando del Menotti del '82, que ahí llevó casi a los mismos jugadores, que eran los mismos, pero que no eran iguales".

Carlos Babington, el número 10 del Huracán campeón del Metropolitano de 1973 bajo la conducción de Menotti, abraza con entusiasmo el fútbol del rosarino y marca nítidas diferencias entre una y otra concepción del juego. "El Flaco es un abanderado y lo va a ser siempre. Yo le decía Flaco no discutas más con Bilardo. No te pelees más. Saca él más ventaja que vos. Y no sé si te acordás, pero cuando *El Gráfico* era *El Gráfico*, sacaba una nota de Menotti y dos meses después una de Bilardo. A mí me hacía mal porque me parece que había un abismo tan grande entre los dos. No sólo como técnico, como persona. Que a mí no me gustaba. Yo lo tuve como técnico a Bilardo, vino con Zubeldía. Qué se yo... respeto el campeonato, pero aparte duró tres meses. Se pasaba... las picardías que hacía en Inglaterra, que los vidrios los rompieron ellos. Lo del alfiler. Contame que tiraste una pared, que hiciste un gol de chilena... No me contés que rompías los vidrios para hacerte la víctima. A mí no me gustaba eso. Pero el tipo tiene su mérito. Y eso es lo que tiene el fútbol, que es tan lindo: estos dos tipos que son el agua y el aceite, los dos salieron campeones del mundo. Quiere decir que en el fútbol por distinta vía podés llegar al mismo objetivo. El tema es tener convicción de esto. Porque Menotti viene por acá y Bilardo viene por allá. Los dos salieron campeones del mundo. A vos te puede gustar éste o éste. Yo respeto, pero yo me quedo con el Flaco. Aparte me da la sensación de que el Flaco está más cerca del gusto popular que este muchacho, pero bueno...".

Si bien toma partido en forma decidida, el Inglés también es consciente de que esa divisoria de aguas no parece demasiado útil. "A mí me parece que esa división no aporta nada. Yo no puedo ser objetivo, sabés de qué lado estoy. Pero lo que le hizo mal al fútbol argentino era todo ese antifútbol que tenía ese Estudiantes. Yo a Zubeldía lo apreciaba mucho. Era un tipo burrero, le gustaban los burros como a mí. Ser burrero es un síntoma de atorrante, de tipo de barrio. Era un profesional bárbaro. Era un tipo que laburaba... era un profesional bárbaro. Y Bilardo era todo lo contrario. Yo no sé por qué lo tenía ahí. Nunca lo supe. Yo no sé, a mí me dijeron, no lo vi, que Estudiantes de La Plata, antes de Zubeldía tenía el paladar de Independiente, de Huracán, era un equipo de paladar negro. Estos

le cambiaron la cabeza. Para cambiarle la cabeza así a una hinchada algo tenés que hacer y estos fueron campeones del mundo. Hacían cosas que eran de antifúbol, pegaban patadas, hacían quilombo... pero lograron cosas importantes. Son maneras de ver el fútbol. Pero Menotti está más cerca del gusto popular. Y eso cambió la mentalidad del fútbol argentino, se hizo como en la política, una grieta. Y eso al fútbol no le hace bien".

El exjugador, entrenador y presidente de Huracán se muestra "convencido de que acá hay un fútbol que les gusta a todos. El que les gusta a todos es el de ganar, pero después yo digo: yo quiero ganar, todos necesitamos ganar. Pero después hay que ver qué hago para ganar. Hay un fútbol que nos identifica a todos que es el que sigo yo y del que Menotti es el abanderado, pero después hay muchos técnicos que no están de acuerdo, que tienen algunos entremedios, pero sin ninguna duda hay un fútbol que nos identifica a todos". Y va más allá al apuntar que "no podés pensar que la verdad del fútbol la tiene Bilardo. Si vos pensás que la verdad es que te caguen a patadas, que te den un bidón con agua para que uno vomite, que te claven un alfiler en el orto. Yo creo que no es así. Esto es un juego y nada más. No hagamos un mundo de esto. Después mandan los resultados. Se cuentan los títulos. Los resultados sirven porque quién va a agarrar una bandera de alguien que no ganó nadie. También los logró Bilardo. Pero después uno elige. En la elección creo que no hay ninguna duda. Creo que los argentinos no tienen ninguna duda. Yo creo que hay más menottistas que bilardistas. Pero no sólo por la presencia de ellos dos, sino por lo que se ve en la cancha. Vos podés disfrutar un triunfo, pero si ganás cagando a patadas, haciendo echar a dos, haciendo todo quilombo, eso una cosa. Pero si hacés ganar a un equipo como el Huracán nuestro, cagando a goles a los rivales, jugando que es un deleite, me parece que no son iguales. Los tres puntos son iguales, pero no es lo mismo".

Macaya Márquez coincide en que tal vez existan más adeptos al menottismo que al bilardismo. "No lo sé. Puede ser Menotti que tenga más seguidores, porque lo de Bilardo viene con la dureza del no juego en algún momento, con el estudio, la especulación si se quiere también. Entonces esto para aquel que toma el fútbol como solamente una diversión y a través de la diversión conseguir el resultado, confronta con aquel que fundamentalmente le da la importancia al resultado como consecuencia de la diversión. Uno quiere ver al que gane".

Menotti y Bilardo han jugado con el paso de los años un largo partido en el que ambos han sido, alternativamente, vencedores y venci-

dos. Macaya Márquez se muestra terminante a la hora de establecer que, de no haber sido campeones del mundo con la Selección argentina, sus huellas no habrían sido tan profundas. "No hubiesen sido referentes porque curiosamente para los argentinos ser segundo, ser tercero, no sirve de nada. Equivocadamente, no. Es una cuestión casi cultural. Fueron campeones. Si no, no pasaba nada".

CAPÍTULO 17
JUGANDO EL PARTIDO DE LA POLÍTICA

"Esa noche del 25 de junio, cuando ya era campeón del mundo, cuando se había transformado en la figura más importante del país, más importante que la Junta Militar misma, más importante que todos, tendría que haber dicho algo sobre la dictadura, y no lo dijo. Algo como: 'Señores, basta de desaparecidos y dictadura en la Argentina'. Después se levantaba y se iba por la puerta grande".

Son las dos de la tarde y en el bar de Bolívar y Moreno el periodista que suelta la frase como una bomba reflexiona sobre lo que significó César Menotti para la Selección nacional, pero además lo analiza desde el punto de vista político. Habla, mientras se le enfría el café. *Doble F*, que así podemos llamarlo, ha dejado un rato el trabajo para contar lo que sabe y pide un estricto off the record.

Dice que lo conoce desde el Mundial '82, que se hicieron amigos y cenaron juntos, pero que la vida los ha distanciado. "Menotti dividió las aguas en el fútbol argentino. Y también a los periodistas, que en gran número se sumaron al proyecto del Flaco. Sin dudas, hay un antes y un después en el fútbol argentino con Menotti, y eso que estoy hablando del fútbol argentino, no del fútbol de Kenia".

Doble F cuenta que hubo colegas que llegaron a trompearse en la platea porque insultaban a Menotti. Iba más allá de lo futbolístico, tenía que ver con defender una manera de entender la vida. "Claro, no es lo mismo que gritaran achique hijo de puta, que gritaran comunista hijo de puta".

Como tantos otros entrevistados del mundo del fútbol, él también reconoce que el técnico le dio organización, identidad y un plan de trabajo al Seleccionado nacional. Que apostó por los jugadores del interior y logró que vestir la camiseta nacional fuera un privilegio y un orgullo. "Antes nadie se la quería poner", remarca quien se considera a sí mismo como 'ultramenottista'.

Luego de trajinar archivos y escuchar varias voces queda claro que en la faz política el Mundial '78 ofició de bisagra para César Luis Menotti. Antes de la consagración era un hombre temeroso de la dictadura, un militante que de manera permanente pedía consejo a las autoridades del Partido Comunista, al cual se había afiliado en Rosario cuando era apenas un futbolista en estado embrionario.

Después de ganar la Copa, envuelto en la trascendencia internacional que lo protegía como un escudo, Menotti se volvió un hombre más audaz, y hasta se animó a cuestionar a la dictadura. Pero jamás la denunció, ni en el momento sublime de la gloria, ni después. Tal vez porque lo sedujo la fama o porque fue orgánico a las decisiones del PC, que en su afán por contener a los movimientos guerrilleros había conformado una extraña amalgama con los militares.

El Golpe

A la Selección nacional conducida por Menotti el golpe de Estado del 24 de marzo de 1976 la encontró jugando un partido amistoso frente a la Unión Soviética en Kiev, Ucrania. Era parte de una gira europea preparatoria para la Copa del Mundo del '78. Y si bien es cierto que la asonada militar se cocinaba a fuego lento desde hacía rato, su ejecución puso en duda la continuidad del técnico al frente del equipo albiceleste.

En 1981, en un reportaje con Eduardo Aliverti para la revista *Hipótesis*, Menotti confesó que "yo fui el único que cuando volvimos de la gira por Polonia en el '76 dije que iba a renunciar a la AFA porque era antigolpista. No sé cómo hacen -los que lo caratulan como el técnico del proceso- para acusar con tanta facilidad, debe haber algún servicio de inteligencia metido en todo esto".

Pero si él pensó en renunciar, no menos cierto es que la Junta Militar debatió en una reunión la posibilidad de separarlo del cargo debido a su afiliación izquierdista, y que la Armada vetó su continuidad, pero finalmente triunfó la postura continuista que impulsaba el Ejército.

Así que Menotti siguió en el cargo, con todas las reservas del caso. Mucho tiempo después, en diciembre de 2014, el técnico le reveló a *El Gráfico* que varias veces había intentado bajarse del proyecto Selección tras el golpe.

"La primera, apenas producido el golpe, se habían ido (Paulino) Niembro y (David) Bracutto, los que me habían llevado. Y creía que no iba a poder hacer nada de lo que quería. Cuando fui a presentar

la renuncia, (Alfredo) Cantilo me dijo: *'Mire, César, lo único serio que hay en la AFA es esta carpeta que preparó usted, espere, démonos un tiempo'*. Eso fue un lunes, nos volvimos a ver un jueves y seguimos. Ojo que Cantilo no fue interventor, él había sido elegido por unanimidad, con una sola abstención del presidente de Ferro, o sea que los militares no estaban adentro de la AFA. Pero Cantilo venía del Opus Dei y pensé: ¡Dios mío! A los tres días Cantilo me dio la mano y me dijo: 'Le doy mi palabra de honor de que esta carpeta va a ser respetada desde la primera a la última página'. Y cumplió".

Menotti era por esos días más que nunca un militante orgánico del Partido Comunista. Había dejado atrás aquellos coqueteos con Montoneros que lo llevaron a firmar una solicitada, cuando dirigía a Huracán, pidiendo por políticas deportivas populares y adhiriendo a la consigna liberación o dependencia. Como cuenta *Doble F* en el bar de San Telmo, "políticamente Huracán era el equipo de los Montoneros, que por el estilo reivindicatorio de lo nuestro lo había tomado como bandera".

Pero todo eso había quedado ya en el pasado y ante la presión de la dictadura Menotti tenía línea directa con los máximos referentes del PC. Cada vez que tenía dudas, el técnico consultaba con su referente político, Florindo Moretti, un dirigente ferroviario de Arroyo Seco que era secretario de Acción Política del Partido.

"Era un laburante, un obrero. Un hombre muy sólido desde lo ideológico, con mucha lectura encima y un gran acercamiento con el pueblo. La gente lo quería mucho. Tenía un marco teórico muy sólido", recuerda *Doble F*, que también abrevaba en las mismas fuentes ideológicas.

El mismo Menotti habló del tema con *El Gráfico* el 9 de julio del '96: "Soy de izquierda. No hablo de la izquierda en el poder, pero sigo creyendo que el camino del cambio pasa por las ideas que nos enseñó la izquierda. Moretti me decía: 'Vale más un mensaje tuyo para la lucha política que un desaparecido en la lucha por la revolución'. El me decía que no les diera notas a los pibes de la Juventud Comunista, porque ellos sabían que yo era del Partido. Yo sufrí por la crueldad con que se ensañaron contra aquellos que sólo tenían otra ideología. La lucha armada era otra cosa".

En su departamento del barrio de Monserrat, una mañana de lluvia copiosa, Isidoro Gilbert, periodista miembro del Partido Comunista, ex jefe de la corresponsalía en Buenos Aires de la agencia de noticias soviética Tass y autor del libro *El oro de Moscú*, revela algunos datos ignorados por todos.

"Menotti era afiliado al Partido Comunista, de eso no hay dudas. Sin embargo no existen documentos probatorios ya que todos los archivos fueron destruidos. En general los archivos del PC estaban encriptados, divididos en varios sitios. Así que, si caía una casa, sólo podían tener parte de una ficha, no la totalidad".

Según Gilbert, Moretti, ese dirigente campesino y ferroviario de los más importantes que tuvo el Partido en una zona combativa como la provincia de Santa Fe, tenía una relación especial con el técnico. "Moretti lo protegía a Menotti", destaca.

Sin embargo, remarca, Menotti no era un militante destacado que fuera a marchas o trabajara activamente en las filas del partido. "La Fede le dio mucha importancia al deporte, realizando campeonatos amateurs de mucha relevancia. En los '30 habían creado la Liga Roja, que agrupaba a decenas de clubes. En ese contexto, los deportistas siempre tenían un lugar especial y eran muy cuidados por el partido. Ese habría sido el lugar que ocupó Menotti".

Es decir que Menotti no era un afiliado distinto a la gran masa de simpatizantes con carné, y que su figura recién cobró relevancia estratégica a partir de convertirse en el técnico de la Selección nacional durante la dictadura, de cara a un Mundial que el Gobierno militar había elevado como un estandarte frente al mundo.

En la organización interna del PC, el contacto directo de Menotti era José Lanao, padre del jugador José Luis Lanao. El era quien lo *atendía*, que en la jerga política significaba bajarle línea, ser el contacto, contarle lo que decidía el Partido y sugerirle acciones.

Que Menotti, un afiliado al Partido Comunista, fuera el técnico de la Selección nacional durante la dictadura militar está lejos de ser una paradoja. Como explica Isidoro Gilbert, "el PC estaba contra la guerrilla. La idea era intervenir en las contradicciones de las Fuerzas Armadas, apoyarse en el Grupo de Oficiales Comunistas y, ante las grietas internas, aprovechar el momento para buscar un gobierno cívico militar. Esto nunca se dio. Hubo errores de concepción".

La Junta Militar podía ser flexible y pragmática si le convenía, como cuando autorizó la venta de trigo a la bloqueada Unión Soviética a precios por encima de los que imponía el mercado internacional, pero puertas adentro era por completo intolerante con la militancia de izquierda, incluso dentro del fútbol.

Un caso que nunca terminó de salir a la luz fue el de Jorge Carrascosa, aquel marcador de punta de Huracán, un elegido por Menotti que, sin embargo, renunció al Seleccionado nacional sin dar mayores explicaciones.

"Carrascosa era de izquierda, pero no puedo asegurar que fuera del Partido. Lo veo más vinculado a Montoneros –explica Gilbert–. Recuerdo que en una cena una persona vinculada al Servicio de Inteligencia Naval dijo con respecto a la Selección nacional, antes del Mundial: 'Un comunista sí, dos no'. Esa era la línea de las Fuerzas Armadas. El otro era Menotti".

Algunas de las acusaciones más pesadas que recaen sobre los hombros de Menotti se pueden resumir en una sola frase: "El sabía todo lo que pasaba". Pese a la discusión, es imposible que no supiera. No podía ignorar la trama de represión y muerte por dos motivos: ocupaba un lugar destacado, receptivo de voces y denuncias; y era miembro de un partido político que estaba, por decirlo de alguna manera, con los pies en el barro.

Cuenta Isidoro Gilbert que durante el Mundial "el PC trabajó arduamente con las delegaciones extranjeras. Tanto con los periodistas como con los planteles intervinientes, a los que se les acercaron carpetas con las denuncias de lo que estaba ocurriendo. El encargado de este trabajo era Rubens Iscaro. En esa época hubo 120 muertos del PC y más de mil presos".

A Menotti le llevó tiempo reconocer que estaba al tanto de todo y que igual siguió adelante en su rol de técnico de un seleccionado nacional emblema de los hinchas, pero también estandarte de la dictadura. Fue la revista *El Gráfico* la que se lo preguntó a bocajarro en diciembre de 2014. Y él respondió:

"Claro, si militaba en el PC. Mantuve reuniones con gente importante que no voy a nombrar nunca, le planteaba mis dudas, y ellos me decían que valía más luchar desde adentro que desde afuera. Conocía a muchos dirigentes peronistas torturados, sabía de las cárceles, del uso de la picana eléctrica, no me puedo hacer el boludo, lo que nunca imaginé fue lo otro: que tiraran tipos desde los aviones, los 30 mil desaparecidos... Ahora, ¿vos tenés idea de quién cantó en la concentración una semana antes de empezar el Mundial? Nadie habla de eso. Estuvieron El Flaco Spinetta, Anacrusa con Castiñeira de Dios, Susana Rinaldi y Binelli, primer bandoneón de Pugliese. Después dicen boludeces... Llevar a Spinetta a la concentración era casi una provocación, Susana Rinaldi tenía voz política, Pugliese... eran unos grupos musicales contestatarios, eh, y ahí en primera fila estábamos sentados con Cantilo. Yo iba a lugares donde no iba nadie, a escuchar a Armando Tejada Gómez todos los días, a Chabuca Granda, al Cuarteto Zupay, ahí se defendía la persecución que había sobre la cultura. Ahí no iba ninguno de los que después, con la democracia, aparecieron como revolucionarios, eh".

En ese clima social violento y militarizado, el propio Menotti estuvo a punto de volverse una víctima. "Otra vez pensé que me mataban. Estaba en José C. Paz, tenía que venir a la AFA para verme con el doctor (Rubén) Oliva, no estaba nuestro chofer, agarré el auto y me vine. Se armó un nudo de tránsito, y como el auto tenía sirena, porque era de la policía, la prendí para pasar más rápido. A los pocos metros me cruzó un patrullero, me sacaron de los pelos, me tiraron al piso y me apuntaron con una itaka. Me reconocieron unos minutos después. 'César, no le diga nada a nadie, los muchachos están un poco nerviosos', me dijo el jefe. No, los muchachos son unos hijos de puta, porque si me tratan así a mí, que soy el técnico de la Selección, a otro cualquiera, lo matan".

En el rosario de anécdotas del técnico se evidencia su pleno conocimiento de lo que ocurría. Tanto que hasta tuvo escondida en su departamento a una militante de Montoneros durante 30 días. "No podía salir ni a la vereda. Había caído junto con el marido, que era militante del ERP y estaba en la ESMA".

La chica fue liberada por una gestión de Adolfo Pedernera –que, según explica Gilbert, era miembro del Partido Comunista bajo la condición de afiliado secreto–, quien la dejó en casa de Menotti, hasta que el padre le consiguió un pasaporte y la sacó a Italia. El marido permanece desaparecido.

Así y todo, en la militancia de izquierda persiste cierto reproche hacia Menotti y su actuación silenciosa durante el Mundial '78. Como explica Gilbert, "lo que los militantes le critican es no haber tomado más distancia de la Junta. Ciertos gestos que tuvo".

Pero, al mismo tiempo, el periodista descarta de plano todas las hipótesis heroicas que se le exigen a Menotti en medio de la feroz dictadura. Eso de erigirse como un mártir, denunciar los crímenes en el punto más alto de su gloria personal y de la del fútbol argentino, y entonces marcharse a Europa.

"Menotti era famoso, pero no intocable. Los militares habían matado ya a mucha gente, entre ellos escritores e intelectuales muy conocidos. ¿Por qué no iban a hacerlo con Menotti? No se iban a fijar en eso. En cuanto al tema de denunciar la violación de derechos humanos una vez ganada la Copa, seguro el Partido le hubiera dicho que no. La línea era otra, no confrontativa sino de ida hacia un gobierno de coalición".

Casi 40 años después, entrevistado por Graciela Fernández Meijide en el ciclo Cada Noche, de Canal 7, Menotti contó sus sensaciones de aquella época de plomo. "Nunca estuve más de dos minutos con (Jorge Rafael) Videla ni conversé con él. Me producía cosas muy

especiales su presencia. A mí me preocupaba mucho la situación. No entendía la lucha armada, más allá de mi admiración por el Che Guevara".

"Era algo que me parecía insólito, pero por mi construcción política. Me mandaban a no darles notas a los chicos de la Federación Comunista porque estaban en algo que era una locura".

Después de la gloria

La conquista del Mundial '78 fue un hito en lo personal para César Luis Menotti. Después de esto, abrazado por la gloria y la trascendencia de su figura en el plano internacional, se sintió más seguro. Y comenzó a hablar, a cuestionar sutilmente a la dictadura encendiendo polémicas que fueron in crescendo hasta poco antes de la Copa del Mundo de España 1982.

De hecho, en 1980, durante el gobierno del general Roberto Viola, Menotti se atrevió a firmar una solicitada en la cual los organismos de derechos humanos pedían la lista de desaparecidos y su paradero. Numerosas figuras del ámbito político, cultural y deportivo habían estampado su rúbrica, tanto que el título de la carta al gobierno fue *De Borges a Menotti*.

El técnico suele narrar una anécdota al respecto: "Alguien del Gobierno llamó a (Julio) Grondona para que me echara por la solicitada. Y Grondona les respondió: 'Yo no lo puedo echar, es un campeón del mundo. Échelo usted'. Al final no me echaron. Me contaba un empleado de la AFA, que todavía trabaja allí, que Grondona se agarraba la cabeza y decía: '¡Cómo va a hacer esto este muchacho!' Y que él intentó calmarlo diciéndole que Borges también la había firmado. Entonces Grondona estalló: '¡Pero quién lo conoce a Borges, éste es campeón del mundo!'".

En febrero de 1982 la situación se volvió más difícil aún. Menotti le dio un reportaje a la revista *La Semana* y habló como nunca antes. La publicación agotó pronto su primera tirada. El general y presidente Leopoldo Galtieri había lanzado aquella frase de que las urnas estaban bien guardadas, y la réplica no se hizo esperar.

"A mí me interesa que si realmente la Negra Sosa no puede cantar, que salga un comunicado de los responsables y digan por qué; quiero una Argentina con una política que esté por encima de sectores que negociaron con los peronistas, siguen negociando con los militares y harían lo mismo con los comunistas".

"Si buscamos a los verdaderos representantes de la música popular, la literatura popular, de la poesía popular, vamos a tener que caer en los que no están en la TV. Tenemos que resolver los problemas que tenemos, y no debemos tener miedo de decir que el pueblo vive mal".

"Yo no tengo dudas de que todos los argentinos saben el país que quieren. En cuanto a los que conducen, creo que el pueblo les va a exigir respuestas. Hay grandes luchadores en este país. Inclusive debe haber militares, seguramente, con ganas de que este país encuentre su rumbo, aunque a lo mejor son minoría y no tienen poder".

La repercusión internacional fue inmediata. El diario *El País* de Madrid reprodujo el reportaje y, más aún, tejió conjeturas sobre la enemistad de algunos popes militares con el entrenador. Las declaraciones de Menotti barrieron Europa y América Latina como un oleaje incontenible.

La réplica surgió desde la agencia oficial de noticias Télam, que lanzó dos cables: el primero, destacando que Menotti había cobrado relevancia a partir del amparo dado por la Junta Militar, lo que le había permitido salir del anonimato a la fama, ganar mucho dinero, además de abrir una agencia de publicidad y una inmobiliaria, y poseer dos automóviles BMW, entre otras aclaraciones.

El segundo fue más allá y difundió el hecho de que la Junta Militar había destinado parte de una reunión para analizar esas declaraciones, y se especulaba con su destitución.

La tensión había escalado hasta su punto máximo. Fue entonces que Galtieri, un militar tosco y para nada político, desarmó todo este entuerto en una maniobra cuasi maquiavélica. Voló en helicóptero hasta la Villa Marista de Mar del Plata, adonde se entrenaba la Selección, aterrizó en plena práctica, caminó hacia Menotti y lo estrechó en un largo y fuerte abrazo.

Menotti les echó la culpa a los periodistas de aquel montaje: "Ellos hicieron posible aquella maniobra de Galtieri cuando fue a la Villa Marista y me sorprendió con un abrazo en el medio de la cancha. Llegó vestido de sport, con cuatro autos y acompañado por 50 fotógrafos y otros tantos cronistas, sin cuyo concurso aquello no hubiera trascendido".

Descartó que el general le hubiera dicho al oído: "¿Qué me hace, viejo?". Menotti recordó lo que entonces le dijo a su ayudante, Rogelio Poncini. "Galtieri me cagó. Porque 15 días antes yo había dicho que quienes actuaban a espaldas del pueblo serían juzgados".

Al otro día, como para sacudirse de encima todos los comentarios que la situación había creado, Menotti viajó a Buenos Aires para asis-

tir a un recital de Mercedes Sosa. La gente, al verlo, lo ovacionó y la Negra le dedicó el tema Los hermanos, de Atahualpa Yupanqui.

Después del Mundial '82, cuando ya había dejado de ser el técnico de la Selección nacional, Menotti se sintió más libre aún. Fue entonces que le dijo a la agencia de noticias francesa AFP, en mayo de 1983 y en plena carrera por el retorno de la democracia, que "en mi país tuvimos militares importantes al servicio de la Nación. Pero hay otros que fueron representantes de un colonialismo y una oligarquía opresora que pretendió vivir del esfuerzo del pueblo trabajador".

Al año siguiente, en marzo de 1984 y durante el gobierno de Raúl Alfonsín, Menotti le dijo a *Tiempo Argentino*: "Soy optimista con relación a mi país. Es que hay una participación. Y el pueblo vive de otra manera en cuanto aparecen libertades. Pero hay muchas cosas que me preocupan profundamente porque, así como se monta el show de fútbol, cuidado con montar el show de los desaparecidos".

La lectura política sobre el Mundial '78 es inagotable. Menotti, un protagonista principal de aquel fenómeno deportivo, le dio su versión a la revista *La Semana*, en julio de 1986. "A los militares no les interesaba ganar el Mundial. No como se cree. Ellos querían tener éxito en las cosas que estaban bajo su mando. Y la AFA era un ente civil manejado por civiles. Ellos no interferían en el fútbol".

"Les interesaba mostrar un país ordenado, limpio y serio. Yo no dialogaba con ellos. Mi contrato era con la AFA. A Videla lo vi dos veces en mi vida, y a (Carlos) Lacoste también".

"Colaboré con la dictadura como los periodistas que escribieron, los tacheros que manejaron. El Mundial se hizo con todos. Con los que cortaban las entradas y con los 20 millones".

Por esos días fue que finalmente rompió el carné de afiliación al Partido Comunista. Algunos años más tarde, en 1991, el entonces presidente Carlos Menem le propuso ser candidato a gobernador de la provincia de Santa Fe por el Partido Justicialista.

Esa vez Menotti le dijo a *Página 12*: "A mí no me compra ningún poder, me compran los proyectos serios y las alternativas inteligentes, los modelos progresistas. Menem apostó a un modelo y un estilo de conducción, pero los modelos en política son todos discutibles".

"Si políticamente la cosa pasa por privatizar e instaurar un nuevo orden económico, me gustaría saber a favor de quién va a estar ese orden económico. No quiero dudar de la sensibilidad social de los funcionarios porque si no estaríamos ante los asesinos de sueños, y esto es muy grave. Lo que reconozco en el equipo económico, y puntualmente en (Domingo) Cavallo, es coraje".

Luego haría un balance del gobierno menemista: "Lo más importante es la estabilidad, y lo peor los indultos, una verdadera aberración jurídica y política".

César Luis Menotti se reconoció siempre como un hombre de izquierda, al comienzo vinculado al peronismo por influencia paterna. Pero su afiliación al Partido Comunista lo convirtió luego en un militante orgánico, obediente, dispuesto a escuchar sugerencias y acatar órdenes. Pero el paso del tiempo y los vaivenes de esta Argentina impredecible esmerilaron su vocación política. Tal vez por eso le confesó a *El Gráfico* el 9 de julio de 1996: "No me fui del PC, me fui de la política".

Del punto más álgido de su vida política, la condición de técnico del Seleccionado nacional durante la dictadura militar, Menotti suele salir con una gambeta. "Yo nunca me hice el tonto. Sabía todo lo que pasaba. Mis amigos dirigentes políticos estaban presos. Lo que nunca imaginé fue esa crueldad animal, esto de los desaparecidos".

SOBRE LOS AUTORES

Carlos Viacava

Nació en Buenos Aires en 1970. Atrapado por el fútbol, soñó con ser jugador y terminó convirtiéndose en periodista deportivo. Estudió en el Instituto de Ciencias de la Información. Desde 1994 es redactor del diario La Prensa. Atleta vocacional, es el esposo de Vivi y, gracias a su hermana Ana y a su cuñado José, orgulloso tío de Mariana y Celeste. Este es su primer libro.

Gustavo F. Garcia

Nació en Necochea en 1971. Se graduó como periodista en la Facultad de Periodismo y Comunicación Social de la Universidad Nacional de La Plata. Es hincha de cualquier expresión deportiva que surja de su ciudad natal. Trabaja en el diario La Prensa y la Revista Fortuna (Perfil). Se casó con Valeria, con quien tuvo dos hijos: Ignacio y Rosario. A ellos tres está dedicado éste, su primer libro.

www.ingramcontent.com/pod-product-compliance
Ingram Content Group UK Ltd.
Pitfield, Milton Keynes, MK11 3LW, UK
UKHW021905190726
13853UKWH00002B/515